本书属于湖南省哲学社会科学基金项目"湖南省投融资领域落实《政府投资条例》实证研究"(19YBA158)的研究成果之一

王建雄 ◎ 著

法治视野下的
国际金融治理现代化研究

Modernization and the Future of Global Financial Governance:
A Study of International Rule of Law

人民出版社

目　　录

自　序

　　对金融全球化问题的关注，起源于读书期间聆听的一次讲座，在讲座中，老师分享了他对经济全球化问题与法律全球化问题的一些思考。后来，我围绕经济全球化问题，认真阅读了安东尼·吉登斯、乌尔里希·贝克和哈贝马斯等人的著作，对金融全球化的背景和发展历程有了简单的了解。但真正引起我对金融全球化问题进行专业研究的兴趣，是2008年的美国次贷危机。这场被称为自1930年大萧条以来世界金融市场最具破坏性的事件，引发世界金融市场一系列的连锁反应，让人瞠目结舌。

　　2007年，美国房屋的价格开始崩塌，这是2008年美国次贷危机的导火索。根据事后的调查研究，主要有两个原因：其一是美国当时的货币政策过于宽松；其二是银行为了追求利润，忽视了住房抵押贷款标准，导致在资产证券化过程中形成了庞大的房屋泡沫。房屋泡沫破裂后，不仅毁灭了美国数千亿美元的房地产价值，而且引起美国金融市场出现大规模违约以及违约触发的止赎危机，进而影响到美国MBS、CDO的证券价值。正是因为金融全球化的原因，这种连锁效应很快就传导到全球。首当其冲的是一家名为北方岩石银行的英国金融公司，接着是瑞士联合银行、贝尔斯登、美国金融服务公司、德国工业银行、德国萨克森银行和美国印第麦克金融公司。这些金融公司无法通过市场手段来渡过难关，只能求助于政府的帮助。

　　2008年9月之后，危机的严重性增加了。首先是美国国有化了房利美和房地美,这是两家美国政府创办的机构。紧接着雷曼破产,直接影响了美国货币市场基金(MMF)的投资信心,进而引起机构投资者挤兑其他货币市场基金。美国政府推出了发行货币市场基金股份和建立商业票据市场的救助方案,但并没有完全解决问题。不久后,美国国际集团资金链断裂、信用评级下调;美林亏本卖给了美国银行;华盛顿互惠银行倒闭;高盛和摩根士丹利陷入财务困境;欧洲的多家金融机构倒闭;爱尔兰的银行陷入挤兑困境,甚至冰岛国家整体破产,等等。这些由美国次贷危机引发的一系列金融危机,其传播速度、传播规模和产生的破坏性效应,让投资者触目惊心。

仔细思考 2008 年全球金融危机产生的原因,一定会追溯到美国 1999 年的《格雷姆—里奇—比利雷法案》①。该法案推翻了美国自 1933 年《格拉斯—斯蒂格尔法》②颁行以来实行的分业经营制度,③允许证券公司通过发行商业票据满足客户短期借入需求,为计划发行债券的借款人做了临时"搭桥贷款"安排,实质是形成了有限目的的银行。同样,银行也可以进入证券市场,从事证券业务,充当证券经纪人。这种立法,本质上模糊了不同类型金融机构之间的区别,增加了金融工具的创新范畴,导致金融业务的趋同化。金融业务的趋同化对僵化的金融监管体制提出了很多挑战,"因为在市场差别消失的同时,对不同类型金融机构的监管体系却依然门户分立,在许多方面矛盾歧出。这些矛盾为金融机构创造了监管套利机会"。④

尽管 2008 年的次贷危机重创了美国经济,给全球金融市场带来了一系列负面影响,但由于在目前的国际货币体系中,美国和美元居于绝对核心位

---

① 即《1999 年美国金融服务现代化法案》。

② 即《1933 年美国银行法》。

③ Emilios Avgouleas, *Governance of Global Financial Markets*, Cambridge University Press, 2012, pp.64-68.

④ [美]理查德·斯考特·卡内尔、乔纳森·R.梅西、杰佛利·P.米勒:《美国金融机构法》,高华军译,商务印书馆 2016 年版,第 22 页。

置,在美国国债市场的"庇护"下,美国承受的风险没有想象中的那么严重。也就是说,"美国享受着征收铸币税的特权,而双赤字的后果则由全世界来承担"①。一方面,因为"廉价资金的流入为美国政府的救市政策提供了融资,而中长期内的美元贬值则降低美国的实际债务";②另一方面,金融全球化使得美国通过各种传导渠道将国内的金融风险转嫁到了国际社会,从而减少了自身的损失。基于对这种差异的反思,金融市场开始揣测美国发生次贷危机的原因,进而探讨次贷危机引发全球金融危机的"美国动机",并形成很多"阴谋论"观点。

由于2008年美国次贷危机确实冲击到了中国投资者持有的金融资产,并且当时中国处于国际货币体系的治理外围,在全球金融危机爆发后,"与处于国际货币体系核心的美国相比,(中国)处于更加被动的地位。中国不仅要继续为美国提供融资,还不得不承受未来美元大幅贬值的潜在风险",③于是,中国金融市场也出现有关的"阴谋理论"。当时出版的《货币战争》一书,充斥着典型的阴谋论腔调,其所阐述的"阴谋论"就是银行家控制世界的资本主义金融战略。

有关金融危机"阴谋论"的观点,的确勾起了笔者的好奇心。因为长期以来沉淀的知识体系,均主张资本主义经济发展的周期性是金融危机发生的主要原因。但"西方部分学者也认为盛衰交替的商业周期是银行家蓄意操纵所致,但大多数人认为,银行家的理性行为根本抵不过心灵无意识深处不受控制的幻想和情绪",④因为"我们发现人类历史呈现出重复性和一致性规律,如果我们的这一发现属实,似乎有两种可能的解释。这种重复与一致要么是人类所处的自然环境的规律从外部影响人类历史进程所致,要么

---

① 李其庆:《金融全球化的成因与特征》,载《马克思主义与现实》2002年第4期,第24页。

② 上海金融与法律研究院:《大国金融崛起》,上海三联书店2013年版,第37页。

③ 上海金融与法律研究院:《大国金融崛起》,上海三联书店2013年版,第37页。

④ [英]阿德诺·汤因比:《历史研究(下)》,郭小凌等译,上海人民出版社2016年版,第874页。

是人性本身的心理结构和运作机制的固有规律所致。"①

因此,从金融规则现代化的视角来研究国际金融体系的形成与不断变迁,并审视金融全球化和金融风险之间的关联,可能更有助于了解金融危机发生的内外部真相。这种真相的探寻,对当下的中国金融市场建设而言,无疑是十分重要的。因为我们的部分金融市场从业者和参与者,"目前还仅仅是在大规模模仿西方生产技术方面很有进展,在思想理念与科学技术创新方面还差之甚远。尤其是在思想文化领域,严重缺乏文明自信心,缺乏自信心的重要表现就是无法辨别西方制度的合理性与不合理性,缺乏批判其明显的荒谬之处的道德勇气,不敢尝试西方没有的东西,缺乏试图建立新的世界规则的胆略"。② 但是就国家的未来发展而言,"一个崛起的世界强国,其坚实的基石不会只有领先的科技与强大的军事。只有当她建立起具备普适公信力的货币体系和金融系统时,才能在世界民族之林中立于不败之地。"③

于是,2016 年秋天,我启动了本书的研究工作。总体而言,本书以国际金融治理的机制起源与体系形成为逻辑起点,通过研究其面临的制度困境和挑战,分析金融全球化的危险和反全球化运动的冲击。进而聚焦于国际金融治理理念的现代化、国际金融治理规则的现代化以及中国参与国际金融治理现代化的实践。研究试图从国际金融法理论和国际金融规则设计的视角,深入分析国际金融治理现代化过程中面临的国际法问题。

---

① [英]阿德诺·汤因比:《历史研究(下)》,郭小凌等译,上海人民出版社 2016 年版,第 866 页。

② 宋鸿兵编著:《货币战争》,中信出版社 2011 年版,第 274 页。

③ 宋鸿兵编著:《货币战争》,中信出版社 2011 年版,第 274 页。

第一章　国际金融治理的机制起源与体系形成

第一节　金融秩序的变动与国际金融市场的形成

一、金融市场的萌生与发展

金融起源于货币,货币起源于物品交易。伴随着生产力的持续发展和物品交易日益频繁,货币处于一个不断更新的过程中。但在早期,人们对货币的认识往往是从个体的角度出发,对于货币作用的判断仅限于"一个衡量价格的标准和一个不用笨拙及低效的易货方式进行贸易的机制"。① 因而,在这个时期,金融被等同于货币。后来,随着远距离贸易的发展,为了提高支付效率并降低货币的使用成本,出现了汇票和银行货币,这种蕴含信用成本的货币替代物的流通,形成了金融最初的范畴,并随着记账货币和交易货币的分化,金融逐渐延伸到更为广阔的范围中。②

---

① ［美］查尔斯·金德尔伯格:《西欧金融史》,徐子健、何建雄、朱忠译,何建雄校,中国金融出版社 2010 年版,第 19 页。

② 对于信用在不同商业阶段的作用,比利时著名史学家亨利·皮朗有不同的看法,他认为商业发展经历自然经济——货币经济——信用经济三个阶段的流行理论"并无根据",认为这"只是系统化嗜好的又一例证",他认为"在各个时期信用都是有作用的","差别只是量的方面,而不是质的方面"。详见［比］亨利·皮朗:《中世纪欧洲经济社会史》,乐文译,上海世纪出版集团、上海人民出版社 2001 年版,第 110—135 页。

但是,在不同的历史时期,人们对金融与经济发展之间的关系有不同的看法,理念上的差异,导致了在经济生活中多样的金融安排和金融实践。如果回顾金融发展史,就会发现正是一系列的金融安排构成某一时期相对稳定的金融秩序,促进或阻碍经济的发展。重商主义者,无论是早期强调货币就是财富的威廉·斯塔夫,[①]还是晚期强调出口限制进口的托马斯·孟,[②]其对于金银货币短缺的担忧,源于金银开采有限,以及从东方到波罗的海再到地中海之间贸易的不平衡性;金银货币的净输出、流通损耗和流通范围的扩大增加了货币需求压力,以及国家间金银货币比价的差异,客观上对中世纪的西欧国家采取措施来维护国家货币供给的金融安排产生了重要的影响。后来的古典学派批评重商主义的片面性,认为货币本身并不影响实际经济变量,但与货币密切联系的金融活动对经济发展却有促进作用,[③]从而将金融研究从流通领域扩展到生产领域,开始强调利息、存款、高利贷、小额贷款、个人抵押、银行货币、证券交易等事项,直接对 16、17、18 世纪的各国金融安排产生了重要影响,并潜在影响了国际金融秩序的形成和发展。

18 世纪之前的金融秩序,从理论上来看,还没有形成现代意义上的国际金融秩序。但是,18 世纪之前,在各国相对分散的国内金融体系安排下,金融资源却享有很高的跨国流动性,虽然大部分是围绕跨国贸易而自然形成的。但是,由于生产力水平较低,白银开采量有限,商人的自利性和投机取巧,或者谋取非法利益的冲动,使得白银货币在自然磨损等损耗外,又产生了掺假等人为损耗的发生。这在某种程度上动摇了人们对铸币单位诚信的信赖,进而产生对铸币工艺、铸币权、铸币税和货币体系的讨论。

譬如,铸币权是一项重要的权能,因为铸币单位往往根据国家内部的金融制度安排,授予官营机构、私人机构或者个人相应的铸币权利,不同的国

---

① 详见［英］罗杰·E.巴克豪斯:《西方经济学史》,莫竹芩、袁野译,海南出版社 2007 年版。

② 详见［英］托马斯·孟:《英国得自对外贸易的财富》,李琼译,华夏出版社 2006 年版。

③ ［比］亨利·皮朗:《中世纪欧洲经济社会史》,乐文译,上海世纪出版集团、上海人民出版社 2001 年版,第 110—135 页。

家对铸币权有不同的规定。因而，在跨国事务中，由于造假行为的出现，无论是正常的贸易支付还是在特殊情况下的战争赔偿，都面临对白银成色不足的质疑，即对铸币单位铸币质量的怀疑。历史上有名的例子就是西班牙拒收法国银币案，即1529年，在法国与西班牙的战争中，西班牙因为白银货币质量问题而拒绝接受法国支付的一部分白银硬币。所以，当对特定的货币产生质疑时，或者对特定范围内的铸币单位的信用产生质疑时，自然会引起贸易结构和金融体系整体安排的不断变动。

二、国际金融市场的初步形成

如前所述，18世纪之前的金融体系严格意义上是国内金融体系的安排，并没有现代意义上的国际金融秩序。但是那个时期的金融资源存在较大规模的自由流动，特别是金融资源的跨国流动，其总体规模也相当庞大，我们或许可以称之为"自发型的国际金融市场"或"原初型的国际金融市场"。譬如，16世纪之前的欧洲，白银主要来源于中欧地区，即现在的德国、奥地利、捷克、斯洛伐克一带的银矿，而使用的黄金主要来源于非洲中东部地区，即现在的苏丹和加纳等地；而到了16世纪末至17世纪初，因为新航路的发现，欧洲市场流通的白银很大部分来自南美和北美。因此，这种"原初型的国际金融市场"是在以白银为主要货币载体的金币银币混合体系下形成的，这个时期金融市场的主要功能是为了方便货物贸易，而不是为了资本利息。尽管威尼斯和汉堡等商业集中区已经出现了银行和保险业务，但金融资源的安排主要还是依附于货物贸易，并没有形成独立的金融体系。

这种松散式的原初国际金融体系，或者称之为"松散式的跨国货物贸易金融体系"，在生产力水平较低和交通运输不发达的时代，主要依靠自然资源产品和廉价的劳动力，勉强维持金银货币进出口的相对平衡。如果其中的任何一个要素发生变化，这个松散的贸易金融体系就会陷入动荡不安之中，譬如，1348年欧洲黑死病的爆发，导致劳动力锐减，白银开采业受到严重冲击，对当时的金融体系产生了重要影响。

但是从长期来看,导致贸易金融体系出现根本性变化的核心要素,还在于生产力水平的提高,①特别是白银开采技术的提高,致使白银产量激增,直接影响银币的市场供求关系。从工业技术发展史可知,技术起初具有很强的地域性,白银开采技术的进步在没有传播到其他地方之前,纯粹属于地方性知识,甚至属于地方性经验,不具有普遍性和广泛性。这种类似于现代的技术垄断会对不同地区和国家的白银生产造成时间上的"前后差",正是这种基于贸易地理距离而形成时间上的"差数",导致各国金银币之间的汇兑关系出现较大差异,影响了国家甚至区域金融体系的稳定性。这种差异也在一定程度上体现出金融资源的"时间稀缺性",即体现了"时间是有价格的",为后来国际金融体系的建设奠定了坚实的理论基础。

当然,在跨国金融体系甚至国际金融体系中,金融资源的价格不仅仅是"时间差"。在原初的金融体系安排中,"时间差"是最重要的市场机制,体现了供需资源在不同时间节点上呈现出不同的价格。但随着跨国贸易体系的构建日趋复杂,金融资源在不同时间节点上的供需关系,已经被复杂的贸易结构所包裹,金融资源的流转从开始的金银矿开采到最终的金银货币的流通,每个环节都要体现出这种"时间差"的价格来。所以,"时间差"从单纯的原材料生产环节逐渐转向"产供销流通回购"等整条产业链上的综合性"时间差"。之后,贸易金融市场产生了专门从事操纵"时间差"或者专门买卖"时间差"的机构和个人。再到后来,催生出专门买卖"虚拟的时间差"的机构和个人,开始在金融贸易市场买卖"虚拟"的资源或者称之为"不存在"的资源。

如果与 14 世纪、15 世纪人们对银币成色的质疑相比较,会发现"虚拟资源"的买卖显然已经完全超越了"掺假"的范畴,通俗地讲应该是赤裸裸

---

① 正如帕拉格·卡纳引用凯恩斯在《和平的经济后果》中的描述一样:"重大历史事件常常是由人口增长及其他基本经济根源的世俗变化引起的,这些变化因其渐变性而逃过了当时观察家的注意,但归结底是政治家的愚蠢和无神论者的狂热造成的。"转引自[美]帕拉格·卡纳:《第二世界》,赵广成、林明旺译,中信出版社 2009 年版,导论第 3 页。

的"欺骗"。因为对银币成色的质疑，还有一定的科学鉴定标准，这个标准同样是比较客观的，不是任何国家或个人可以随意改变的。但对"虚拟资源"的价值或者等同于多少价格，在金融交易中很难判断，因为国家或个人都可以根据自己的需求多寡来判断它的价值大小，抑或是价格高低。因而，这时的贸易金融市场不存在统一、客观的判断标准。所以，金融资源的配置结构开始复杂化，因为没有客观统一的标准，贸易金融市场为了交易的正常进行，必须想方设法在市场供需关系之间找到"虚拟资源"在特定时间节点上的客观价值及其判断标准。市场参与主体不同，交易对象和交易环境不同，发现的判断标准就不同。为了扩大贸易金融市场的规模，国家或个人都有动力来为自己的判断标准寻找科学的理论依据，因而，不同国家和不同区域的标准和理论体系产生较大差异甚至互相冲突，贸易金融市场面临的金融风险倍增。

但是，从一般理性推理来看，无论怎样美化，虚拟的东西始终是虚拟的。金融市场已经被卷进这个越滚越大的虚拟"雪球"中，每次直到"雪球"在阳光的照射下最终消融时，才发现雪球中间什么都没有，或者说"雪球"的核心就是"谎言"。① 也许有人认为虽然虚拟"雪球"经过实践证明最终是一个谎言，但在寻找该"谎言"的过程中，金融资源已经找到了它最大的市场价值，并且它也以丰厚的利润回报了堆"雪球"的人或发布谎言的人，使其劳有所获，也体现出市场的公平性。很明显，这种声音本身就代表了"堆雪球人"的利益，从来没有考虑"雪球"融化时，流淌在地面上的那滩"积水"，即最后牺牲的都是普通投资者的利益。无论投资者什么时候被卷进这个大雪球，终究是为了"堆雪球人"的利益而交手翻滚，当一个雪球破灭时，另一个雪球又兴起，如此循环往复。

---

① 该处的"谎言"意指不客观、不真实的现象，在某种程度上，可以扩大理解为经过实践验证不符合客观规律的理念。部分理念经客观实践的检验符合事物发展的一般规律，而部分理念纯粹就是谎言。当然，这些判断是基于同一个时间节点的判断，不同时间节点或不同时代的长距离变动，则不是该处讨论的对象。

值得思考的是，14 世纪、15 世纪的人们在质疑银币存在成色瑕疵时，尚能花很大的精力去甄别银币，并抛弃不合格的劣币，谴责掺假行为的铸币单位和使用者，但是，今天的投资者却热衷于以"谎言"为核心的虚拟金融市场，并以创建"谎言"工具或使用"谎言"信息获利而沾沾自喜。是什么样的原因导致相隔不远的人群对"假货""失信"的判断如此不同？是不是随着科学技术的进步和社会的发展，人们的金融道德感知能力在反方向稳步下降？这种变化是否会影响金融市场的健康建设？

首先，从金融伦理道德方面而言，人们对"假货"和"失信"的判断不同。过去的人们关心金融利益的来源和过程，以所得来源和获利过程合乎规则为判断标准。该规则包括习惯规则、法律规则和伦理规则。但今天的人们只关心金融利益的结果，而无意或者不屑于关注其来源和过程是否合法。出现这种差别，内在的动因还在于社会环境的变化，使得人们在向法治规则靠拢的过程中，逐渐淡化甚至遗忘了对习惯规则和伦理规则的遵守。并且不少人以创新为由头不断突破法律的限制，企图游说、引导法律规则的修改或重新制定。不少单位和个人以先行非法抢占商业机会为先机，圈占利益范围，继而以游说修改法律为后盾维护既得利益。其实质是不法、不道德的行为人以国家立法信用为背书，以创新为由头捆绑社会诉求，迫使国家以修改法律或建立新法来承认其不法行为或不道德行为。这种金融动机为社会树立了不正确的价值指引，纵容了不良行为的发生，误导了社会的价值判断，形成了只关注结果，不在乎来源或过程的畸形社会风气。

其次，现代金融制度的建立者——国家，在管理复杂金融体系下的资源配给时力不从心，从而创造出虚拟市场。一方面，创设虚拟金融市场，使用虚拟性资源迎合投机主义者的冒险心理，使投机者在虚拟市场发泄自身的冒险思维，并通过虚拟市场的投资回报满足冒险主义者的个人欲望，通过追求财富的途径疏导投机者放弃或弱化其冒险思维可能对国家统治造成的直接或间接威胁。另一方面，国家通过虚拟市场，利用其周期性破灭来平抑市场和社会矛盾，在自我敛财的过程中，化解社会冲突，削弱社会力量，维持自身的合法性统治。

因此,19 世纪之前的金融市场和 19 世纪之后的金融市场完全不同。当以白银为主,以黄金、白银并行的金银本位制勉强维持国际收支平衡时,工业技术的迅速发展,特别是采矿业技术的发展,使得中欧、北非、北美、南美,甚至地中海沿岸的白银产量都大幅增加,客观上促使白银的价值开始贬值。另外,德法之间关于战争赔偿款的支付形式从白银变为黄金,从而演变为一场贸易金融报复,最终促使白银价格暴跌,全球抛售白银。① 受这两种因素的影响,18 世纪末的贸易金融市场对黄金通货的需求显著增加,各国黄金出现短缺,金融市场相继出现较大波动。因而,1819 年之后,英国率先通过一系列法令规范黄金的进出口,强调黄金在维持进出口贸易支付和稳定币值方面的核心作用。此后,英国以其在跨国贸易中的庞大贸易规模作为后盾,提出以黄金为基础、以英镑为中心的黄金本位制。黄金本位制在英国殖民军队和与殖民军队如影相伴的英国商队的帮助下,在全球范围内不断扩张,不仅促使英国国内市场国际化,而且助推国际贸易市场和国际产业链的逐渐形成。尤其值得注意的是,19 世纪中期,随着信息科学技术的发展,电缆的跨洲铺设,使得世界上主要的金融市场紧密联系起来,缩短了金融信息的传播时间,减少了金融资源跨越国境的不确定性,极大便利了国际金融市场的形成。② 因而,19 世纪中期的贸易金融市场逐渐国际化,从之前单纯的跨国贸易金融市场,逐步转向建设统一的国际金融市场。到 19 世纪末期,随着越来越多的国家采用黄金本位制,黄金本位制的国际性特征愈发明显,国际金融体系的雏形已经开始显现。

---

① Marc Flandreau and Harold James, *International Financial History in the Twentieth Century*, Cambridge University Press, New York, 2003, p.6.

② Marc Flandreau, "Caveat Emptor: Coping with Sovereign Risk Under the International Gold Standard, 1871-1913", at Marc Flandreau and Harold James eds, *International Financial History in the Twentieth Century*, Cambridge University Press, New York, 2003, pp.21-22.

第二节 国际金融市场的变动与国际金融
体系的形成

一、金本位制金融治理体系的建立及崩溃

19世纪末期,黄金本位制能够被世界主要国家所接受,得益于黄金资源在自然界本身的稀有性。黄金资源稀有,并且黄金开采规模比较稳定,从而使得世界黄金总产量保持适度增长,总体比较平稳。与白银相比较,黄金能够比较长期地保持价格稳定,因而,各国选择黄金本位制,有效抑制了白银因产量激增而引起的市场波动,并保证了英国主导下的国际贸易秩序和国际金融市场能够顺利发展。

现在回头审视金本位制和英镑的国际化,发现它们在国际金融市场形成初期具有两种完全不同的演进特征。金本位制的国际化并非是制度安排或者国际条约规定的结果,也不是国际会议或者国家间通过谈判、协商一致达成的结果,纯粹是由于商业贸易习惯和国内法的渐进发展而自然演进的成果,①这与第二次世界大战后由国际会议安排并形成的布雷顿森林体系形成鲜明对比。但是,英镑的国际化很明显是制度安排的结果,带有清晰的人为痕迹。英国在1819年到1850年之间,多次通过国内立法,干预黄金的进出口,限定中央银行业务,规制国内贸易和海外贸易,并且利用英国强大的经济和军事力量,不断向全球扩张其殖民贸易政策和殖民地投资政策。由于英国在殖民贸易和海外殖民地投资中占据绝对主导地位,英国逐渐开始围绕英镑的特殊地位,策划了学者称为的"中心—外围"的国际金融治理

---

① 当然,也有人认为金本位制的建立是1870年德法之间金融协调失败的结果,是一种民族主义博弈下的产物。详见 Marc Flandreau and Harold James, *International Financial History in the Twentieth Century*, Cambridge University Press, New York, 2003, pp.5-7。这种观点可能夸大了1870年德国和法国战争赔偿货币形式的选择对白银市场的影响。客观看,采矿技术的发展使得白银开采量增加,可能是造成金本位制产生的重要原因。

体系,即以英国及其他殖民宗主国为中心,以殖民地国家和剩余的中小国家为外围的"协同—管制体系"。

该国际金融体系的特点是:(1)维持中心国家的利益是该体系的宗旨;(2)各宗主国共同拥护英镑的世界货币地位,相互之间的贸易和投资主要以英镑为交易货币;(3)各国拥有自己的法定货币,但英镑和各法定货币均以黄金为计价基础;(4)各国都有铸币权,黄金与货币可以自由兑换,允许自由进出口;(5)当国家间出现收支失衡时,中心国家应该相互支援,通过借贷黄金或借贷货币的方式维持国际收支的整体再平衡。根据史料记载,当时中心国家之间确实在该体系下发生过相互救济的行为,譬如,1839 年,英国向法国借过黄金;1882 年,瑞典向丹麦借过通货;等等。但是,这只是发生在中心国家之间,对外围国家是区别对待的。因为外围国家是被治理的对象,例如秘鲁、墨西哥和印度等殖民地,就是宗主国的财源地,其主要任务是为中心国家开采黄金、白银和其他原材料。而其他外围弱小国家则是中心国家的贸易对象,中心国家通过武力、强制贸易或非法贸易的方式,大量盘剥这些国家的黄金和白银。如果这些外围国家和殖民地出现收支不平衡,中心国家不仅不给予援助或帮助,还会趁火打劫。譬如,对墨西哥不断地强加税赋和新税种,搜刮民脂民膏;对中国则乘机武装侵略,要求割地赔款。

因而,以金本位制为基础的国际金融治理体系,没有体现普遍的国际公平和国际正义,它强调小范围的公平正义,遵从的是自然法则,体现的是弱肉强食,这种特性恰好说明国际金融治理体系建立之初的原始性和低层次性。但是,站在历史的维度俯视,尽管这种国际金融治理体系的设计存在很多缺陷,给殖民地和其他中小国家带来很多伤害,但其国际化的体系设计,统一市场、统一资源配置以及国际分工合作的构想,客观上推动了国际金融市场的发展,为后来国际金融治理体系的建设提供了一定的经验。例如,该治理机制的治理功能,以黄金本位制为基础构建独立的国际金融体系,强调黄金的世界货币地位,通过黄金的自由铸币和自由兑换,调节国际收支平衡。又如,该治理机制规定法定货币的含金量,有利于各国法定货币的币值稳定,并以货币含金量的汇兑比价作为调整各国汇率变动的有效依据,有利于国际贸易和国际投资的顺利进行。

但是,国际社会是一个松散集合体,并不具备国内社会所特有的稳定结构、强大凝聚力和向心力,更多时候,国际社会处于一种国家间相互配合和相互分离的状态。相互配合是为了彼此的商业贸易能够在全球流通,相互分离是因为各自的文化传统和生活习俗。因而,这个时期的国际金融市场其本质是国家间的金融贸易合作,①并不具备有效配置全球金融资源的功能。所以,这时候的国际金融体系还不具备现代意义上的国际金融治理结构,它只是一种发展雏形。

正因为该时期的国际金融市场和国际金融体系具有上述特征,从理论角度来看,间接放大了金本位制的许多固有缺陷。

第一,没有国际法义务。金本位制约定的游戏规则,属于各国自由适用的规则,不存在国际法上的强制性义务。由于国际社会的分散特点,是否适用金本位制或者如何适用金本位制都属于各国的主权事项,他国不得干涉,也不存统一的国际监管机构。因而,作为一种治理体系,该缺陷决定了各国有权完全依据自身的利益需求决定是否遵守相关规则,导致该体系呈现出治理结构上的脆弱性。这种脆弱性来自于国家选择潜在的不稳定性,即任何时候,任何国家可以抛弃任何规则。

第二,要有充足的黄金储备。金本位制是以黄金作为世界货币,各国的通货规定了一定的含金量,国际贸易、国际支付和国家间收支平衡的调节都以拥有一定数量的黄金为基础。因而,是否有充足的黄金储备,决定着该体系能否顺利运转。其实,判断是否拥有充足的黄金,要从两方面来分析:一方面,要判断国际社会拥有的黄金总量是否充足;另一方面,要判断各国拥

①　Randall Germain,"Historical Origins and Development Of Global Financial Governance", in Manue La Moschella and Catherine Weaver, eds., *Handbook of Global Economic Governance*, Routledge,2013,pp.97-114.

有的黄金数量是否充足。问题的关键在于什么是"充足"? "充足"是一个相对概念,即在某一个时期内,拥有的黄金数量能够满足金融体系正常运转的需求。所以,"充足性"条件暗含了一个潜在的悖论,即国际贸易市场和国际金融市场需要更多的金融资源来助推市场的繁荣,但是以黄金为平价基础的金融体系,看重的就是黄金的稀有性和稳定性。因而,假设世界已有的黄金总量在金融体系建立之初与国际贸易和国际金融的需求大致持平或略有盈余,那么接下来的发展,只有将国际贸易市场、国际金融市场的发展速度与黄金的开采量保持大致平衡,才能满足黄金的"充足"条件。很明显,以黄金开采的多寡来标定国际金融市场和国际贸易市场的发展速度,是不现实的。因此,这说明黄金本位制是在贸易和投资还不发达、世界贸易总量较小情况下的产物,如果国际贸易和国际金融的发展速度超出黄金的开采量,则不能保证国际社会总体上拥有的黄金总量满足该治理体系的黄金"充足性"条件,黄金本位制就有崩溃的危险。

另外,假设国际社会总体上拥有"充足"的黄金储备,但这并不代表每个国家都拥有"充足"的黄金。国家在贸易和金融市场的竞争,无论是劳动力、资本的竞争,还是地理环境、物质资源的竞争,在自由竞争的条件下,市场竞争终究趋向于强者更强,富裕者更加富裕。因而,按照这个规律,黄金就从国际贸易和国际投资比较弱小的国家流向国际贸易和国际金融比较发达的国家。在该情况下,国际社会总体拥有的黄金总量仍然比较"充分",但是黄金却集中在少数国家集团或少数国家手中,大部分国家缺乏黄金,国际收支一定不平衡。当特定国家或部分国家出现国际收支失衡时,启用黄金本位制设计的调节机制——国家间的黄金借贷或货币借贷,即黄金充足的国家向黄金短缺的国家出借黄金或通货,用来调节收支失衡,但这种调节机制在现实生活中很难做到。因而,该设计有两个缺陷:其一,忽视了国际社会总体黄金不可能充足;其二,忽视了国家的自利性,如果黄金外流可能威胁到黄金盈余国的国家利益时,它可以阻止黄金或通货的外流。因而,在特定的时间节点上,黄金本位制同样面临崩溃风险。

第三,黄金和货币自由兑换。黄金和货币可以自由兑换是内嵌在金本位制中的隐形条件,根据该条件,理论上金本位制为参与国家创设了一项国际义务,即每个国家要保证黄金和本国货币的自由兑换,并保证黄金的自由进出口。但是,问题的关键在于各国是否愿意承担该种国际义务,以及准备在多大程度上承担该种义务。如果国家利益与他国利益出现冲突,或者国家利益与国际社会利益出现冲突时,国家是否愿意牺牲本国利益来承担相应的国际责任?因为国际社会没有统一的货币,货币是主权国家创设的,是根据其国内的经济发展水平而流通运转的,该流通工具与黄金的关系以及是否允许与黄金兑换,均由主权国家自己决定。因此,当国家不愿意承担该种兑换义务时,金本位制也会面临崩溃风险。

不幸的是,19 世纪末期,经过近 100 年的发展,黄金本位制的内嵌性不足全部暴露。首先,黄金集中于少数国家;其次,因为地缘政治关系、历史恩怨、自然资源争夺等因素,欧洲主要国家积怨已久,开始酝酿新的战争,各国逐渐开始调整对外贸易政策和货币政策,强化对黄金货币自由兑换的管制;最后,为了备战,欧洲主要国家相继限制黄金的进出口。于是,黄金本位制的大厦根基已经彻底动摇,终于在经历了 1873 年到 1896 年的欧洲经济大萧条之后,在第一次世界大战的战争机器助推下,逐渐崩溃。

二、金汇兑制金融体系的建立与崩溃

第一次世界大战结束后,面临一个四分五裂的国际金融市场。首先,国际金融市场的分裂不仅表现在构成其基础的国际贸易市场的分裂上,还表现在各国货币政策的分裂。部分国家试图重新回到黄金本位制,但在战争状态下,参战国为了解决战时的经济困境,纷纷推出完全违背市场规律的货币和金融政策,发行了很多与黄金没有直接关系的银行券,搅动了国内金融秩序。另外,在战争期间和战争结束后一段时期内,欧洲主要国家的商品物资极其匮乏,推高了国内通货膨胀水平,因而,在国际层面,实际上很难形成一个相对比较稳定的货币汇兑关系。其次,由于国家的自利性,在各国经济普遍陷入低迷时,国家对金融市场进行了赤裸裸的干预。少数国家利用通货贬值,通过汇兑倾销向外转嫁风险,引起其他国家的不满,相继形成新一轮的外汇管制竞争,在本已分裂的国际贸易和金融市场上,又增加了新的贸易壁垒和贸易障碍。最后,在黄金开采量和黄金供应量总体有限的情况下,金本位制已经无法重新建立,国际社会开始思考建设新的国际金融制度。

　　与黄金本位制是各国通过贸易习惯而自发适用形成不同,第一次世界大战结束后国际经济贸易的糟糕现状,迫使国际社会要尽快建立一个相对稳定的货币金融秩序。① 于是,新组建的国际联盟毫不犹豫地承担起国际金融秩序重建的任务。1920 年的夏天,国际联盟行政院在布鲁塞尔举行国际金融会议,讨论战后国际金融秩序重建问题。

　　但是,布鲁塞尔国际金融会议没有取得实质性成果,分析其失败的原因,主要有两个:其一,第一次世界大战后英国的综合实力下降。虽然英国仍然有强烈的意愿,要在国际金融秩序的重建中发挥核心作用,但由于英国已经背负了大量债务,无法为战后国际金融秩序的重建提供可靠的资金支持,因而,英国陷入了"心有余而力不足"的窘境。其二,美国不愿意参会。第一次世界大战期间,美国的经济基础没有受到任何损害,反而,美国利用欧洲在战况胶着下武器短缺的情况,大肆售卖武器积累了大量财富,因此,第一次世界大战结束后,美国的综合国力已经超越了英国,但美国不愿意为欧洲战后金融秩序的恢复提供贷款或其他任何形式的资金援助,呈现出"力有余而心不足"的状态。所以,布鲁塞尔会议没有产生任何实际性的结果。

　　当然,从理论上来看,布鲁塞尔会议也取得了一些重要的共识:一方面,尽管各国在战争赔款和战争债务数额上存在较大分歧,但还是表达了共同讨论的意愿;另一方面,国际社会意识到,战后国际金融秩序的重建必须让美国参与进来,原因很简单,因为美国有钱。

　　布鲁塞尔会议不了了之之后,在经过将近 2 年的各自为政的凌乱金融实

---

　　① Marc Flandreau, Harold James, *International Financial History in the Twentieth Century*, Cambridge University Press, New York, 2003, p.1.

践后，1922年，英国和法国召集其他34个国家在意大利的热那亚召开世界货币会议。此次会议之所以用英法两国的名义召集，而不是以英法控制下的国际联盟的名义召集，主要原因是吸取了1920年布鲁塞尔国际金融会议的教训，要吸引美国的参与。但从后来的历史发展来看，英法的这个目的并没有实现，说明美国和英法在第一次世界大战后国际秩序重建的理念上存在较大差异。对美国而言，美国认识到自己的军事力量还有待进一步发展，特别是法国的陆军力量和英国的海军力量都比美国强大，因此，美国不赞同过分削弱德国的力量，不希望欧洲各国的经济政治力量失去平衡，当然这有利于美国的崛起。但是，鉴于历史的原因以及欧洲的地缘政治角力，英国和法国积极寻求对德国综合国力的削弱，力主在战争赔款方面发一笔"横财"。所以，英法与美国之间存在较大的理念差异，美国最终决定不参加热那亚会议。

鉴于美国的缺席，主持1922年热那亚世界货币会议的英国，提出了一份新的国际金融治理方案，即改良版的金本位制度——金块本位制。会议最终也决定采用金块本位制作为国际金融治理的基础机制，强调参会国将外汇和黄金共同作为储备资产，相互帮扶。因此，第一次世界大战后的国际金融秩序基本上形成了"双圆治理结构"，即以美国的金本位制和英法实行的金块本位制为核心构成两个治理层，核心国家的法定货币与黄金挂钩，其他的欧洲国家自由选择与美国、英国或法国的法定货币挂钩，从而形成了金汇兑本位制。

1922年热那亚世界货币会议以及金汇兑本位制的形成，预示着国际金融市场已经出现了货币去黄金化的征兆。但鉴于主要大国仍然担负着最终银行的角色，并且国际社会仍然坚持把黄金作为平价依据，因此，黄金在国际金融体系中仍然起着基石的重要作用。但是，与纯粹黄金本位制中黄金的重要性相比，金汇兑本位制下的黄金作用已经有所减弱，除了美元、英镑和法郎等货币规定含金量之外，其他国家的货币按照固定汇率与美元、英镑或法郎挂钩，这就意味着在储备资产方面有了多元化的选择，国家除了可以持有相对比较稳定的黄金资产，还可以持有特定国家的法定货币。

与黄金的稳定性和客观性相比较，法定货币具有较强的主观性和波动性。很明显,在储备资产方面增加特定国家的法定货币,其本质是凸显了国际金融市场中国家信用的重要性,反映在国际金融治理规则中就是增加了主权国家在国际法上的责任与义务。所以,1922 年热那亚世界货币会议对后世最大的贡献或许在于让世界各国开始注意到,各国在国际金融市场拥有共同的利益,并面临共同的风险,每个国家都有"义务"来维持国际金融体系的正常运转。

这种"义务"已经超出了英镑当初国际化时自动适用的范畴,已经逐渐向国际会议所达成的宣言或指导性文件转型,即在某种程度上具备了"软法"的功能。1922 年热那亚世界货币会议对国际金融秩序中国家"义务"的安排,虽然不是制度创造或条约共识下的法定义务,也没有 1969 年《维也纳条约法公约》中规定的强制性效力,但很明显,此时国际社会已经注意到国家对国际社会整体承担着自我约束的义务,这种义务应该具有超越一般国内法律规定的效力。虽然这种自律性义务并没有强制约束力,但至少已经成为国际道德的一部分。

但是对于国际金融治理规则的构建而言,将国际金融秩序的稳定性与特定国家的国家信用捆绑在一起,并在道德层面要求各国遵守相应的约定义务,无论是在国内法还是国际法上,都具有普遍的脆弱性。该脆弱性来自三方面:其一,如果国际社会缺乏足够的凝聚力,国家利益往往会凌驾于国际社会的整体利益之上,各国不会也没有很大动机去主动维护国际利益;其二,国家与国家之间的关系,取决于国家利益的指向,因而,在国际关系近似于原始丛林规则时,国家利益决定了国家信用的大小、强弱或取舍;其三,此时的国际义务只是"软法"意义上的国际义务,或者只是一种国际道德,遵从该义务只是一种理想或者道德性要求,在国际交往中,国家可以忽视其规范意义,在涉及重大国家利益时,国家会为了放弃这种道德性义务而炮制出合乎其道德甚至合乎国际规则的新伦理和新解释。所以,对于金汇兑本位制而言,内嵌的这种脆弱性就注定其执行比较艰难。

历史的发展也证明这种国际义务的不可执行性。金汇兑本位制在设计之初就是一种妥协式的临时机制，是在无法创设统一的国际金融治理机制时，被迫采用的缓解黄金短缺的救济办法。这种办法虽不足以应对第一次世界大战后面临的挑战，但是至少也反映了当时的政治和文化环境。[1] 该机制将部分国家的法定货币与黄金脱钩，尝试用大国通货或者坚挺的法定货币替代黄金作为流通工具，从某种意义上而言，这种尝试是值得肯定的。但是，如上所述，当时的国际环境并不支持创建一个稳定的货币汇兑市场，更谈不上创建一个稳定的国际金融体系。特别是第一次世界大战结束后，欧洲大国之间的明争暗斗，并不比战前低落，各国对于如何处罚战败国以及如何清算战争赔偿问题，存在较大的利益冲突。因而，外汇兑换黄金的策略，从该机制创设之初就陷入了激烈的斗争旋涡，大国纷纷以本国的法定货币作为核心货币并构筑属于自己的金融利益集团，相继形成了美元集团、英镑集团和法郎集团等。每个货币集团固守自己的利益范围，创设集团内的货币和金融规则，最终，各个货币集团之间构筑了大大小小的贸易金融壁垒，阻碍了金融资源的自由流动和国际金融市场的有效建设。

因此，原本以国家为基本单位的国际货币和国际金融斗争，逐渐演变为以主要货币为核心组成的若干国家集团之间的货币和金融斗争，毫无疑问，后者的金融斗争更加惨烈。但值得注意的是，这种货币国家集团之间的金融斗争，对国际金融市场的建设，也提供了一些有益的经验。譬如，与单个国家之间的凌乱金融斗争相比较，货币国家集团之间的斗争变得更有秩序；货币国家集团相互之间的磋商谈判，也更容易达成共识，等等。但是，金汇兑本位制在本质上仍然是黄金本位制或者是弱化了的黄金本位制，在这种体系下，黄金仍然是最后的支付手段，因而，当黄金本位制内嵌的三个缺陷出现时，金汇兑本位制同样面临崩溃的风险。因此，1929 年到 1933 年期间，当国际社会遭遇空前的经济危机，主要大国之间建立的脆弱的汇兑机制

---

[1]　Stephen A. Schuker, "The Gold – Exchange Standard: A Reinterpretation", at Marc Flandreau and Harold James eds, *International Financial History in the Twentieth Century*, Cambridge University Press, New York, 2003, p.78.

被摧毁时,金融危机迅速蔓延至货币国家集团内部,国家间建立起来的脆弱的货币信用体系顿时陷入困境,金汇兑本位制濒于崩溃。

现在来看,1929年的世界经济大萧条是诱发金汇兑本位制崩溃的主要原因。但是,理论界对于1929年世界经济大萧条还存在很多争论,尤其是对1929年世界经济大萧条发生的原因,不同的历史学家和不同的经济学家可能会得出不同的结论。在这里需要强调的是,很多人可能遗忘或者淡化了国际体系的联动性给世界经济带来的消极影响。如前所述,对于第一次世界大战结束后国际秩序的安排,各国间存在较大分歧,特别是对战争赔款事项,欧洲各国存在不同的期望,对于战争赔款目的和战争赔偿金额,各国也存在较大争议。在诸多争议中,凯恩斯对战争赔款的解释,引发了欧洲最主要两个国家之间的新冲突,因为凯恩斯关于战争赔偿对欧洲未来影响的理论解释,实际上鼓动了德国的不赔款行为,至少是为德国不赔偿或少赔偿提供了合理的借口,而这明显损害了法国的利益,引起法国的强烈不满。另外,法国占领了德国部分具有矿产资源价值的领土,也为两国日后的战争埋下隐患。

因而,当时的欧洲处于一种焦虑的状态。一方面,欧洲各国要为战后的经济复苏和社会发展寻找资金,还要努力偿还战争期间的大量负债,这两方面都需要大量的资金,但是当时最有钱的国家——美国,却不愿意援助欧洲,欧洲各国十分着急。另一方面,欧洲各国关于德国的战争赔偿数额迟迟未能达成一致,各国物资匮乏,心态失衡,助推了欧洲的通货膨胀。所以,临时达成金汇兑本位制后,各货币国家集团之间的竞争或者斗争更加剧烈。

首先,1924年,法郎集团中的核心国家法国,其中央银行对政府的贷款增多,流通中的法郎显著增加,助推了通货膨胀。另外,德国和奥地利的银行家或银行集团,频繁在金融市场从事投机和操纵行为,导致法郎在1926年和1928年发生两次剧烈波动,其结果是法郎集团虚弱不堪,而德国、意大利和奥地利也遭受极大损失。

其次,虽然第一次世界大战后的战争赔款,最终确定由美国贷款给德国来支付,暂时解决了欧洲急需的资金来源问题,但美国的要求是还本付息,客观上增加了战败国(特别是德国)的负担。更为关键的是,1927 年,当欧洲货币和金融困境不断加剧时,美国竟然单方面中止了对德国的长期贷款,导致德国将要支付的战争赔偿款项只能依靠增加德国国内税收来支付。因此,世界经济不景气,再加上税收提高,直接导致德国国内大量工厂破产、大量工人失业,整个社会陷入危机之中,最终,引发了德国的民族主义情结。

最后,美国股市大跌,成了压倒骆驼的最后一根稻草。当时世界上最有钱的国家陷入经济危机当中,各国强化自救,各国货币竞相贬值。1931 年至 1933 年,德国、英国和美国相继放弃金汇兑本位制下的汇兑义务,金汇兑本位制崩溃。

三、布雷顿森林体系的建立与影响

1. 布雷顿森林体系的基本架构

1933 年金汇兑本位制崩溃之后,国际社会意识到国际货币和汇率问题需要国际社会在政治层面达成统一的解决方案。虽然在世界经济会议上有过相关的讨论,但因为美国在混乱的金融秩序中依靠存储的黄金获利,再加上主要大国正在准备另一次大规模的战争,所以国际货币和金融制度的建设问题在国际协商层面就停止了。直到 1944 年,战争情势比较明朗,在美国和英国的召集下,世界上主要国家在美国新罕布什尔州布雷顿森林召开了一次关于战后国际货币和金融秩序的国际会议。该会议就第二次世界大战后的国际货币和金融体系作出了制度性安排,史称"布雷顿森林体系"。

"布雷顿森林体系"本质上是一个加强版的金汇兑本位制。它的总体思路仍然是大国货币与黄金挂钩;其他国家货币与大国货币挂钩;通过固定汇率调节各国货币间的汇兑关系。但是与前面所讲的两种国际金融治理机制不同,"布雷顿森林体系"更加强调国际制度的作用,无论是国际货币金融协议的具体内容、国际监管机构的设立等实体性内容,还是国际货币金融协议的缔结、国家间的磋商等程序性问题,都有明确的制度化建构。这体现出第二次世界大战后的国际社会已经感知到过去"软法"性质的国家义务,已经不能有效调控国际货币金融体系的正常运转。为此,国际社会开始努力构建世界性的货币金融法律体系,其理想就是模仿国内货币金融法律体系建设一个全球性的货币金融法律框架,将每一个国际社会成员,特别是主权国家收纳在内,通过国际法律规范规定彼此的权利和义务,并设置全球性的监管机构(类似于国家机关)对国际货币金融行为进行调控和监管。同样,国际社会仿照国内纠纷争端解决机制,创设全球性争端解决机构(仲裁庭和法院)来解决国际社会的争端与纠纷。鉴于这次国际秩序的调整是真正意义上从全球范围进行的统一性调整,所以全球法律治理开启的时间应该界定在第二次世界大战之后。①

"布雷顿森林体系"也是国际货币与金融治理体系在第二次世界大战后创建的国际金融治理新机制。"布雷顿森林体系"的建设与发展,主要体现在如下方面:

首先,创设全球货币金融体系的基础——黄金美元挂钩机制。黄金美元挂钩机制实质上既是第二次世界大战后美国综合国力跃居世界首位的表现,也是第二次世界大战后美国开始经营全球事务的战略考量。据有关数据显示,第二次世界大战后美国拥有全球75%左右的黄金,因而,美国主张以黄金作为最终平价的依据,并在谈判中力争将美元与黄金挂钩,即将美元等同于黄金,规定了美元在全球货币金融治理结构中的核心地位。这种机制安排具有两层深远意义:一方面,肯定了美国扮演最后贷款人的角色,成为全球货币金融治理体系的核心和领导者;另一方面,该机制的建立,表明美国成功打压了其他货币国家集团的发展,特别是限制了英镑的作用,为美元的"一元独大"和美国的单极霸权创造了条件。

其次,"布雷顿森林体系"的核心内容是双挂钩、固定汇率和机构监管。与前两次国际金融治理体系的建设不同,该体系的建设围绕强制性的条约

---

① 全球法律治理的规模比较宏大,从政治层面的顶层设计,到经济层面的宏观规划,再到执行与磋商程序、纠纷与矛盾解决机制等微观层面的规则建设,都在第二次世界大战后的国际秩序重建中得到充分的体现和史无前例的发展。

义务来创设国际法律制度,更加注重综合治理或者深度治理,使国际货币金融治理体系的建设和国际货币金融秩序的维护更加条理化、清晰化和明确化。

最后,"布雷顿森林体系"的一个创举是创立了全球性质的货币金融监管机构。通过设立世界银行(即 International Bank for Reconstruction and Development,国际复兴开发银行,简称"世界银行"、IBRD 或 WBG)和国际货币基金组织(即 International Monetary Fund,简称 IMF),协调与监管各国的遵约行为,并在具体的货币金融事务中为各国履行国际法义务提供技术性指导。设立国际性监管机构是国际社会从松散式联盟走向秩序化的关键一步,也是构建国际社会共同体的重要保障,其潜含的规制意蕴在于国际货币金融法律制度的强制化和规范化。因而,"布雷顿森林体系"的这种治理范式,无论是国际调控规则的建设还是国际性监管机构的设立,对未来国际货币金融秩序的治理提供了非常重要的指引。

2. 布雷顿森林体系的主要贡献

(1)"布雷顿森林体系"对国际货币法律制度建设的贡献,主要体现在《国际货币基金协定》的缔结上。根据《国际货币基金协定》第一条的规定,①

---

① Article Ⅰ of Agreement of the International Monetary Fund:The purposes of the International Monetary Fund are:(ⅰ)To promote international monetary cooperation through a permanent institution which provides the machinery for consultation and collaboration on international monetary problems.(ⅱ)To facilitate the expansion and balanced growth of international trade,and to contribute thereby to the promotion and maintenance of high levels of employment and real income and to the development of the productive resources of all members as primary objectives of economic policy.(ⅲ)To promote exchange stability,to maintain orderly exchange arrangements among members,and to avoid competitive exchange depreciation.(ⅳ)To assist in the establishment of a multilateral system of payments in respect of current transactions between members and in the elimination of foreign exchange restrictions which hamper the growth of world trade.(ⅴ)To give confidence to members by making the general resources of the Fund temporarily available to them under adequate safeguards,thus providing them with opportunity to correct maladjustments in their balance of payments without resorting to measures destructive of national or international prosperity.(ⅵ)In accordance with the above,to shorten the duration and lessen the degree of disequilibrium in the international balances of payments of members.The Fund shall be guided in all its policies and decisions by the purposes set forth in this Article.

该协定主要通过国家间的磋商与合作,通过条约体系让成员国承担相应的国际法义务,从而建立一整套完整的国际货币合作体系。依据《国际货币基金协定》的规定,国际社会成立了国际货币基金组织,赋予其国际法上的权利和职责,让其负责监督、管理和协调成员国之间的货币法律关系。从国际法的角度来看,《国际货币基金协定》既是一个国际条约,也是一个国际组织的章程,因此,在法律效力方面,《国际货币基金协定》具有强制力,各成员国必须遵守协定规定的义务。《国际货币基金协定》将主要的国际社会成员全部统筹在内,基本上用统一的全球货币标准约束各成员国,但也为成员国货币制度的差异预留了磋商空间,从而有力地保证了"布雷顿森林体系"能够成为一个治理全球货币金融领域的庞大国际法体系。与过去比较"涣散"的国际金融治理体系相比较,"布雷顿森林体系"更加规则化、组织化和法制化,规制国际货币金融事务的国际软法规则趋于"硬法化"。正因为如此,有专家认为《国际货币基金组织协定》的生效和 IMF 的建立,标志着全球性国际货币体制的诞生。① 当然,后期的"布雷顿森林体系"在治理全球货币金融事务过程中,已经深度突破了国际货币金融治理的范畴,在美国等成员国的误导下,IMF 开始逐渐涉猎到其他国内和国际治理领域,因而,偏离初始方向的"布雷顿森林体系"深陷种种困境和危机,也为"布雷顿森林体系"的健康发展带来了很多障碍。

（2）"布雷顿森林体系"强调美元与黄金挂钩的基石作用,创建以美国为核心的西方大国集团——G7 为国际货币金融治理体系的治理机构,在 IMF 的协调、监督和组织下,利用世界银行和其他开发银行的资本功能来支持国际社会的资金需求。尽管治理中枢机构的组成体现出明显的政治意识形态,但客观上来看,在一定程度上也体现了国际货币金融治理领域的"大国一致原则"。"布雷顿森林体系"还设计了具有现

---

① 曾华群:《国际经济法导论》,法律出版社 2007 年版,第 329 页。

代化属性的货币金融管理制度,如国际收支调节制度、国际储备制度、国际清算制度、国际监管协调制度等,有力促进了第二次世界大战后国际金融市场的重建,促进了国际金融市场的统一发展。尤其是该体系在实践中形成的"大国治理"模式,对国际货币金融体系的发展具有重要的指引价值。

(3)"布雷顿森林体系"形成了一个比较稳定的、庞大的国际制定法体系。《国际货币基金组织协定》《国际复兴开发银行协定》及其相关工作规则,如世界银行的《贷款协定和担保通则》、国际开发协会的《开发信贷协定通则》等规则的颁行,加上区域性开发银行协定、区域性开发银行相关工作规则,以及各国为适应国际金融机构和区域性金融机构的要求而制定的国内合规性法律文件,"布雷顿森林体系"已经形成一个比较稳定且规模庞大的国际制定法体系。正是该国际制定法体系的形成,使得国际货币法和国际金融法第一次有了实质的涵义。[1] 这种区分为国际金融治理体系的分类化治理提供了理论依据。

3. 布雷顿森林体系的主要缺陷

"布雷顿森林体系"作为一种国际货币金融治理体系,主要是在冷战背景下英国和美国国际战略协调的结果,[2]作为一种战略博弈后的成果,"布雷顿森林体系"本身就存在一些设计方面的缺陷。另外,如前所述,"布雷顿森林体系"在治理全球金融事务过程中,不断突破贸易金融治理的范畴,逐渐开始涉猎其他政治、经济领域。因而,当本身的缺陷加上体系发展方向的偏移,"布雷顿森林体系"的有序发展面临诸多风险。

---

[1]　有专家认为国际货币法是公法,国际金融法具有私法性质,国际货币法是国际金融法的基础,而国际金融法则表明了国际货币法的目的是规范的交易目的,因而,"布雷顿森林体系"的形成使得区分国际货币法和国际金融法有了意义和可能。详见董安生:《国际货币金融法》,中国人民大学出版社1999年版,第3页。

[2]　Robert Skidelsky,"Keynes's Road to Bretton Woods:An Essay in Interpretation",at Marc Flandreau and Harold James eds,*International Financial History in the Twentieth Century*,Cambridge University Press,New York,2003,pp.125−126.

首先,"布雷顿森林体系"的运作基础有缺陷。"布雷顿森林体系"的健康运作,主要有五个条件,即美国黄金储备充足、美国经济持续繁荣、美国国际收支保持顺差、黄金价格持续稳定在官价水平、其他国家的经济发展水平低于美国经济发展水平。很明显,该体系的构建基础就是以美国经济持续发展和美国持有的黄金总量作为主要依据,如果五个条件中任何一个条件发生不利于美国的变化,该体系就存在运作风险。美国在创设该体系时为了排挤英镑,独霸领导权,故意无视该体系将国际社会的整体利益捆绑在美国经济发展上的弊端。相反,美国不仅通过该体系将美元等同于黄金的特殊地位,确立了美元在国际储备货币中的霸权地位,还通过严格的汇率浮动管制,在紧急情况下,通过美元贬值对外转嫁美国国内风险和金融危机。①因而,"布雷顿森林体系"的运作基础存在"先天不足",国际社会尽管无奈,但也始终对该体系的缺陷给予高度关注,并对该体系下美元与美国的特殊地位深感不安。

其次,"布雷顿森林体系"的假设前提不充分。"布雷顿森林体系"构建时暗含了一个不成文的假设条件,即该体系的健康运转建立在美国经济持续繁荣发展的基础上。但是,按照马克思主义理论的观点,资本主义市场经济的发展具有盛衰周期性,因而,假设美国的经济持续繁荣这个条件是不充分的。事实也证明在面临国内外环境变化时,譬如,亚洲和东欧地区经济发展水平快速上升,或者美国屡次陷入海外战争时,这些内外环境的变化直接影响了美国经济的下行发展。

另外,在美国国内经济发展的周期性盛衰影响下,美国面临很多经济危机,当美国面临经济危机等不确定事件时,"布雷顿森林体系"能否正常维系与美国能否恪守国际信用、遵守国际法义务紧密相连。事实证明,美国并

---

① 对于这个观点,可能有不同的看法。有西方学者就认为对"布雷顿森林体系"在国际金融体系中的作用,可能被夸大了,并且认为"布雷顿森林体系"的建立,并不是美英主要追求的政策结果。详见 Robert Skidelsky, "Keynes's Road to Bretton Woods: An Essay in Interpretation", at Marc Flandreau and Harold James eds, *International Financial History in the Twentieth Century*, Cambridge University Press, New York, 2003, pp.125–151。

不是一个遵守国际法的"模范"国际成员,在很多时候,美国在极力维护自己的霸权地位时,甚至根本没有思考如何承担国际义务。当履行国际职责和承担国际义务的成本可能危及美国的国家利益时,美国会毫无顾忌地逃避其责任与义务。1971年,在历经了20年的大规模印刷美元之后,美国通货膨胀加剧,美元过剩,①美国不得不宣布放弃美元兑换黄金的承诺与义务。随后各国逐渐抛弃了固定汇率制,"布雷顿森林体系"崩溃。但非常具有讽刺意味的是,即使"布雷顿森林体系"崩溃了,美国向国际社会声张其独霸性权利的思维却从没有改变,美国继续固守在"布雷顿森林体系"遗留的 IMF 和 WBG 的议事规则城堡中,不愿意反思自身行为,也不主动寻求国际金融治理体系的革新变化,相反,美国固执地悖逆世界潮流的发展趋势和国际社会总体的发展需求,故意阻碍国际金融治理体系的改革,以达到竭力维护其霸权地位的狭隘目的。

最后,"布雷顿森林体系"缺乏对核心大国的监管与制衡。"布雷顿森林体系"的崩溃,为后世制定、设计国际金融体系提供了很多经验教训。"布雷顿森林体系"崩溃的表面原因是美国经济发展问题和美元危机,但深层次原因是创设该体系时把"所有鸡蛋放在一个篮子里",国际金融治理机制过于依赖美国,并且"布雷顿森林体系"也没有设计对核心大国的监管方法和监管路径。因此,当核心大国的经济发展出现问题或者核心大国"不守规矩"时,国际社会很难预防其对国际金融治理体系带来的风险。所以,从治理机制设计角度来看,"布雷顿森林体系"的治理机制是不完善的,治理机制缺乏自动更新和自动矫正的能力。当然,"布雷顿森林体系"也缺乏足够的监督和制衡机制,尤其缺乏对核心大国的监督和制衡机制。

---

① 王志洋:《第一次金融全球化的失败及其历史功过》,载《江苏市场经济》2001年第3期,第62页。

第三节　国际金融秩序的变动与国际金融
体系的改革

一、牙买加体系的形成

1. 牙买加体系形成的历史背景

如果没有第二次世界大战和大萧条的洗礼，现在的国际金融治理体系可能无法建立。① 第二次世界大战结束之际，由于国际货币金融市场的混乱以及欧洲在战争中元气大伤、美元短缺等客观条件，促使国际社会在美国的压力下选择了"布雷顿森林体系"，被迫接受了美元的世界货币地位。但是，第二次世界大战结束后，美国频繁利用美元的特殊地位超量发行货币，到 20 世纪 50 年代初，国际金融市场上的美元已经出现过剩，"布雷顿森林体系"开始显现危机。为了预防金融风险的扩大，国际社会与美国就"布雷顿森林体系"的改革问题开始初步磋商。

（1）1962 年磋商。

1962 年英国爆发英镑危机时，英镑大幅贬值，迫使国际资本开始挤兑美元，美元进而挤兑黄金，美国承担兑付的压力倍增，不得不与主要国家紧急磋商。磋商后主要国家决定采取紧急措施，联合签订互惠信贷协议，采取攻守同盟措施，并建立黄金总库，采取联合行动维持汇兑市场的秩序和支持当时的汇率，最终的目的是维持美元在"布雷顿森林体系"中的特殊地位。期间，国际社会和美国达成了修订《国际货币基金协定》的方案，决定准备建立特别提款权制度（SDR）。创设 SDR 主要有两方面的考虑：一方面，有效扩大 IMF 的贷款能力，用 SDR 补充国际储备的不足；另一方面，SDR 的创设，增加了国际储备的选择范围，削弱了黄金的国际储备作用，有利于缓解

---

① ［美］莫里斯·奥伯斯法尔德：《国际货币体系与全球化》，王旭译，载《金融市场研究》2012 年第 12 期，第 24 页。

美元危机。但是,1967 年,《国际货币基金协定》还未来得及修订,美国联合主要国家采取的攻守同盟措施效果还未显现时,英镑再次贬值,国际资本又开始挤兑美元,美元再次挤兑黄金。于是,不久前建立的黄金总库停止运行,国际清算银行采取黄金价格双轨制,意味着黄金的自由兑换和出售受到影响,因而,金汇兑本位制的基础开始动摇。

(2)1969 年《国际货币基金协定》第一次修订。

1969 年下半年,国际金融体系陷入动荡之际,会员国决定对《国际货币基金协定》进行第一次修订。该次修订的主要举措是决定建立近 100 亿美元的 SDR 储备资产。但在当时,该措施的意义不大。因为美国陷入越南战争,资本不断外流,国际收支日益恶化,[①]美国加大了美元的印刷数量,美国国内通货膨胀严重,美元过剩,各国开始限制美元汇兑。1971 年法郎贬值,导致美元挤兑黄金的危机再次发生,欧洲主要国家的中央银行纷纷停止美元汇兑业务。1971 年年底,美国单方面宣布停止美元汇兑黄金,"布雷顿森林体系"陷入困境。

(3)1971 年达成《史密斯协议》。

1971 年,在美国的不断努力游说下,经过多次磋商,十国集团勉强达成了旨在默许美元贬值的《史密斯协议》,[②]同意美元对黄金贬值,部分国家的货币被强制对美元升值,各国的汇率波动幅度被扩大。《史密斯协议》本质上是对《国际货币基金协定》的修改,该项修改主要涉及两项条款:其一是修改《国际货币基金协定》中约定的 35 美元等于一盎司黄金的规定,要求美元对黄金贬值 7.89%;其二是修改《国际货币基金协定》中约定的美元与其他货币的汇率控制在平价上下 1%左右的规定,将其修改为美元与其他货币的汇率控制在平价上下 2.25%左右。从"布雷顿森林体系"设立谈判时美国坚持的立场来看,《史密斯协议》完全推翻了美国当初的立场,也推翻了"布雷顿森林体系"的部分建构基础。美国之所以力推《史密斯协议》,

---

① 曹建明、陈治东主编:《国际经济法专论(第四卷)》,法律出版社 2000 年版,第 239 页。

② 即 Smithsonian Agreement。

是将其作为美国违约行为的"遮羞布",企图为美国违反《国际货币基金协定》规定的国际法义务寻找合理由。国际社会也担忧如果国际货币金融体系再次崩溃,会对全球经济发展带来巨大冲击,因而,国际社会在权衡利弊之后,勉强接受了美国的建议,并默许了美国的违约行为。

(4)1973 年美国再次违约。

1973 年,美国在内外交困的双重压力下,毅然再次放弃货币平价义务,公然违反《史密斯协议》项下自己承诺的国际法义务,并放纵美元贬值,[1]引起国际社会的强烈不满。欧共体和十国集团发表联合声明,表示不再维持本国货币和美元的稳定比价。至此,"布雷顿森林体系"崩溃。

2. 牙买加体系的创建

(1)牙买加体系创建的历史背景。

首先,"布雷顿森林体系"崩溃之后,国际社会就如何建立一个新的国际货币金融体系争论不休。当时,主要有两种观点:一种观点认为要坚决反对美元的特权,主张完全抛弃第二次世界大战后逐渐形成的货币、金融理念;主张重新恢复黄金本位制,以黄金本位制为基础构建新的国际货币金融体系。这种主张激进主义改革方式的支持者,以法国为主要代表。另一种观点认为第二次世界大战后形成的国际货币金融体系虽然有缺陷,也需要对该体系进行改革,但应该避免根本性变动,要防止激进式变革可能给国际社会带来的超预期冲击。这种主张改良主义的支持者,以美国为主要代表。

在之后的多次磋商中,美国力主的黄金非货币化方案占了优势,因而,以法国为代表的激进主义改革理念遭到遏制,中性的改良主义开始主导国际货币金融体系的变革。时至今日,当再次回首这次关键的抉择时,会发现选择改良主义实质上是最大程度上保全了美国的利益,至少帮助美国避免了激进变革可能对美国利益的全面减损。所以,国际社会应当反思,当缺乏

---

① 1973 年 1 月至 3 月,黄金官价从每盎司 38 美元升为 42.2 美元,美元对黄金又贬值了10%。见王志洋:《第一次金融全球化的失败及其历史功过》,载《江苏市场经济》2001 年第 3期,第 63—64 页。

一个真正强大的国际社会集团时,国际社会如何维护全球利益?[1] 如何防止与制衡超级强国可能对国际整体利益的损害?

其次,《改革纲要》的提出。1972 年,在美国的授意下,联合国贸发会议第三届会议授权二十国委员会研究国际货币体系的改革。经过近一年的研究和讨论,二十国委员会在 1973 年的内罗毕会议上,提出了全面改革和发展国际货币秩序的《改革纲要》。根据董安生教授的研究,《改革纲要》的主要内容有 5 项:第一,应当使特别提款权成为主要的储备资产,降低黄金及其他外汇的国际储备作用;第二,为保障汇率机制更好地发挥作用,汇率制度应当以稳定但可调节的平价为基础,而浮动汇率仅仅应当作为一种在特殊情况下可以使用的方法;第三,对于扰乱性国际资本流动,应当给予国家合作加以控制;第四,对于国际收支不平衡的结算,顺差国和逆差国均负有对称的责任,应该通过国际磋商加以解决;第五,国际社会应该促进世界资源流入发展中国家。[2]

但是《改革纲要》最终并没有落实,其表面原因是 1973 年 10 月中东战争爆发以及阿拉伯石油输出国把石油作为武器,造成石油危机和金融危机。其本质的原因是国际社会的斗争已经非常尖锐,美国、苏联和兴起中的发展中国家都已经开始谋划有利于自身的新一轮国际货币金融秩序改革。

最后,改革理念的新冲突。美国和苏联对世界霸权的争夺日趋激烈,美国认为《改革纲要》最终能否执行,要在美国主导的 IMF 下,根据《国际货币基金协定》规定的议事规则进行讨论。也就是说美国等西方国家认为国际货币体系改革的问题,只能在 IMF 框架下进行。而苏联则主张"另起炉灶",应该在苏联主导的"经互会"创设一种社会主义国家共同使用的"社会主义货币",反对扩大使用 SDR,主张提高黄金的价格,并宣传黄金本位制。

---

[1] Yasukata Fukahori, " Economic Analysis of International Law in Controlling Global Commons", AALCO: *Journal of International Law*, 2013, 2(2), pp.49-63.

[2] 董安生:《国际货币金融法》,中国人民大学出版社 1999 年版,第 25 页。

另外,发展中国家日趋厌烦旧的国际经济秩序和体系,强烈要求变革旧秩序,建立新秩序,并通过了《建立新国际经济秩序的宣言》和《行动纲领》,要求增强发展中国家在国际经济体系中的话语权。具体而言,主要有以下主张:第一,采取措施消除或减轻发达国家通货膨胀和汇率波动给发展中国家造成的不利影响,发展中国家因国际货币危机受到的外汇储备损失应得到补偿;第二,充分而有效地参加国际货币制度改革和国际货币基金组织的决策过程;第三,公正和合理地分配世界货币资源,按有利条件获得更多的发展资金,尽快在 SDR 和提供发展资金之间建立联系。[①]

(2)《牙买加协定》的主要内容。

因各方的争执与角力,《改革纲要》最终未能执行。1974 年,IMF 准备对《国际货币基金协定》进行修订,几经磋商,成员国终于于 1976 年在牙买加金斯顿会议上达成共识,形成《牙买加协定》。[②]《牙买加协定》的主要内容是:各国的汇率自由浮动,但其汇率政策受 IMF 的监督;取消黄金官价,黄金非货币化;扩大 SDR 的适用范围,将 SDR 作为主要的国际储备资产。

从内容来看,《牙买加协定》的内容与"布雷顿森林体系"下的内容有根本性变化,此次改革将国际货币金融体系从单一的美元核心制变革为以 SDR"一篮子货币"为核心的大国货币共同治理机制。并且《牙买加协定》采纳了美国提议的黄金非货币化方案,黄金与货币脱钩,促使各国间汇率趋于自由浮动机制。[③]《牙买加协定》的产生,标志着国际货币金融治理形成

---

① 方彦量:《第三世界在经济领域中反帝反霸斗争的新回合——关于第四届联合国贸易和发展会议》,载《国际贸易问题》1976 年第 1 期,第 11 页。

② 即 Jamaica Agreement。

③ 根据《牙买加协定》的规定,各国可以自由选择汇率方面的安排,其货币的汇率可以单独浮动,也可以联合浮动;可以钉住其他一种货币,也可以钉住一揽子货币。工业发达国家的货币大多数实行单独浮动或者联合浮动,而发展中国家大多数的货币钉住某一个工业发达国家的货币,特别是美元,这是因为它们在贸易支付关系长期集中在某几个工业国,钉住某一工业国的货币可以减少两国书岸边汇率的波动,便于两国之间经济合作和贸易往来。详见曹建明、陈治东主编:《国际经济法专论(第四卷)》,法律出版社 2000 年版,第 239 页。

了一个新的治理体系,即"牙买加体系"。

(3)关于"牙买加体系"的几个理论争议。

首先,"牙买加体系"是"布雷顿森林体系"的延续还是终结?

关于"牙买加体系"和"布雷顿森林体系"之间的关系,国际金融法学界仍有争论。一种声音认为"牙买加体系"是"布雷顿森林体系"的终结,因为"牙买加体系"从根本上改变了"布雷顿森林体系"原来的治理基础和治理结构,是一种新的治理体系。但另一种声音认为"牙买加体系"是"布雷顿森林体系"的延续,这种主张认为尽管"牙买加体系"形成了,但并没有改变"布雷顿森林体系"设计的基本框架,只是对"布雷顿森林体系"框架下的国际货币制度及其运行规则进行了修改,使其更符合当时国际环境的发展变化。从国际制度的设计角度而言,"牙买加体系"显然与"布雷顿森林体系"不同,尽管国际社会的博弈现状使得美国仍然是"牙买加体系"下的主导者,表面上很容易造成与美国主导下的"布雷顿森林体系"相混淆的错觉,但是,"牙买加体系"无论是治理理念、治理内容,还是治理方法、治理途径,都比"布雷顿森林体系"进步。因而,"牙买加体系"应该是"布雷顿森林体系"的终结,而不是延续。

其次,《牙买加协定》下的国际货币金融体系是否比"布雷顿森林体系"下的国际货币金融体系更加稳定和有效?

与前面一个争论相比较,这个问题可能更加重要。在思考该问题时,可能需要思考以下几个关联点:第一,在国际货币金融体系中,是否应该拥有一个比较客观的平价基准?第二,黄金非货币化是否真的有利于治理体系的稳定?第三,将主要依据"一篮子货币"来定价的 SDR 作为主要储备资产,是否会让国际货币金融体系变得更加脆弱?第四,IMF 能否有效监管成员国的汇率政策?特别是能否有效监管大国的汇率政策?如何监管?第五,自由浮动汇率机制是否是国际金融危机再次爆发的根本原因?如何设计稳定的汇率秩序?第六,是否应该设计基础性货币或本位币?第七,如何规定成员国是否遵守国际义务的标准?第八,新体系是否考虑国际贸易对货币金融规则的影响？尤其是国际收支的顺逆差国家分别应该承担什么样的和什么程度的国际法责任和国际法义务？第九，新体系是否考虑国际资本的跨国流转给体系安全带来的影响？是否制定相应的国际监管规则？等等。

《牙买加协定》生效后国际金融市场的实践表明，对上述问题的思考仍然有价值，因为国际货币金融关系仍然处于极不稳定、非常脆弱的状态中。《牙买加协定》生效后，各种危机频繁出现，譬如，1982年墨西哥债务危机；1994年墨西哥、阿根廷货币金融危机；1997年以泰国货币危机为先导引发的亚洲金融危机；等等，都暴露出《牙买加协定》并没有解决国际货币金融体系中固有的问题缺陷。

值得思考的是，国际社会似乎应该从历史的发展中汲取经验教训，最起码应该找到导致问题频发的根本原因。从国际金融体系的多次演变发展历程中，似乎可以发现一个看似冲突的结论：尽管金融危机的起因繁杂且变化多端，但金融市场的变动呈现两种重复性规律，一种是金融市场所处的国际环境和运行机制从外部有规律地影响金融市场的治理进程；另一种是人性本身的心理结构和不稳定情绪，从内部有规律地影响金融市场参与人的潜在预期。国际金融市场的持续发展，源于私人和国家的利益驱动。历次金融危机的爆发和国际金融体系的崩溃，同样是私人和国家利益驱使的结果。

因而，"一国的货币政策不仅不能损害其他国家的利益，而且应当在共同接受的国际秩序的基础上谋求合作与协调，国际范围内的货币秩序和金融秩序不仅不应弱化，反而应当得到加强"。① 所以，国际社会在制定国际金融法律规则的同时，应该强化对国际社会集体利益的关注，并注重国际社会共同理念与共同价值观的培养，这可能是未来在国际金融治理中亟待解决的重要任务。

---

① 董安生：《国际货币金融法》，中国人民大学出版社1999年版，第25页。

二、国际金融治理主体范围的扩大与理念延展

1. 对"牙买加体系"下国际金融治理主体治理资格的质疑

《牙买加协定》的内容和签署过程表明,"牙买加体系"下的国际金融治理与国际协作、公平遵守的国际金融合作理念相距甚远。与"布雷顿森林体系"下的国际金融治理相比较,"牙买加体系"下的国际金融治理主体发生了变化,即从过去以单一的美国和美元为核心的"单圆"治理体系,转向以美元和美国为基础、以 SDR"一篮子货币"和西方"七国集团"为领导层的"双圆"治理体系。从国际政治角度而言,"牙买加体系"的形成是美国无力单独操纵国际金融秩序,从而拉拢了一个利益集团("七国集团"或称为"G7")共同治理国际金融领域的策略性选择。在"牙买加体系"中的"双圆"治理结构中,"七国集团"是国际金融治理的核心主体,它在领导世界各国共同应对世界经济失衡、解决区域性债务危机和区域性金融危机中扮演了重要角色。但是,"七国集团"是以经济发展水平相近的西方发达工业国家组成的利益集团,带有明显的大国强权甚至大国霸权痕迹。"七国集团"在处理全球性经济事务时,常常围绕发达工业国家的利益需求分配全球资源,总是有意或无意地忽视发展中国家和最不发达国家的利益诉求。即使新兴经济体在全球经济发展中的占比已经大幅提升,"七国集团"仍然拒绝国际金融决策规则做出相应的改变,顽固地反对在国际经济事务中给予发展中国家和最不发达国家相应的发言权。因而,"七国集团"的治理资格经常受到质疑。

首先,"七国集团"应对金融危机的能力不足。七国集团在"牙买加体系"下的国际金融治理机制中占据绝对的主导地位,[1]但是,"七国集团"及其主导的国际金融治理机构在解决金融危机,促进世界经济稳定、健康发展方面,表现出治理效果欠佳、应对能力不足的缺陷。

---

① 包括在 IMF、IMFC、WBG、BIS、FSF 中,七国集团都占据主导地位。

其次，"七国集团"的代表性不足。随着发展中国家经济发展水平的提升，发展中国家的经济总量在世界经济总量中所占的比重越来越高，发展中国家自然需要更多的话语权、参与权和投票权。但是，"七国集团"固守小集团利益，不愿意让发展中国家参与国际金融事务的治理，也不愿意与发展中国家分享发展权益。因而，"七国集团"的代表性存在合法性危机。

再次，"七国集团"的治理方案存在问题。当国际社会面临金融风险和金融危机时，急需国际金融机构的建议和援助，但"七国集团"控制下 IMF、WBG、亚洲开发银行（ADB）等国际性或区域性国际金融机构在提供建议或援助时，往往会提出大量苛刻的援助条件，有些援助条件完全超出了金融治理和金融救援的范畴，表现出对他国内部政治、经济事务的深度干涉。因而，"七国集团"及其控制的国际金融机构，给被援助国家留下了"趁火打劫"的不道德感，从而冲淡了国际金融援助的正义价值。

最后，"七国集团"的影响力下降。随着新兴经济体国家的快速成长，发展中国家集团已经积累了较多的外汇储备，再加上双边协议和区域多边合作协议日趋增多，发展中国家对"七国集团"领导下的国际性或区域性国际金融机构的依赖减弱。这种对国际金融机构依赖性减弱的表现，一方面凸显了发展中国家金融政策的独立性得到强化，发展中国家渴望在国际金融治理中发出更多的声音。譬如，1979 年，77 国集团提出了《国际货币改革行动计划大纲》，力图建立一种灵活而又足够稳定的国际汇率制度，但遗憾的是最终没有提出具体的实施方案。[①] 另一方面，发展中国家对国际金融机构依赖性减弱，说明国际金融治理机构已经失去了部分吸引力和号召力，这不仅直接影响国际金融机构的收益，而且影响这些国际金融机构的行为方式，总体上消减了"七国集团"的影响力。

2."牙买加体系"下国际金融治理主体的范围扩张与理念延展

"七国集团"在治理工作中觉察到，随着国际社会关注议题的扩大，

---

① 曹建明、陈治东主编：《国际经济法专论（第四卷）》，法律出版社 2000 年版，第 240 页。

国际金融市场面临的风险日趋复杂，"七国集团"自身的金融资源和金融治理能力已显不足。再加上20世纪90年代亚洲金融危机爆发后，国际社会对"七国集团"这个"富人俱乐部"管理国际金融事务的能力愈加不满，批评和指责声越来越多。"七国集团"在内外压力的促使下，开始尝试将国际金融治理主体的范围扩大化。① 这些扩大化的尝试，总结起来主要有三次：

（1）G7（"七国集团"）扩大为G8（"八国集团"）。

G7从最初的G6（"六国集团"）发展而来，在冷战结束后，俄罗斯也开始参与部分G7组织的会议。直到1997年，G7集团才正式接纳俄罗斯为正式成员，G7扩大为G8。但是，与原G7国家相比，俄罗斯在G8集团中扮演的角色很有限。因此，邀请俄罗斯加入，既有经济层面的考量，也存在冷战结束后国际政治方面的考虑。

（2）G8扩大为G8+N。

G8成立后，为了在不动摇发达工业国家控制国际经济事务管理权的同时，又能解决G8的代表性和有效性不足的问题，G8集团通过各种方式，在以G8为治理中心的基础上，不断扩展G8的功能性业务，逐渐发展成为以G8为核心，以G8+N为扩展范围的"网状组织"。具体而言，G8+N主要表现为三个方面：

首先，G8+DMCs（Developing Member Countries，发展中国家）。由于经济全球化与风险全球化并存，国际社会面临的挑战越来越复杂，G8集团已经无法单独应付。因而，G8开始与发展中国家接触，通常会在G8会议期间举行南北国家首脑非正式会议，讨论国际社会关注的全球治理话题。但是很明显，这种安排机制是非正式的安排，发展中国家并没有真正直接参与到全球治理的决策当中去，而只是通过这种非正式安排，有助于G8集团了

---

① Konstantinos J. Hazakisz, "The Role of G8 Economic Summitsin Global Monetary Architecture", *Central European Journal of International and Security Studies*, 2009. 3（1），pp.167-186.

解发展中国家的意见和建议,真正做决定或者能够直接影响全球治理决策的仍然是 G8 集团。

其次,G8+IGO(Intergovernmental Orgaization,政府间国际组织)。除了与发展中国家接触外,G8 还开辟通道,强化与国际组织之间的联系。G8 集团逐渐开始邀请 UN、WBG、IMF、WTO 等国际组织参与会商,商讨解决全球治理问题的办法、技术和路径。显然,G8 集团也是主导这些国际组织的关键成员,因而,G8+IGO 的"网络构建"除了具有政治象征意义之外,还存在着技术性问题的咨询与交流。对国际金融治理的决策而言,这些国际组织无法产生直接的影响力,其角色仍然是 G8 的顾问团。

最后,G8+NGO(Non-Governmental Organization,非政府组织)。随着国际事务的分层日趋精细化,各主权国家和政府间国际组织也不能完全应对日益专业化、复杂化和综合化的全球治理难题,因而,NGO 开始通过多种途径广泛参与国际事务,并开始对国际事务的决策和执行施加影响。所以,G8 集团开始与 NGO 建立联系,就一些技术性或重大性的国际事务向其咨询,NGO 也开始有限参与国际金融治理事务。

(3)G8+N 扩大为 G20。

如上所述,"牙买加体系"下的国际金融治理主体,形式上从 G8 扩展到 G8+N,但实际上并没有改变 G8 在国际金融治理中的核心地位,G8+N 只是 G8 集团将其联系伙伴扩展到了发展中国家、国际组织和非政府组织,但是对国际金融事务的决策权仍然控制在 G7 集团的手中。也就是说,G7 集团控制国际金融治理体系的弊端依然存在,国际金融治理并没有因为 G7 扩展为 G8,或者再扩展到 G8+N 而变得更为安全和有效。尤其是 20 世纪 90 年代亚洲金融危机爆发后,国际社会开始思考如何搭建一个更为有效、更为合理的国际金融治理平台问题。

美国最先提出将 G8 主体扩大的设想。起初的设想比较简单,就是为了预防类似于 1997 年亚洲金融危机之类的金融风险再次爆发,G7 需要搭建一个平台,与发展中国家就国际金融等问题进行有效对话。一方面,G7

面临国际社会的批评,试图通过 G20 平台的搭建,解决 G7 集团的合法性问题;另一方面,G7 想以非正式的对话方式,将新兴市场国家拉拢到 G7 身边,有助于说服新兴国家帮助 G7 集团在全球推广 G7 集团的治理理念和治理政策。

但是,该提议在"七国集团"内部产生了激烈的争论。[①] 日本、加拿大、英国、德国积极支持;但法国反对,法国担心扩大成员会稀释法国在国际金融治理体系中的影响力。具体而言,"七国集团"对于 G8 扩展到 G20 的争论,主要围绕三个方面:其一,是否有必要建立这个新机制;其二,如果建立新机制,这个新机制需要多大规模;其三,如果建立新机制,哪些国家可以被邀请参加这个新机制。

几经磋商,力主建立新机制的国家占了上风。最终,"七国集团"达成共识,认为新机制的规模应该控制在适当范围内,一方面应该方便成员国之间就特定的议题进行深入讨论交流;另一方面,新机制应该避免规模庞大而导致治理机制流于形式或失去效率。另外,对于可参与新机制的国家,G7 集团通过磋商达成一致,认为参与新机制的国家既要具有全球代表性,又要具备一定的政治经济实力,能够为国际金融市场的稳定发展作出贡献。因此,1999 年 12 月,G8 集团邀请重要的 12 个新兴经济体的财政部长和中央银行行长在德国召开 G20 第一次会议暨成立大会,[②]二十国集团成立。但直到 2008 年全球金融危机爆发后,G20 财长和行长会议才升格为 G20 首脑峰会,至此,G20 在形式上正式取代了"七国集团"成为国际金融治理领域的决策者,国际金融秩序的治理正式从"西方治理"转向"西方和非西方共同治理"。

---

① John Kirton, "The G20: Representativeness, Effectiveness, and Leadership in Global Governance", in John Kirton, Joseph Daniels, Andreas Freytag, eds., *Guiding Global Order: G - 8 Governance in the Twenty First Century*, Burlington: Ashgate Publishing Company, 2001, pp.156-158.

② 参加成员有:欧盟、美国、日本、德国、法国、英国、意大利、加拿大、俄罗斯、中国、阿根廷、澳大利亚、巴西、印度、印度尼西亚、墨西哥、沙特阿拉伯、南非、韩国和土耳其。

三、全球贸易金融治理机制的初步形成

1. 贸易和金融相结合治理思路的来源

早期的贸易理论和金融实践,人为割裂了贸易与金融之间的有机联系,过于强调金融或者过于凸显贸易特殊性的倾向,忽视了两者之间的自然联动效应。实际上,贸易与金融是密不可分的关系,长期以来的国际金融治理实践表明,如果只是就贸易而谈贸易,而不分析金融对贸易的影响,其贸易政策一定是有风险的;与此相同,只是就金融而谈金融,而不分析贸易对金融的影响,其金融规则一定是不完善的,甚至是不切实际的。贸易是金融的载体,金融是贸易的血脉,只有将贸易和金融有效统一起来,才能构建完善有效的国际金融治理体系。

具体来说,金融资源的自由流动,需要国际贸易和伴随国际贸易的跨国投融资活动,如果各国设置各种贸易壁垒和投资壁垒,或者各国为了保护国内市场设置高额的关税和非关税措施,金融资源的自由流动就会受阻,而国际金融市场就会伴随着贸易区域化而分割为若干或大或小的金融集团。因此,贸易市场的分割不仅导致金融市场和金融规则的碎片化,而且也不可避免地让国家信用和市场价值观碎片化。因而,将贸易和金融结合起来的国际金融治理思路以及在该思路下形成的具体国际规则显得尤为重要,因为国际货币金融法是"传统的国际贸易法和国际投资法制度的基础,在现代国际经济关系中,离开了国际货币金融法所形成的秩序,各类国际贸易活动、国际投资活动和各种国际经济活动将难以合理、顺利地进行,而一国所适用的国际货币金融法制度,在很大程度上又决定着该国国际贸易、国际投资和其他国际经济活动的方式和效率。"①

国际社会也对将贸易和金融割裂开来的治理思路进行反思,并多次尝试构建融贸易和金融于一体的综合性治理框架。

---

① 董安生:《国际货币金融法》,中国人民大学出版社 1999 年版,第 2 页。

第一次世界大战结束后,鉴于各国间凌乱复杂的贸易壁垒已经严重阻碍了国际贸易市场和国际金融市场的发展,以国际联盟为代表的国际社会已经尝试为跨国间的金融和贸易搭建一个更加规范、有序的平台。但由于第一次世界大战后美国对参与国际事务总体呈现出一种消极的态度,使得1920年的布鲁塞尔会议没有采取任何实质性行动,来推动对国际贸易市场和国际金融市场进行综合性治理的方案。直到20世纪30年代,国际社会才在贸易金融综合性治理方面迈出试探性的步伐,即1930年的国际票据法统一会议后,相关国家缔结了1930年《统一汇票本票法公约》和1931年《统一支票法公约》。这两个国际票据公约的签署,代表着国际贸易市场和国际金融市场的综合性治理思路取得了初步成就,有利于国际贸易市场和国际金融市场的有序发展。

但将贸易和金融相结合的治理思路,在第二次世界大战结束后才有了实质性发展。第二次世界大战使得美国一跃升级为世界头号强国,鉴于美国国家利益已经扩散到全球各地,美国在第二次世界大战结束前夕,已经在谋划创设一个综合治理国际贸易金融的全球性组织,目的是通过降低国家间的关税以及非关税壁垒,促进全球贸易金融市场的统一自由化发展。第二次世界大战结束后,美国经联合国经社理事会向联合国成员国建议成立国际贸易组织,几经磋商,1947年10月,国际社会在哈瓦那通过了具有历史意义的《哈瓦那国际贸易组织大宪章》。因此,《哈瓦那国际贸易组织大宪章》是国际社会将贸易和金融相结合的治理思路付诸实践的典型例证。

但是,因为美国国会的反对,国际贸易组织最终没有建立起来。为了更好地保护美国的全球利益,美国建议在《哈瓦那国际贸易组织大宪章》的基础上将贸易政策单独罗列,与世界上主要的贸易伙伴国就关税减让的问题进行磋商与谈判,①最终形成了一个缩小版的综合治理方案,即1947年《关

---

① 主要贸易伙伴国有澳大利亚、比利时、巴西、缅甸、加拿大、锡兰、智利、中国、古巴、捷克斯洛伐克、法国、印度、黎巴嫩、卢森堡、荷兰、新西兰、挪威、巴基斯坦、南罗得西亚、叙利亚、南非、英国和美国。

税与贸易总协定临时适用议定书》。

所以，1947年《关税与贸易总协定临时适用议定书》的形成，标志着第二次世界大战结束后的国际社会，已经呈现出全球性综合治理的总体框架。全球政治方面主要由联合国及其附属机构负责治理，全球金融贸易方面主要由"布雷顿森林体系"及其构建的 IMF、WBG 负责协调与治理。国际社会从之前分散的国家社会状态向统一的、有组织结构的国家间协作社会转型。

2. 国际金融服务规则的形成

如前所述，第二次世界大战后，美国倡议建立 ITO 作为统一协调、监督、管理国际贸易事务的政府间国际组织，但是 ITO 最终没有建立起来，作为应急性产物，1947 年，美国与相关成员签订了 GATT（General Agreement on Tariffs and Trade，以下简称"GATT 1947"）。因此，在此后的 40 多年时间内，在 GATT 1947 的规则指引下，GATT 1947 的缔约方展开了以关税消减为目标的多轮谈判。而后，谈判的议题逐渐拓展到有关贸易的其他事项方面，譬如，非关税措施、农产品、政府采购、补贴和纺织品等，GATT 1947 的相关实施框架逐渐发展成为统一协调、监督和管理全球贸易事务的国际治理机制。从 1948 年到 1986 年间，GATT 通过七轮较大规模的多边贸易谈判，各国关税整体水平大幅下降，有力促进了国际贸易市场的发展。

但是，随着发展中国家经济的快速发展和向外出口能力的日趋增强，发达国家的国内市场受到外国产品的大力冲击，发达国家产品的竞争力开始下降，发达国家的国内产业面临严峻挑战。因而，进入 20 世纪 70 年代中期后，全球出现较多的贸易保护主义行为，国家间贸易摩擦增多，影响并扭曲了国际贸易市场的有序发展。为了避免爆发国际贸易战，进而影响国际经济的平稳发展，发达国家开始提议发起新一轮多边贸易谈判，力图将发展中国家的贸易行为纳入到发达国家的全球治理体系中，通过制定统一的国际经贸规则，促进全球贸易治理的规范化和有序化。于是，乌拉圭回合多边贸易谈判正式启动。

与前几轮谈判相比，乌拉圭回合谈判的范围更加广泛，譬如，新增了服务贸易、与贸易有关的投资措施和与贸易有关的知识产权保护等谈判项目。最终,乌拉圭回合的谈判取得了历史性突破,构建了一个史无前例的庞大国际法规则体系,即 WTO 法。该法被部分学者颂称为"典型国际法"或者"国际法的典范",①对未来构建稳定的全球治理体系提供了很多有益的经验。当然,乌拉圭回合的谈判有力推动了国际贸易市场、国际金融市场和国际投资市场的统一化趋势,有助于国际贸易体系逐步向深度融合、相互交叉的综合体系发展。

国际贸易体系中对金融服务事项的关注,起源于乌拉圭回合谈判。在该轮谈判中,发达国家力主将服务贸易纳入一揽子谈判事项中,而金融服务是服务贸易中的一项主要内容。但是,与其他服务贸易不同,金融服务涉及国家的金融资产、金融信息、金融市场的开放等比较敏感的金融安全问题,各方关于金融服务的谈判推进得异常艰难。直到 1993 年,乌拉圭回合谈判临近结束时,各方关于金融服务的谈判尚未完成,因此,乌拉圭回合谈判结束后《服务贸易协定》签署时,不能提供完整的金融服务协议。但各方,尤其是发达国家不愿意放弃将金融服务纳入统一治理的努力,经过磋商,决定用临时性的《关于金融服务的决定》和《金融服务第二附件》两个文件来挽救即将破裂的金融服务谈判。② 之后,几经周折,在金融服务自由化标准、最惠国待遇等问题上反复拉锯,直到 1997 年年底,各方才达成永久性的《金融服务协议》。

《金融服务协议》的达成,标志着国际金融服务统一规则的初步形成。

---

① 这是清华大学法学院杨国华教授的观点,详细参见赵丽芳、杨国华:《WTO 是国际法治的典范》,载《WTO 经济导刊》2015 年第 1 期。对此论断,也有学者持不同意见,认为"'WTO 法是模范国际法'的论断,必须结合具体的语境和目的,就当代中国的国际经济法立场而言,宜缓称。"详见何志鹏:《"WTO 法是模范国际法"的语义分析与现实观察》,载《国际经济法学刊》2015 年第 3 期。

② 其实,1993 年乌拉圭回合谈判接近结束时,各国关于金融服务达成的共识非常有限,仅仅是在金融服务的市场准入和国民待遇方面有一些谅解,而在最惠国待遇方面存在较大争议,谈判陷入僵局,濒临失败。在此时,欧共体建议先达成一个临时性的、有时效限制的,并且是没有特殊约束力的协议,为后续的谈判预留时间和空间。从历史的角度来看,正是欧共体的这一延缓建议,挽救了金融服务的多边谈判。

尽管从内容上来看,《金融服务协议》存在很多不足,也没有实现设想的金融服务全面自由化的目标;相反,《金融服务协议》主要通过金融服务承诺减让表和豁免清单的方式,只是反映出各方现有的国内金融服务开放水平。但是,《金融服务协议》代表着国际社会对金融服务全面自由化的期待方向,也体现了逐步实现金融服务全面自由化的渐进式变革途径。《金融服务协议》的达成,说明伴随着国际社会治理结构的转变,综合性的国际治理规则会越来越多,而作为国际治理规则中非常重要的国际货币金融规则也在逐渐壮大,并正在缓慢发展成为继续推动全球治理结构深入改革的最重要纽带和最重要手段。

第二章 国际金融治理现代化面临的问题及其挑战

第一节 国际金融治理现代化面临的问题

一、国际金融治理主体缺乏协调与合作

尽管从理论意义上来看,第二次世界大战后建立的布雷顿森林体系已经坍塌了,但在实际上并没有终结布雷顿森林体系创设时的治理思想,并且从后布雷顿森林体系的一系列协定和动作来看,现有的国际金融治理体系仍然承继了布雷顿森林体系框架下的治理模式,唯一不同的是对原有的国际货币金融治理方式进行了修正和调整,特别是对美元、黄金在国际货币金融秩序中的作用做了消减。但从宏观的历史视角审视,国际金融秩序只是国际秩序中的一个重要环节,国际金融秩序必须适应国际秩序的安排,特别是国际政治秩序的安排。第二次世界大战结束后国际秩序的设计和规划,主要是在大国协商一致的基础上达成的,其中美国扮演了核心的角色。因而,第二次世界大战后的国际秩序是围绕美国的设想,并且以美国为世界中心而规划的。尽管 1970 年以后,由于美国国内经济发展缓慢、美国在海外引发战争或介入地区冲突,以及世界其他国家和地区的经济发展迅速,直接削弱了美国的实力和影响力;①尽管 1971 年到 1973 年之后,美国主动放弃

---

① 要注意的是,这里所指的"削弱"针对的是第二次世界大战刚刚结束后美国的那种超级实力和超级影响力。

了布雷顿森林体系框架下应该承担的国际条约义务,但直到现在,美国仍然是维护国际秩序的核心力量之一,美国在世界政治舞台上仍然居于中心地位。所以,第二次世界大战后围绕美国建立起来的国际秩序并没有实质性改变,即使布雷顿森林体系瓦解了,但围绕布雷顿森林体系建立起来的国际货币金融治理框架,在改良主义的坚持下依然延续下来,并没有发生结构性的变革。

因而,现行的国际金融治理体系,仍然是以美国为核心、以西方少数大国为治理主体的二元治理结构,其中广大发展中国家和不发达国家沦为治理的"对象"。因此,从治理结构和治理主体来说,现行的国际金融治理体系从基础上就缺乏协调与合作的基因,经济全球化受限于治理的全球化,①主要体现在以下几个方面:

1. 各国重私利,而轻合作

在现行的国际货币金融体系中,各国关注的核心还是本国的国家利益,对于全球利益或者全人类利益不够重视,特别是当国家利益和全球利益出现冲突时,各国本能的反应是保护本国利益。② 因此,无论是在 IMF 的改革、国际金融监管体系的改革或者应对国际金融危机的处理措施等方面,各国都以本国国家利益最大化为目标,想方设法削减本国的义务,缺乏国家间基于国际社会总体利益的协调合作。

2. 金融大国缺乏引领国际合作的号召力

全球化时代,金融市场已经跨越了地方性限制,金融风险也已经渗透到全球的金融交易中,因而,单个国家或几个少数国家能够主导或解决全球性问题的时代已经过去。现行的国际金融治理体系需要国际社会的通力合作,可现在的金融大国或者现行国际金融治理体系中的主要金融大国,在提

---

① [美]莫里斯·奥伯斯法尔德:《国际货币体系与全球化》,王旭译,载《金融市场研究》2012 年第 12 期,第 24 页。

② Yasukata Fukahori, "Economic Analysis of International Law in Controlling Global Commons", AALCO: *Journal of International Law*, 2013, 2(2), pp.49-63.

供全球领导力方面力不从心,缺乏引领国际合作的号召力,主要表现在两方面:一方面,它们局限在过往的治理经验中,无法提供新时代下的领导力和号召力,无法有效凝聚国际社会的力量,共同治理国际金融;另一方面,由于主要的金融大国,在过去的国际金融治理实践中言行不一,宣传的理念和自身的行为往往不一致,甚至相差很远,这种"心口不一"的举动,已经损害了金融大国的信誉,使得很多国家,甚至金融大国之间,都怀疑其国际金融治理理念的可行性和可靠性。因而,国际社会的金融治理合作缺乏有效的领导和组织。

3. 少数国家决定国际金融治理议题,缺乏正当性

现行的国际金融治理体系,仍然是少数国家"代表"国际社会治理国际金融事务,不仅国际金融治理议题控制在少数国家手中,就是治理方式、治理途径也控制在少数金融大国手中。核心的金融大国经过私下密谋,可以决定国际金融治理的实施方案,广大发展中国家和不发达国家根本没有话语权,[①]因而,寡头或寡头集团式的治理现状,由于缺乏正当性、合法性和代表性,无法取得国际社会的信任,也无法形成普遍的国际合作共识。

4. 国际金融治理的主体过于单一,无法履行国际金融治理的使命

目前的国际金融治理主体,主要是国家。因为自结束欧洲三十年战争的威斯特伐利亚体系建立之后,围绕主权国家构建国际秩序便是西方国际关系和国际法的主要理论基础。但是,现阶段的国际金融治理议题,仅凭主权国家组成的国际社会已经难以充分应对。国际金融治理的领域已经细分到很小的议题上,同时国际金融治理的范围已经覆盖到很广的经济金融领域中,因此,现在的国际金融治理不仅对专业化的治理素养有较高要求,而且涉及的领域比较宽泛,主权国家单凭一己之力已经无法有效应对全新的挑战。但是,因为各种深层次原因,在当下的国际金融治理体系中,既没有有效整合国际组织、非政府组织和个人的力量,也没有真正发挥国际组织、

---

① 陈安:《国际经济法学刍言》,北京大学出版社 2005 年版,第 101 页。

非政府组织和个人的作用。所以,国际金融治理主体过于单一,无法履行引领国际社会在金融治理方面协同合作的使命。

5. 无法达成有拘束力的国际合作协议

任何一个治理体系,必须具备与体系构建相适应的良好治理规则,否则该体系会陷入治理无效的困境中。一般而言,良好的治理规则要注意体系内成员权利义务关系的相对平衡,并强调成员遵守该规则的自主性和义务性。但是,目前的国际金融治理体系,除了第二次世界大战后签署的《国际货币基金组织协定》之外,再没有其他有较强约束力的全球性国际条约。但是,如前所述,《国际货币基金组织协定》是围绕大国金融利益或者主要围绕美国的金融利益而制定的,是特定历史环境下的产物,其本身缺乏国际民主性。因而,当下历史环境发生很大变化的情况下,仍然延续使用已经过时并拒绝修改的国际规则,其历史局限性将限制国际合作的广度和深度。

同样,因为《国际货币基金组织协定》在实施过程中,已经形成了一定的既得利益国家集团,并且随着金融市场的不断演变,这些既得利益国家集团已经固化为旧体制的忠实捍卫者,在这些国家的反对和阻挠下,国际社会无法达成新的、符合时代要求的新国际合作协议。

另外,由于国际社会诉求的多元化,加上国际金融治理结构中领导力的弱化,国际社会很难达成相对一致的治理共识,并形成有约束力的新条约或新协议,在这种情形下,国际社会为了解决现实中的金融治理难题,便通过国际金融监管机构零散地制定了一些没有强制约束力的倡议或建议,暂时协调着各国间的金融合作。很明显,这种没有强制约束力或者根本没有约束力的倡议,无法领导国际金融治理走向有序化和规则化。因此,现在的国际金融治理体系,由陈旧且已经过时的规则和零散的并没有强制约束力的软法构成,显然无法为国际金融合作与国际金融治理规则的构建提供指引和保障。

二、国际金融治理规则呈现碎片化状态

国际金融治理规则呈现碎片化状态是当下国际金融治理中出现的另外一个问题。正因为国际金融治理缺乏核心领导力,无法形成有效的合作机制和协调机制,进而无法达成新的、具有广泛拘束力的国际合作协议。但是,迫于国际金融治理现实的需求,国际社会便在不同层面形成了一系列零散的规定。这些规定包括了国际金融机构制定的相关规则、非正式国际金融机构制定的相关规则、非政府组织制定的相关规则等。这些金融规则比较零散、没有内在的协调机制,再加上随着国际贸易规则的区域化、集团化,国际金融治理也呈现出不同层次的区域化和集团化安排,使得国际金融治理规则呈现出多层次碎片化样态,加剧了国际金融治理合作和协调的难度。

1. 金融治理主体不明确导致主体碎片化

目前,国际金融治理还处于草创初期,核心的表现就是国际金融治理的主体不明确,在宏观层面,治理主体呈现碎片化态势。首先,应该由那些主体参与国际金融治理体系并不清晰,也就是说,在国际金融治理中,应该着重体现谁的意志? 反映谁的利益? 谁应该为国际金融治理承担首要或者主要责任?① 目前,这些问题并没有明确的答案。这说明现存的国际金融治理主体还不明确,治理体系的基础还不完善,金融治理系统还存在功能性障碍。在当下的国际金融实践中,国家和政府间国际组织仍然是主要的行为体,但是,NGO、跨国公司、具有雄厚财力的个人在国际金融市场越来越活跃,影响力也越来越大。并且,随着金融科技技术的不断创新,在传统国际经济法领域处于相对弱势地位的金融自由人,对金融市场的稳定性也带来了直接的、明显的影响。因此,国际金融治理主体的范畴,必将突破传统国际经济法的主体范围,但是现有的国际经济法理论对其呼应不足,对国际金融治理主体的职能定位也不明确,这是导致国际金融治理主体存在碎片化

① 耐格尔·伍兹、安瑞·塔纳利卡:《治理与责任的限度:世贸组织,国际货币基金组织与世界银行》,祝东力译,载《国际社会科学杂志》2002 年第 4 期,第 73 页。

的主要原因。

其次,目前以国家和政府间国际组织为主要治理主体的治理体系,也存在二分性。一方面,在 2008 年国际金融危机之后,国际金融治理主要依靠 G20 的集体协作,但是 G20 本身是一个松散性的非正式体系,国际社会对其代表性还存在较大质疑,有声音呼吁 G20 要继续扩大,也有声音认为 G20 并没有发挥应有的作用。另一方面,尽管 G8 升级为 G20,但是 G7 国家依据传统的政治立场,还是在 G20 中凝聚成一个小团体,极力向其他 G20 成员灌输发达工业国家的战略需求,这就迫使 G20 成员分割成不同的"大国"利益团体。所以,各主要国家或者主要大国之间缺乏有效的协调和合作,也是导致国际金融治理主体碎片化的重要原因。

再次,国际金融治理趋于大国治理化之后,很明显未能较好地照顾到中小国家的金融利益。因而,区域性的金融互助安排越来越多,南美、东亚、非洲、中亚都形成了诸多蕴含金融合作内容的区域性国际组织,并且在国际金融实践中,这些区域性组织日趋活跃,将来可能会对国际金融治理秩序产生重要影响。

最后,在金融科技技术的不断创新下,专业性组织或者技术性组织在国际金融治理体系中将扮演关键角色。与传统国际经济法面临的挑战不同,金融科技的发展对国际金融市场的影响是直接的,甚至是颠覆性的,因此,如何将众多的专业性组织或者技术性组织纳入国际金融治理主体的范畴,将成为国际金融治理必须面对的关键问题。

2. 金融治理规则不同导致规则碎片化

国际金融治理主体的多样化,甚至碎片化,自然导致国际金融治理规则的碎片化。与第二次世界大战后相对单一的国际金融治理主体和相对单一的国际金融治理规则相比较,现在的国际金融治理规则呈现多重碎片化样态。

首先,全球性治理规则与区域性治理规则之间出现比较明显的冲突。例如,《IMF 协定》和欧洲泛欧金融监管政策之间的不协调。IMF 在牙买加体系中失去了固定汇率监管职能,难以对成员进行充分的管束,从而把工作重心转移到政策监管和危机治理方面。但是,鉴于 IMF 的治理机制,其政策监管方面疏于对发达经济体,尤其是对美国的监管,而其治理结构同样是围绕份额投票制来执行以美国为首的发达国家组成的董事会的意志,强化了国际货币体系高度依赖美元的弊端。很明显,这种通过美元单一国际储备货币地位,纵容美国将其国内政策在国际范围内传导和溢出的做法,引起欧洲的担忧。因而,欧洲在泛欧金融治理中,开始注意对 IMF 所追求的整体目标的评估,强调增加超主权储备货币,主张应该建设多元化储备货币,并创新性地推出欧元,努力摆脱美元单一货币的影响。

又如,WTO 的存废之争。国际社会经过艰难的谈判,终于在巴厘岛就 WTO 的改革达成了一揽子协定,但是在实践中却面临更多挑战。一方面,贸易制度越来越碎片化,发达成员为了维护其在全球经济贸易领域中的绝对主导权,试图跳出 WTO 既定规则的框架,另建一个高水平的国际贸易规则,并先后推出了 TTP、TTIP、TISA 等区域性贸易安排,造成贸易制度的重叠甚至冲突。另一方面,部分成员方,尤其是美国,完全为了一己之私,不正当运用自己手中的权力,阻碍 WTO 的正常运作,完全不顾全球利益,刻意逼迫 WTO 停摆。这些已经充分反映出 WTO 当前治理规则存在的顽疾。

其次,全球性国际条约、区域性国际条约和双边性条约之间出现很多重叠和冲突。第二次世界大战结束后,国际社会的主要造法活动集中在全球性条约的搭建上,为国际社会提供了一个基础的运行框架。但是,自 20 世纪 90 年代以来,全球性造法活动趋于下降,国际社会开始将注意力集中在区域性和双边性的造法活动上。反思这种趋势的出现,其原因可能在于贸易保护主义的理念以及对于全球化快速推进的"反制"。NAFTA、EU 的东扩、东盟自由贸易区、各种各样的 FTA 和 BITs 等一系列区域或双边经济安排,对全球治理的格局产生了重大影响。从国际经济法理论的角度来看,尽管全球性条约并不排斥区域性或双边性条约,在某种程度上,区域性条约和双边性条约还有助于弥补全球性条约的不足,但太多的区域性条约和双边性条约对全球治理和全球性国际条约的履行是极其不利的。大量双边或区域安排隐含着一个潜在的逻辑,即全球性条约的履行和新的全球性条约的达成日趋艰难。区域性条约和双边性条约本质上是反全球化的,是扩大化了的贸易保护主义,只是将原来单个国家的贸易保护主义化身为几个国家所形成的区域集团的贸易保护主义,将国家之间的竞争变为区域集团之间的竞争,强化了区域与区域之间的异同。对区域内成员和区域外成员实行不同的待遇和政策,实际上形成了"隐性的歧视",扭曲了全球资源在全球范围内的有效配置。

再次,国际金融规则和国内金融规则出现较多不一致。因为国际金融规则是一种协调各国意志的产物,其本身的实施需要国家的有效执行。从现有的国际经济法理论来看,国际法的实施主要有直接执行、纳入和转化三种途径,无论依靠哪种途径,最终的程序就是要在国内法层面产生具体的法权关系。但由于国际金融规则的谈判成因导致国家间的权利义务关系相对比较抽象和模糊,国家在执行国际金融法义务时,总是倾向于"趋利避害"。对于没有加入的国际金融规则,国家一般不予执行;对于国际习惯法,国家在实践中通常会根据本国的情况选择性解释执行;而对于一般的国际金融规则,国家在执行时根据有利于本国利益的情况,审时度势地寻找各种例外。因此,国际金融规则的价值在实践中已经呈现出碎片化样态。

3. 国内治理标准不同导致标准碎片化

很明显,金融要素的全球流动已经成为当前国际金融市场的主要特征之一,各国利益已经在国际金融市场相互勾连在一起,因此,国际金融市场上出现的或者可能出现的问题,迫切需要国际社会的通力合作。也就是说,国际金融治理中出现的问题,不能单靠某一个国家来解决,无论国家擅长与否,充分解决这些紧迫的问题,需要国家之间进行集体协作,采取共同行动。① 但是,国际金融治理的协同行动,首先需要一套协同合作的基准,即

---

① [英]戴维·赫尔德、凯文扬:《有效全球治理的原则》,载《南开学报(哲学社会科学版)》2012年第5期,第1页。

需要相关金融治理的国际标准,但当前国际金融监管主体的繁杂以及国际金融规则的碎片化,导致各国国内金融体制和金融监管标准的碎片化,使得国际社会无法形成相对有效的国际监管标准,来判断各国的金融行为是否合规。

更有甚者,这种对规则和标准的模糊化,已经影响到具体金融行为的价值判断。混杂在各国国家利益,甚至金融公司利益中的金融监管标准,已经严重影响到如何判断各行为体在国际金融法上承担的权利和义务。例如,2008 年的美国次贷危机,因为美国国内金融监管标准的放松甚至放任,导致全球性金融危机的爆发,给国际社会带来巨大损失。但美国国内和国际社会对该事件的判断是有明显差异的。2008 年全球性金融危机发生后,美国的主要反应是修改国内的金融监管立法,颁行了《多德—弗兰克华尔街改革与消费者保护法》,企图建立更加严格的金融监管体系,但这个"更加严格"仅是针对 21 世纪初美国过度宽松的监管体制而言。也就是说,美国并没有认真反思其监管标准的波动或差异给国际社会带来的风险和影响,以至于有声音认为美国是故意通过这种方式来转嫁国内金融风险,因而在价值观上是不道德的。但是,国际社会的反应比美国的反应更加具有体系性,G8 升级为 G20,从全球金融市场的视角来强调宏观性审慎监管标准的重要性,IMF、FSB、BCBS、IAIS、IOSCO 等机构相继从国际金融监管的视角,提出了相应的监管标准和监管方案。尽管这些标准和方案仍然有很多的局限性,但在价值观上无疑是正确的。

另外,金融治理标准的碎片化还与旧规则的升级转型有关。国际社会要达成共识,形成具有普遍约束力的国际条约是一件耗费时日的事情,正因为如此,形成一套国际规则或国际标准,需要持续较长时间。但是,国际金融市场的发展变化是日新月异的,金融模式和金融工具不断创新,因此,旧标准和新模式之间会出现冲突,导致标准隐性失效,进而形成碎片化。例如,WTO 关于金融服务贸易的规定,本质上是一种边境规则,即调整的是跨国公司在国家与国家之间的金融贸易自由化问题。但是,随着全球化的深入和国际金融市场涌现出越来越多的 FDI,跨国公司的金融业务已经超越了成员边境,渗透到产业内,部分已经形成了全球资源的公司内贸易。也就是说,WTO 的边境规则已经不能充分应对当下的金融服务贸易实践,实际上金融服务贸易规则正在边境内形成,准入前的国民待遇就是最好的例证。因而,国际金融市场需要更具有兼容性和标准化的国内金融治理标准,这无疑与 WTO 既有的规则是有差异的。改变既有的规则,从巴厘岛一揽子协议的谈判以及后续的实践来看,各国的判断有较大差距,不容易达成共识。既然无法达成共识,WTO 也陷入停摆状态,各国只能自行其是,标准更加凌乱。

4. 在不同规则体系中的权力义务关系不同导致法律关系的碎片化

法律关系的碎片化主要是指在国际金融硬法和国际金融软法中,行为体在具体的金融交易里,不同的规则体系要求其承担不相称的权利和义务。国际法不同于国内法,在国际法上要承担权利义务关系,必须要经过国家的同意。即使已经形成了国际习惯法,在证明某个国家是否要履行国际习惯法上的义务时,仍然有必要证明该国在实践中遵循过该项国际习惯的先例。所以,要确定国家在国际法上的权利和义务,是一件比较复杂的事项。之所以复杂,主要有以下原因:

首先,国际条约、国际公约等国际硬法的适用范围,往往局限在条约的签署国。如果国家没有签署,一般情况下,根据 1969 年《维也纳条约法公约》的规定,该条约不能给该国创设权利义务关系。即使特殊情况下,为未签署国创设了权利义务关系,效果也是有限的,是否适用,抉择权和主动权在该国家手中。所以,各国参加的国际条约不同,其在国际交往中所承担的权利义务关系是不同的。另外,有些国家即使签署了条约,但在某些条款上可能提出了保留。因此,同一条约的签署国之间,其权利义务关系也是存在差异的。

其次,某些国际条约在调整对象方面是相似的,或者是一致的,仅仅因为政治原因或者意识形态原因而形成两个或多个条约,迫使国家在条约缔约上选择站队,进而人为地割裂了法律关系的统一性。对于相同的调整对象,签署不同条约文本的国家,就要承担不同的权利义务关系,增加了国家在具体权利义务关系中的适用冲突。如果一个国家同时加入两个条约,根据不同条约文本的规定,可能产生国家间的连锁反应,加剧碎片化状态。

最后,国际软法在适用方面是倡导性的,是国家自愿选择的结果。从目前的软法理论来看,强调国家的选择性,即自愿选择适用国际软法,包括自愿选择适用整个软法规则的所有内容,也包括自愿选择适用软法规则的一部分或者一个条款或者仅仅响应软法规则所遵循和追求的价值。因此,国家不同的选择,就会产生不同的法律关系;同样的,就要承担不同的软法约束,享受不同的软法权利,承担不同的软法义务。也就是说,对于相同的软法规范,不同的参与者其承担的权利义务是碎片化的,是不同的。

另外,目前的软法理论并没有解决国家在软法适用中的"退出"问题。国家同意选择遵守部分或全部软法规则之后,是否可以在任何时候不经宣告都可以主张不再遵守该软法规则? 或者根据情势的变更,国家是否可以通过"声明"的方式,不再遵守软法规则? 这两种不再遵守国际软法义务的行为是否要承担相应的国际法律责任? 等等,这些都是需要继续研究的问题。但毫无疑问,对于判断特定国家的具体权利义务关系而言,这几种状态同样会加剧特定法律关系的碎片化。

第二节　国际金融治理现代化面临的挑战

一、新兴大国的崛起给传统国际金融治理模式带来挑战

第二次世界大战结束之后,布雷顿森林体系的建立,确立了以美元为中心的国际货币体系,并以该体系为基础,构筑了以美国为治理核心的国际经济体系。该体系建立在美国经济持续高速发展和美国能够扮演公正的最后清算人角色的假设基础上,因此,该体系缺乏对美国以及美元有效的监管办

法。毫无疑问,这个缺陷是该体系的结构性缺陷,也是影响该体系能否存续的关键问题。从过去的历史来看,只要美国还具备维持其超级大国的能力、国际社会普遍能够容忍美国通过操纵美元杠杆对外转嫁危机、只要美国经济不出现严重的倒退问题,美国还是能够协调国际社会处理国际金融市场中存在的金融风险。但如果美国经济或者美元本身出了较大问题,该体系就面临很大危机。20世纪70年代初美国经济出现问题,美国违反布雷顿森林体系下的条约义务,导致布雷顿森林体系解体。为了维系国际货币金融秩序,国际社会促成了牙买加体系的成立,并建立G7取代美国成为国际金融治理的核心集团,形成二元分层的国际金融治理体系。该体系虽然在机制上努力让美元和黄金脱钩,允许汇率自由浮动,并创设SDR,但该体系仍然搭建在布雷顿森林体系旧有的基础上,不仅缺乏对美国和美元的监督,而且对美国经济和美元仍然有很强的依赖性。2008年美国次贷危机的发生,是布雷顿森林体系崩溃后首次发生在美国本土的金融危机,从2008年国际金融危机的后果来看,美国再一次利用美元的杠杆作用将次贷危机的风险转嫁到其他国家身上,尤其是新兴大国承受了较大的损失。

与以往不同的是,2008年,新兴大国和发展中经济体在世界经济体系中的作用已经大幅增加。新兴大国和发展中经济体对以美元霸权为基础的大国治理模式产生了诸多不满,并开始讨论以集体行动为筹码,共同应对外部性金融风险,促使以美国为中心的国际金融治理体系改革,增加新兴国家和发展中经济体的发言权和代表权。新兴国家和发展中经济体的这种抗争,以金砖国家合作机制的建立最为典型。从事后反思的视角来看,这种逼迫对现有国际金融治理体系进行集体挑战的动力,还在于新兴国家和发展中经济体所面临的共同威胁。一方面是旧有国际经济秩序的不合理;另一方面是新兴国家和发展中经济体的国内经济发展到一定阶段,主动寻求更大的话语权和活动空间。

很明显,代表新兴国家和发展中经济体的金砖国家合作机制的形成,对现有国际金融秩序中传统大国,尤其是G7国家的全球治理权力带来挑战。

1. 新兴大国和发展中经济体在国际金融治理中开始崭露头角

首先,新兴大国和发展中经济体其本身在经济体量上的增加,推动了国际金融治理结构的改革。2008 年国际金融危机以及随后的 2010 年希腊主权债务危机之后,新兴大国和发展中经济体携手合作,推动传统的 G7 机制转向更具有代表性的 G20 机制,并根据 G20 的经验,成功参与到 FSB 和 BCBS 的决策圈内,开始享有一定的话语权。新兴大国和发展中经济体话语权的提升,意味着传统治理主体话语权的减弱。

其次,由于新兴大国和发展中经济体的资源禀赋各不相同,但在国际经济体系中所处的位置大致相似,因此,在经济合作和产业优势方面具有较强的互补性,彼此之间具有很大的发展空间,具备共同防御外部金融风险的基础要素。从金砖国家共同关心的议题设置来看,新兴大国和发展中经济体主要围绕国际金融体系改革,强调国际问题上的密切沟通,促使传统国际金融治理机制向有利于发展中国家的方向改革。新兴大国和发展中经济体都希望强化在基础设施建设投资、企业投资、联合建立开发银行等领域的创新型合作。因此,国际金融市场已经展现出一种与传统国际金融治理不同的景象。

最后,新兴大国和发展中经济体联合行动的实践增多。譬如,金砖国家应急储备基金、金砖国家开发银行、AIIB 等区域性金融合作机制的建立,标志着在传统的以美国为中心的国际金融体系之外,搭建了以发展中经济体为主导的新型区域性金融合作体系。毫无疑问,西方工业发达国家视这些新建的金融合作体系为巨大威胁,在西方的话语体系中,这是旨在"抗衡"西方主导的国际金融治理体系,并试图挑战西方主导的国际金融秩序。

2. 新兴大国和发展中经济体尝试推动国际金融治理更加公平化

首先,新兴大国和发展中经济体尝试在传统的国际金融治理体系之外,寻找更为公平、公正的金融合作模式。这种改革动力源自于传统国际金融治理体系存在不公平和不公正的缺陷,但是鉴于发达工业国家长期秉持的"大国治理"信条,发展中国家在国际经济体系中的话语权非常有限,传统的国际金融治理模式忽视了发展中国家和最不发达国家的利益和需求,并且在某种程度上放任了国际金融治理体系的这种金融倾向性,造成国际金融资源在发达国家的聚集和在欠发达地区的匮乏。因而,新兴经济体的崛起和相关区域性金融事务的安排,旨在追求与自身利益息息相关的合法权益,是对传统国际金融治理模式的不满,也是追求一种更为普遍、更为有效的金融民主性。

其次,新兴大国和发展中经济体对国际金融治理权的追求,势必影响到区域金融资源的有效分配,进而动摇了传统国际金融治理权力的合法性基础,给发达工业国家带来了较大压力,逼迫它们不得不对旧有国际金融治理机制进行改革。譬如,同意对 IMF 的投票权重进行适当调整,以充分反映发展中国家的意志。又如,AIIB 的成立,迫使 ADB 对基础设施建设的开发资金扩大规模,等等。这种情景已经形成了初步的竞争态势,因而,具有较强的针对性和对比性。

3. 新兴大国和发展中经济体的抗争具有竞争意义

首先,新兴大国和发展中经济体在国际金融秩序中的尝试性创新,虽然已经具有一定影响力,也具备一些与旧秩序不同的特性,甚至也可以说对发达工业国家控制的传统国际金融治理体系带来了一定的挑战。但是,就目前新兴经济体创建的区域性金融秩序安排而言,其规模很小,并且只是在区域内小范围的互助实践,本质上还是一种对旧有国际金融治理体系的修补,它本身并不能解决当前国际金融治理中存在的大部分问题,甚至也没有办法凝聚为数众多的国家和国际金融组织来重塑国际金融治理规则。因此,新兴大国和发展中经济体的这种抗争具有竞争意义,但不能过分夸大它的实际功用。

其次,新兴大国和发展中经济体的这种努力,对发达国家而言,具有一定的警示意义。这表明新兴经济体对现有国际金融治理体制的不满已经公开化,并且新兴大国和发展中经济体不再是过去那种单纯在话语权上的抗争,已经落实到具体的国际合作行动中。这种动态可能具有一定的代表性,在未来的国际金融治理实践中可能会持续出现。

二、新兴经济体与传统大国在国际金融治理理念上存在分歧

由于自身在国际经济秩序中所处的地位不同,所承担的国际法上的权利和义务有差异,因而,新兴经济体与传统工业发达国家对于国际金融治理的改革理念和发展方向存在不同的解读。

1. 对于国际金融治理的权力结构安排存在较大分歧

发达工业国家是第二次世界大战后国际金融秩序的主要建立者,也是国际金融体系的核心治理者。一方面,它们通过构建国际规则,为国际金融资源的有效流动创造了比较稳定的环境,有助于发展中经济体和欠发达地区快速恢复经济建设。另一方面,发达工业国家借助于国际规则的主导权和制定权,不断制定有利于维护自身利益的规则体系。但问题是,随着新兴大国和发展中经济体的快速发展,国际权力结构发生了根本的变化,原本的G7治理机制已经不能有效代表国际政治、经济领域中的主要力量,代表性不足已经影响到其治理机制的合法性和有效性。所以,新兴经济体呼吁国际金融治理机制顺应国际权力结构的变化,做出相应的改革,譬如,在IMF、WBG等治理机构中赋予发展中经济体更大的权能,并在具体的治理规则和治理政策方面更加关注发展中经济体的需求和利益。

但是,发达工业国家似乎不大愿意与发展中经济体共享治理权,它们极度忧虑可能丧失长期拥有的权力优越感和制度优越感,它们极力把持国际金融治理机构的决策权,凸显了典型的"霸权"治理思维。并且,部分发达工业国家把发展中经济体争取治理权更加民主化的行为,用"冷战"思维视为对现行体制的"颠覆"和"革命",进而用意识形态的差异拔高了对立情绪,甚至树立了敌对态势,放大了认识分歧。

2. 对于国际金融治理体系的问题存在不同的判断

对于现行的国际金融治理体系,发达国家和发展中国家都承认其存在各种需要改进的问题,但是对于问题出现的缘由和可能的解决途径,双方在

认识上存在较大分歧。例如,对于目前国际金融治理秩序出现的困境,发展中国家认为是国际金融治理机制存在缺陷,如机构的代表性不足、缺乏对发达国家的有效监管、美元的霸权地位等;但发达国家却归咎为发展中国家不遵守国际规则、以国家金融主权为借口人为割裂国际金融市场、阻碍金融资源的国际流动,并指责发展中国家金融法制不健全、金融市场不自由等。

又如,对国际货币体系的改革,发展中国家认为应该强化对发达国家货币政策的监管、要改革浮动汇率制、尝试性建立小幅度波动的汇率结构,在储备资产建设和贷款政策方面强化对发展中国家的支持,增加发展中国家在基金组织中的投票权重,适当减免发展中国家的债务,等等。但是发达国家认为现有的国际金融体系在结构上没有问题,只需要做小范围的修改;IMF应该按照会员国的份额比例提供资金援助,并监管资金的使用走向;浮动汇率制还是要在主要国际货币的基础上建立,要加强国际合作,开放资本市场,取消人为的贸易壁垒和汇率操纵,共同干预外汇市场,强化汇率的稳定和金融市场的稳定。

3. 对于金融自由和金融发展的关系存在认识偏差

长期以来,发达工业国家在金融自由和金融发展的关系处理上,过于强调金融资源在全球范围里的自由流动,忽视了金融发展问题,导致在全球范围内出现金融资源分配严重失衡的情况。国家间甚至区域间的贫富差距持续扩大,部分欠发达国家的金融资源极其匮乏,消费力严重萎缩,对国家或区域的发展带来较大的隐患。因此,发展中国家强烈呼吁国际金融治理机构关注国家和区域的金融发展和金融均衡问题,倡议在金融资源、金融援助、金融发展、金融技术等方面照顾欠发达国家和弱势群体的利益。但是发达工业国家不愿意承担相关的减贫扶助责任,强调金融成本和金融效率问题,凸显金融市场的自由竞争法则。然而,颇具戏剧性的是,随着发展中国家在贸易和投资自由化领域逐渐深度融合进全球经济体系时,发达工业国家却出现了反自由化倾向,开始强调贸易保护主义。一方面,通过各种国内措施保护其国内市场,不断提高市场准入门槛,甚至赤裸裸地歧视或排斥特定国家的投资者。另一方面,借助于其在国际经济体系中的权力优势,搭建具有特殊目的的各种平台,给发展中国家的经济发展带来各种障碍。所以,发达工业国家的这种自私自利的价值选择,是典型的"双重标准",是缺乏国际道义支持的衰落表现。

三、新兴大国与传统大国在国际金融监管合作方面存在差异

国际社会和国内社会不同,国际社会没有超越主权国家的世界政府,在国际法上,各个国家的地位是平等的,国家和国家之间并没有服从和执行的法律关系。因此,国际金融秩序的维护主要基于国家之间的合作。但是,由于发达工业国家和发展中国家在金融基础设施、金融资源、金融监管技术等方面存在较大差距,因而,在对待国际金融监管合作方面,存在不同的选择。

1. 对于监管标准存在较大的认知差异

对于国际金融监管标准,各国出于对遵守监管标准的履约成本考量,一般都会从利己的角度去阐释。对于发展中国家而言,有限的财力、金融科技技术的落后以及监管人才的匮乏,都难以支撑其对标发达国家的监管标准。而发达国家不顾及发展中国家的现实发展水平,纯粹基于金融监管的理论设计追求高质量的监管标准,不仅增加了发展中国家的改革成本,还影响了发展中国家推进国际监管合作的积极性。

2. 对于选择监管途径存在较大的选择差异

国际金融市场遵循自由竞争的市场规则,国际金融资源会根据不同的监管政策和监管标准,在不同的国家或区域流动。发展中国家因为管控国际金融资源的经验比较有限,出于对国内金融主权和金融稳定的担忧,往往在金融监管途径方面管束得比较严格,存在很多非基于市场行情的监管方式,阻碍了国际金融资源的正常流动,也阻却了国际资本的正常流入。相反,发达国家的金融市场比较成熟,有比较成熟的监管经验,因而,在金融监管途径上主要选择基于市场行情的常规监管,吸引了大量的国际资本。正因为发展中国家和发达国家的金融监管途径存在较大差异,相同的金融产

品面临不同的监管规则,国际资本可以通过离岸市场从事监管套利活动。投机者在发达国家借助相对宽松的金融监管政策,创造比较复杂的金融交易结构和金融衍生品,再通过交易渠道,将金融风险转移到发展中国家去,增加了发展中国家对发达国家的不信任感。

3. 金融监管合作存在执行差异

金融全球化使得金融风险也呈现出全球扩散的态势,因而,要有效管控国际金融风险,必须得到各国政府的通力合作和严格执行。但是,由于金融市场自由竞争的零和博弈性质,"赢"或"输"都是通过减损或增益对手行为而实现的,所以,国际金融监管规则的执行,总体上还是基于对金融市场中对手行为的基本预判来实施。现在存在的问题是,发展中国家和发达国家因为历史、经验、综合国力等方面的差异,导致在对方能否严格遵守国际金融监管规则方面,相互缺乏信任感,即不能确信对方能否认真遵守规则。利益的关联性和合作的协调性之间出现冲突,这种认知实际上已经影响到国际金融监管的合作效果。

第三章　金融全球化对国际金融治理现代化的影响

第一节　金融全球化对国际金融市场的影响

一、金融全球化的肇始

1. 金融全球化的内涵

国际金融法中,对于金融全球化并没有一个明确的定义。有人认为金融全球化是指金融业跨国境发展而趋于全球一体化的趋势,包括金融活动跨越国界、金融活动在全球按统一规则运行、存在统一的国际金融市场三层含义。① 一般而言,金融全球化是经济全球化的一个组成部分,是在贸易全球化和投资全球化达到一定程度后,随着国家放松金融管制、开放资本市场,呈现出的一种金融资源和金融风险全球流动的发展趋势。

回顾国际金融发展史,金融全球化是在特定的历史条件下产生的,是金融自由化和金融国际化的衍生品。第一次世界大战之前,鉴于国际贸易和国际投资中的全球因素还不明显,跨国公司的经营策略还处于区域性的资源采购和商品销售,缺乏全球性的战略资源整合,因而,第一次世界大战前的国际金融市场本质上处于技术驱动下的金融自由化和部分地区的金融区

---

① 戴相龙:《全球化趋势下的国际金融形势及我国的金融政策》,载《中央财经大学学报》1999 年第 12 期,第 1 页。

域化。第一次世界大战结束后,随着金本位制度的坍塌,国际社会陷于短暂的金融秩序混乱中,各国竞相采取竞争性的金融政策,形成了以邻为壑式的反金融自由化实践,相应地,国际金融市场也缺乏应有的规制和有序调整。第二次世界大战结束后,国际社会在政治情势相对稳定的条件下,以美国为首的西方资本主义国家按照西方经济学理论构想,搭建了以 IMF、WBG 和 GATT 为主要支柱的战后国际经济金融秩序。该秩序是美元基础上的上层建筑,是美国站在金字塔塔尖构筑的以美国利益为核心的全球性治理体系。因此,第二次世界大战后的国际金融市场在国际金融发展历史上第一次实现了真正意义上的全面国际调控。金融信息的跨国传递更加便捷,国际资本的跨境流动日趋频繁,外国直接投资规模不断扩大,在美国的全球金融战略的强推下,逐渐形成了以美国纽约为中心、以伦敦和东京为两翼的国际金融体系,从而助推金融自由化和金融区域化转向金融国际化。

20 世纪 70 年代,战后黄金三十年结束,布雷顿森林体系解体,黄金非货币化,美元开始自由浮动,美国的金融政策发生了几次变动,西欧和亚洲的金融市场逐渐活跃起来,与美国的金融市场形成相互竞争的态势,促使国际金融产品的供给更加多元化。但是,由于资本主义经济发展的周期性作用,发达工业国家的金融资本出现积累过剩,资本的利润率明显下降,[1]显现出经济危机的兆头。发达工业国家为了摆脱危机,先后推行金融自由化政策,放宽金融管制,大力鼓吹经济全球化,并用经济和政治手段迫使发展中国家和不发达国家开放国内金融市场,努力为其过剩的金融资本开拓新的市场空间。发达工业国家推行的经济全球化政策,其本质是资本全球化,而资本全球化的关键在于金融全球化,即追求金融资源在全球的有效配置。因此,夹杂在经济全球化政策中的金融扩张政策,逐渐成为发达工业国家解决经济"滞胀"难题的有效工具,大量过剩的金融资本从生产领域流向金融

---

① 李其庆:《金融全球化的成因与特征》,载《马克思主义与现实》2002 年第 4 期,第 22—23 页。

市场,跨国金融公司借助于复杂的金融工具在全球金融市场上寻找金融投资的机会,并借助于信息科技技术,创新金融增值的方式,推动金融资本的全球流动和金融风险的全球扩散,并试图追求统一性的全球货币和金融市场。至此,金融国际化转向了金融全球化。

2. 金融全球化的主要表现形式

金融全球化突出金融资源的全球流动,是对传统金融法所固守的金融主权边界的一种突破,必将影响以民族国家为本位的传统国际法理论。公司或私人资本对金融资源的有效分配已经产生重要影响,并逐步开始削弱国家在金融全球化进程中的主导作用。在有些领域,金融全球化可能会给国家增加了一些在传统国际法领域不存在的额外国际义务,[①]因此,金融全球化不仅强调金融要素的跨境往来,还强调金融业务的全球调整和金融风险的全球防控。金融全球化表现出一种从"范围"到"控制力"的逐渐深化趋势,是一种动态的全球一体化过程。

(1)金融全球化表现为金融活动的全球化。

金融活动是指金融投资者和金融融资者通过金融机构,在金融市场选用适当的金融工具进行相应的金融资产交易活动。金融活动是金融全球化的载体,体现在两个方面:首先,金融信息的全球发布和金融资本的全球寻找。随着信息科学技术的发展和网络金融理念的涌现,各国的金融信息系统、金融交易系统、金融支付系统和金融清算系统逐渐开始网络化,国际金融市场趋于一体化,无论是银行贷款、票据融资、债券发行,还是证券发行、基金募集、外汇买卖,都着眼于资本的全球流动。其次,金融机构的全球延展。随着经济全球化的冲击,各国的金融服务竞争已经超出了国家边界,为了应对来自他国的同业竞争,各国金融机构往往选择跨国兼并和跨国收购的全球性经营战略,不断拓展金融业务

---

① S.Pandiaraj, "Meeting Challenges of a Globalized World: Extraterritorial Obligations of States in the Area of Socio-Economic Rights", AALCO: *Journal of International Law*, 2013, 2(2), pp.85-121.

范围、扩大金融机构的经营规模,①并以此作为提高效益和防御风险的主要路径。

(2)金融全球化表现为金融风险的全球化。

金融活动与金融风险是相伴相生的,金融活动全球化自然带来金融风险的全球化,主要表现在以下方面:

首先,金融业务风险全球化。包括金融产品的合规性风险、金融工具的发行性风险、金融工具的市场风险、金融业务的经营性风险等,都伴随金融活动的全球伸展而面临不同种类的风险,并且这些风险因素来自全球,部分可以预测,部分根本无法预测。

其次,机构风险全球化。金融机构面临风险的全球化,包括金融机构合规性风险、金融机构的信用风险、金融机构的政治风险、金融机构的流动性风险等。该种类风险主要基于金融机构组织框架和经营模式的全球设计,除了要辨析金融机构承担的各国国内法义务与国际法义务的冲突外,还要考虑金融机构在不同国家的国内法义务的冲突,在特殊情况下可能还要承受国际政治的变化对金融机构和金融市场的冲击。

最后,金融危机全球化。随着金融资本的全球流动,诱发金融危机爆发的因素和金融危机的跨国传导机制呈现全球化样态。一般来讲,偶发性诱因和偶发性传导机制基于金融市场的非理性操作行为,无论是内生流动性冲击、多重均衡和唤醒效应、政治影响传染等原因,还是金融信贷行为失控、新金融工具过度使用、资本市场过度投机等操作手段,都凸显出全球来源的特征。而非偶发性诱因和非偶发性传导机制基于宏观经济基本面的变动,触发的是金融市场的共同联系,无论是货币的竞争性贬值、货币金融政策的调整,还是随机总需求的流动性冲击,同样都受到全球金融市场的影响。所以,金融危机已经呈现出全球传导的特征。

---

① 王元龙:《金融全球化有关问题的探讨》,载《经济研究参考》2003 年第 80 期,第 21 页。

（3）金融全球化表现为金融监管的全球化。

第二次世界大战结束后的布雷顿森林体系构筑了国际金融监管的雏形，特别是IMF对各国货币政策和汇率制度的监管，尽管存在很多问题，但已经成为金融全球化过程中国际监管合作的主要范例。金融监管全球化主要反映在两个方面：

首先，金融监管政策的趋同化。金融全球化时代，各国的金融利益已经紧密联系在一起，一国的金融监管政策可能会对他国甚至国际金融市场产生连锁效应。因此，为了防止金融监管政策出现漏洞进而引发系统性或非系统性金融风险或者为了避免诱发金融危机，各国强化国际金融监管合作，努力在金融规则、会计准则、监管标准、合作方式等方面，强调国家间金融监管政策的协同性和统一化。①

其次，全球金融监管机制的统一化。强化国际金融监管合作，就要求具有相应的国际金融监管合作机制。目前，除了改革IMF和WBG等机构中的统一监管机制之外，国际社会还在国际证券、国际保险、国际银行、国际税务等方面，强化统一化的监管机制建设。

二、金融全球化的发展

1. 金融全球化的原因

作为一种金融制度在较长历史周期中的变迁考察，要完全分析金融全球化的原因是很困难的。因为各国的历史、政治、经济因素，甚至是军事、文化和宗教因素，都可能对金融政策的变动产生影响，因而，讨论金融全球化的原因是一项极其复杂的工作。另外，金融全球化是金融自由化在全球范围内的动态延伸，是一种渐变的过程，也是一种金融发展趋势，就目前而言，金融全球化的进程还在继续进行，正面临反全球化等因素的各种挑战，因此，目前总结金融全球化的原因可能会得出不科学的结论。所以，本节的论

① 王元龙：《金融全球化有关问题的探讨》，载《经济研究参考》2003年第80期，第23页。

证尽可能从过去金融市场国际化的发展历程中,总结有关金融市场国际化的部分原因。鉴于金融市场国际化是金融全球化的前提,所以,金融市场国际化原因的研究,应该对金融全球化原因的探讨具有一定的借鉴意义。

首先,实体经济的发展需要金融全球化。实体经济的发展需要金融资源的支持,无论是生产、贸易,还是投资,都需要较为充足的金融资源。跨国公司对国际市场占有率和投资利润率的追求,使得 20 世纪 60 年代国际社会对贸易和投资的跨国自由流动形成价值上的共识,客观上助推了金融资本在国际间的大规模流动,并促使国际金融组织和各国金融机构扩展相关的业务功能。因此,贸易国际化和投资国际化是金融全球化的主要动力。

其次,金融技术的发展推动金融全球化。[①] 信息科学技术的发展,改变了传统金融交易对地理属性的依赖,不仅缩小了地理空间距离,缩短了金融交易时间,提高了金融交易的效率,而且为金融信息的跨境披露和金融资源的跨境流动提供了现实路径,实际上奠定了金融全球化的基础。并且,金融机构借助现代信息科学技术,研究出新的金融风险预警和防控机制,有助于消减金融投资者对跨国金融投资安全性的担忧,提高了金融资源在全球范围中流动的安全系数。另外,信息科学技术推动了金融创新,金融创新的多样化促使金融全球化。金融创新是指金融要素的重新组合和金融活动模式的新选择,无论是金融市场的创新、金融技术的创新、金融产品的创新,还是金融发展模式的创新,都为金融全球化提供了具体的载体,使其能够在虚拟的全球市场联结成有组织的体系,进而形成一种值得追求的发展样态。

最后,金融制度的开放性保障金融全球化。良好的制度环境是金融能够全球化的主要原因。自西方国家倡导经济全球化发展理念之后,全球金融自由化浪潮为金融全球化创造了制度环境。无论是发达的工业化国家,还是发展中国家,都在根据金融自由化理念积极改革相关的金融管理制度,各国政府逐渐改变对金融市场的过度干预,开始放松对金融机构和金融市

---

① 羌建新:《金融全球化、金融全球治理改革与国际金融安全——基于信息科技革命的视角》,载《国际安全研究》2015 年第 6 期,第 26—28 页。

场的限制条件,放松利率管制、放松金融业务管制,再到放松资本项目管制,试图通过金融资源的市场化运作,达到抑制通货膨胀、刺激经济增长、形成金融资产增长与经济增长之间良性循环的目的。国际社会也根据金融自由化理念,改革相应的国际金融治理机构,制订符合金融自由化发展规律的国际金融治理规则以及相应的治理准则和监管标准,为金融全球化提供了良好的制度保障。

2. 金融全球化的发展阶段

根据法国学者弗朗索瓦·沙奈的早期研究,金融全球化主要分为三个阶段,1960 年至 1978 年的间接金融国际化阶段;1979 年至 1986 年的金融非规章化和自由化阶段;1986 年至 2000 年的"新兴市场国家"的兴起阶段。① 鉴于 2000 年之后的国际金融市场发生了很大变化,特别是 2008 年美国次贷危机引发的全球金融危机以及随后的希腊主权债务危机等金融事件,导致国际社会对发达工业国家金融风险防控能力的担忧,国际金融监管机构开始改变过去倾向于微观层面的监管路径,开始强调宏观审慎监管和微观监管相结合,并将传统的 G7 机制扩大为 G20 机制,促使金融全球化走向一个新的阶段。

(1)1960 年至 1978 年的间接金融国际化阶段。

该阶段是金融全球化的初始阶段,典型的表现是国际社会还没有形成广泛的全球金融体系。该阶段的国际金融市场还处于各国分治的阶段,各国货币市场和金融市场相对独立,只有少部分的金融国际化实践,譬如欧洲美元市场的建立。严格意义上来看,欧洲美元市场并不是一个国际化市场,只是一个单纯的银行间汇兑市场,但是后来汇兑市场发生了英镑和美元价格的大幅度波动,促使投机资本涌入欧洲美元市场,扩大了该市场的规模,助推汇率从固定制向浮动制转变,间接推动了金融市场的国际化和自由化。

该阶段的发展为金融全球化打下了基础,尤其是汇兑市场的自由化,为

---

① [法]弗朗索瓦·沙奈:《金融全球化的历史与现状》,李其庆译,载《马克思主义与现实》1999 年第 4 期,第 64—66 页。

金融资本在全球自由流动提供了更为便利的条件,使得有限的金融资金可以在全球范围内得到有效的调剂使用,有助于全球经济的普遍发展。一方面,发达工业国家可以利用其货币和资金优势,建设具有区域影响或国际影响的金融中心,为本国提供新的经济增长点。另一方面,发展中国家和欠发达国家可以更为容易地获取国家经济建设急需的金融资源,有助于本国经济的快速发展。

(2)1979年至1986年的金融非规章化和自由化阶段。

为解决经济"滞涨"问题,发达工业国家试图利用利率杠杆控制货币供应量,实行宽松或紧缩的货币政策,并在这个基础上,不断调整限制金融资源自由流动的现行规章制度,试图建立一个比较宽松、自由、更符合市场运行机制的新金融管理体系。譬如,美国1975年取消外汇管制,1982年允许银行吸收大额欧洲美元存款、并废除储备准备金和利率上限的限制;英国1979年取消外汇管制措施,1986年颁行《金融服务法》,进行金融自由化变革,等等。[1] 这些金融自由化措施通过取消利率管制、放松金融业务的限制、放宽对资本流动的限制、减轻金融创新产品的税赋等,旨在消除金融资源跨境流动的国内外藩篱,构建金融全球化的体系雏形。特别是国际互联债券市场的发展,取消外国投资者的准入门槛,允许外国投资者对国库券和其他金融市场债券进行自由买卖,一方面满足了发达工业国家对政府财政赤字的投资需求,另一方面开启了金融资源的真正跨境自由流动。

该阶段是金融全球化的初始阶段,各国通过消除金融资源自由流动的国内和国际障碍,方便了金融资源在全球范围的有效调配,不仅促进了国际贸易的发展,而且通过海外直接投资的联动属性,带动其他生产要素的国际流动,将各国生产链纳入到全球化生产体系之中,形成资源在全球范围的初步联动和共享体系,提高了全球的生产效率。该体系的初步建立,一方面为

---

[1] 宁敏:《国际金融衍生品交易法律问题研究》,中国政法大学出版社2002年版,第32页。

金融全球化的制度体系建设积累经验,各国通过对跨国金融交易的不同规制现状,研判金融制度的国别差异,吸取有利于金融全球化的优秀经验,并通过制度借鉴,创设具有全球价值的规则体系;另一方面,全球化生产体系的建立,增加了全球化的竞争,国家积极主动改革相应的国内金融法制,使其符合金融市场的发展规律,外在的竞争压力促使金融机构和金融业务优化,甚至优化了政府职能,促使政府机构作出重大改革,客观上有助于全球金融一体化体系的建立。

(3)1986 年至 2000 年的"新兴市场国家"的兴起阶段。

发达工业国家推动的金融自由化运动,促进了金融要素的跨境自由流动,也加剧了国际间的金融竞争。汇兑市场和债券市场已经初步国际化,为了寻找新的增长点,发达国家开始要求发展中国家在股票市场上进行自由化改革,首先体现在新兴市场国家的股票市场自由化方面。发达工业国家认为新兴市场国家的金融市场构成不合理,典型的例子就是债券市场投资远远大于股票市场投资,金融资本的流动性不足。另外,发达工业国家认为股票市场之间的流通障碍,不仅阻碍了金融资本的有效流动,实际上还限制了债券市场和汇兑市场的有效运转。因为单个国家股票市场的不景气往往会引起全球股票价格的下跌,但是这种下跌并不是对各国经济运行真实情况的反映,而是基于各国股市之间的割裂造成的人为恐慌,进而对这种虚拟风险进行规避的行为,增加了投机获利的空间。所以,要推行股票市场的自由化,来提高金融资源的有效配置。

然而,新兴国家推行股票市场自由化改革之后,金融资源的跨境流动的确自由了,但对金融风险的预警和防控机制却没有建立起来。金融冲突和金融危机频频发生,1987 年华尔街股市危机,1989 不动产垃圾股票危机,1994 年墨西哥金融危机、阿根廷经济危机、巴西经济危机,1997 年亚洲金融危机,等等。金融危机的频发,导致国际社会强化对全球金融风险的管控和治理,进而促使国际金融治理体制的健全和发展。

该阶段是金融全球化的形成阶段。股票市场、债券市场和汇兑市场的自由化改革,表明金融全球化已经初步形成。并且从金融市场的规模数量而言,已经形成了覆盖全球主要国家的国际金融治理体系。该体系主要有两个贡献:一方面促进各国金融体制的整合,并形成了国际金融治理的基本规则;另一方面该体系促进了各国金融结构的调整,金融市场开始大规模的证券化改革,专业银行制度向全能银行制度转变,融资结构从传统的间接融资转向直接融资,推动了金融全球化向更高水平发展。

(4)2008 年之后的金融全球化阶段。

金融自由化促进了金融竞争。金融技术的发展、金融机构业务和职能的扩张,使得金融竞争趋向于金融产品的创新竞争以及金融运行模式的创新竞争。许多国际金融机构为了吸引更多客户、筹措更多的资金、赚取更多的利润,在国际市场上寻找一些方便、快捷的金融工具,因而各种金融创新工具不断出现,使得资产负债表以外的业务得到空前的发展。这些新的金融工具成本低,获利空间大,深受市场欢迎。但很明显,这些金融工具风险较大,连锁破坏性效应很强,2008 年美国次贷危机就是典型的例证。2008年美国次贷危机引发的全球金融危机以及随后的希腊主权债务危机等金融事件,导致国际社会对发达工业国家金融风险防控意愿和防控能力的担忧。于是,国际金融监管机构开始改变过去倾向于微观层面的监管思路,开始强调宏观审慎监管和微观监管相结合的混合监管理念,并根据国际政治、经济形势的变化,将传统的 G7 机制扩大为 G20 机制,作为国际金融治理的枢纽,从而促使金融全球化走向一个新的发展阶段。

该阶段是金融全球化的深化阶段。金融信息服务技术的发展,为金融工具和金融交易的创新,提供了更为快捷的全球金融服务,提高了金融全球化的水平。因而,该阶段对金融全球化的贡献在于三个方面:首先,引导各国金融立法实践与国际规则接轨,要求国内立法与国际规则看齐,通过相关国际监管规则的设计,强化各国的金融协调和金融治理义务;其次,认识到金融风险在各种金融环境中发生的均衡性,强调宏观审慎监管和微观监管相结合的混合监管理念,开始对发达工业国家的金融风险管控水平进行评估,反映出国际金融治理走向实质化;最后,国际金融治理机制的改革,顺应了时代发展的要求,改变了过去少数国家圈内二元治理的弊端,增强了国际金融治理主体在国际体系中的合法性地位,推动全球金融资源的优化配置,有利于全球金融市场的一体化建设。

第二节 "反全球化"运动对国际金融治理的影响

一、"反全球化"运动的肇始

金融全球化作为一种不断演变和扩张的趋势,给世界经济的发展带来一系列利好,但是由于金融资源和金融市场在国民经济发展中占有非常重要的地位,是主权国家的生命线,因此,国家对于开放国内金融市场普遍秉持谨慎的态度。另外,不同国家参与金融全球化的条件不同,在金融市场演变和扩张过程中,可能面临的挑战与问题也不相同,国际社会对于各国金融开放水平很难达成共识。因而,对于全球金融秩序的建设而言,其中最大的问题便是各国金融开放水平出现差异,从而导致的"逆全球化"或"反全球化"问题。

通过对金融发展历史的追溯,会发现反金融全球化运动与金融全球化运动是一种相伴相生的关系。金融全球化运动起源于现代意义上西方资本主义国家的经济扩张理论。① 起初,这种以理想主义为基调的学说理论,期望通过降低交易成本来促进全球福利,进而构筑统一的世界各民族大混合

---

① 一般认为,自由贸易学说是英国古典政治经济学最初的理论贡献之一,也是支持全球化的最重要理论依据。亚当·斯密提出了绝对比较优势原理以支持自由贸易,但斯密的绝对比较优势原理无法解释为什么富国与贫国之间也会发生贸易;大卫·李嘉图的相对比较优势原理补充了相关理论,认为国家间的分工和交易取决于一国在哪一种生产领域相对更有效率而不是有绝对效率优势,所以,他支持经济全球化主张。

社会。在这种理论的号召下,英国最先付诸实践。① 但是,从后来的历史发展来看,自由贸易学说忽视了一个严重的问题,即忽视了全球福利如何分配的问题。自由贸易促进的全球福利增长并不必然与单一国家或者特定民族或者特定行业的利益相吻合,也就是说,行业群体甚至民族国家的利益与自由贸易的全球化之间存在利益之争。英国于 1846 年废除了《谷物法》,目的是取消保护性关税,促使货物自由流动,有利于商人阶级的利益,但是引起了英国地主和农民的不满。1854 年,英国取消了《航海条例》,允许外国商船可以在英国控制的口岸进行贸易,触动了英国船东的利益蛋糕,引起船东商人集团的抗议。1860 年,英国与法国签署了《科布登条约》,相互降低关税,同样引起农民和地主的反对,等等。尽管上述不满或反对只是私人的或者零散的,并没有上升到社会运动的激烈程度,但很显然,它已经蕴含着反全球化的理念。

学理上,基于对全球化的担忧,对推动全球化的自由贸易学说也存在认识上的长期争论。譬如,以李斯特为代表的德国历史学派,否定英国自由贸易学说所倡导的人类有序共存的发展论,认为民族国家与民族国家之间存在着激烈的竞争,并且有可能是激烈的生存竞争。无独有偶,马克斯·韦伯也认为民族国家自身的利益可能与全球自由贸易的价值导向无法兼容,因为民族国家间存在激烈的利益竞争。② 德国历史学派对经济全球化的判断,旨在透过全球化运动的外衣,看到全球化运动的核心难点,即国家很难在全球利益与本国利益的竞争中处于完全良善的中立地位,在国际社会无

---

① 当然,对于英国最先推动全球化的动机可能有不同的解读,一种观点认为英国资本主义发展已经到了外向型扩展时期,不得不推动全球化;另一种观点认为全球化可能是英国的阴谋,因为英国资源有限,便打着推动自由贸易和全球化的幌子,实际上是为了方便剥削其他国家,尤其是发展中国家和不发达国家。

② 在 1895 年的德国弗莱堡大学就职演讲中,韦伯强调:"各民族之间的经济斗争从未停歇,这一事实并不因为这种斗争是在'和平'的外衣下进行就有所不同……只有那些被和平的外表迷惑的人才会相信,我们的后代在未来将享有和平和幸福的生活。众所周知,庸俗的政治经济学就在于它以配置世界的普遍幸福的菜谱为己任。"转引自汪毅霖:《"逆全球化"的历史与逻辑》,载《读书》2020 年第 2 期,第 19—20 页。

法成立一个有效的世界政府来协调民族国家间的利益冲突之前,全球化只是一些资本主义发达国家的政治口号,是其推行有利于本国政策的国际战略,历史上"从来没有任何一个国家毫不利己地致力于国际间自由贸易秩序的建立"。[①]

另外,美国学派的亚历山大·汉密尔顿,也认为全球化所产生的全球普遍福利可能与民族国家间的个别利益之间产生冲突,民族国家之间也存在商业贸易往来方面的竞争关系,因此,他也对全球化的理想持普遍怀疑的态度。

二、"反全球化"运动的扩大

1. 第一次反全球化运动

第一次反全球化运动是伴随着第一次全球化的大规模扩张而形成的。从现有理论和研究来看,第一次大规模的全球化扩张发端于 19 世纪中期,是以英国工业革命的成功变革为抓手,以民族国家间相互削减关税为标志,是对传统国际贸易领域盛行的贸易保护主义的扬弃。因此,第一次真正意义上的反全球化运动,发生于 20 世纪初,典型的表现就是在资本主义经济危机的周期性规律中,发达资本主义国家已经无法在追求全球贸易自由与保护本国市场之间达成相对的平衡,资本主义的自私性和自利性,迫使发达资本主义国家撕毁相互削减关税的承诺,纷纷扯起贸易保护主义的大旗,不断相互提高关税,不断操纵本国货币贬值,还围绕主要货币以及货币体系相近国家组成短暂的货币同盟,通过货币同盟之间的联动关系,维持脆弱的国际金融交往。第一次反全球化运动在 20 世纪 30 年代达到顶峰,以美国1930 年《斯莫特—霍利关税法案》、1934 年《贸易协定法案》、1933 年《证券法》、1934 年《证券交易法》为标志。因此,第一次反全球化运动主要表现为发达资本主义国家之间的相互对抗,颇为讽刺的是,参与反抗全球化的主

---

① 详见汪毅霖:《"逆全球化"的历史与逻辑》,载《读书》2020 年第 2 期,第 20 页。

体,同时也是全球化运动的发起者和倡导者。

2.第二次反全球化运动

第二次世界大战结束后,以美国为首的西方国家,建立了此前历史上从未有过的国际治理体系。在新体系中,美国取代了英国成为捍卫全球化和贸易自由化的旗手,其显著的全球化成果是构建了布雷顿森林体系、谈判建立 GATT 体系,通过构建小圈子——G7 利益共同体,威胁或拉拢其他国家依附于其设计的金融贸易全球化战略中。客观地看,新体系推行的全球化战略实际上有助于世界各国从第二次世界大战后的颓废中逐渐复兴,并客观上助推了世界经济的有序发展。但是,新体系推动的全球化,在推动全球经济繁荣的同时,也逐渐凸显出其不公正、不均衡的特性,于是,反全球化的第二次运动开始形成。

首先,以苏联为首的实行计划经济的社会主义国家集团,以经互会为平台,反对以美国为中心的经济全球化。尽管从本质上来看,这是一种以政治角力和以意识形态斗争为主要方向的反对,但也形成了对市场经济为主要推手的经济全球化的市场分割和贸易阻断,其本质上是一种反全球化运动。

其次,南北矛盾激化,导致发展中国家反对全球化。全球化本质上就是资本主义的全球化,资本、资源和劳动力全球流动使得市场竞争日趋激烈,发达国家凭借优势的资本、技术和管理经验,在自由贸易中获得丰厚利益。而很多发展中国家沦为发达国家的原料供应地和产品试验地,发达国家蒸蒸日上的经济发展与不发达国家的贫困、战乱和饥荒形成鲜明对比,使得南北矛盾激化,发展中国家在经济转型失败后,遂产生了对全球化的怀疑和反对。

最后,西方国家及其控制的国际治理体系,在推广全球化过程中适用野蛮、自私、僵硬和双标政策,使得国际社会在面临发展权、金融自由化、人权和产业发展等事项时出现较大争议,进而削弱了全球化的吸引力。

因而,与第一次反全球化运动不同,第二次反全球化运动主要体现为不同阵营国家之间的对抗,前期的表现是社会主义国家和资本主义国家之间的对抗,后期的表现是发展中国家对发达国家的反对。

3. 第三次反全球化运动

20 世纪 90 年代初,大量人权组织和非政府组织的诞生,使得"国家——国际组织——国际社会"这种传统的国际法主体结构发生了巨大变化。很多非政府组织积极参与到国内事务和国际事务的管理当中来。1994年 1 月 1 日,墨西哥恰帕斯州的萨帕塔居民对《北美自由贸易协定》对集体土地所有制规定为非法表示不满,引发了反对资本主义全球化的种种抗议。此后,大量非政府组织在全球各地,举行了大量的反对跨国公司、反对自由贸易、反对贫穷、反对环境破坏、反对劳动剥削等抗议全球化的活动。第三次反全球化的高潮当属"西雅图风暴",西雅图风暴第一次使反全球化运动的抗议取得了实际效果,反全球化的声音第一次得到以主权国家为主的国际社会的关注,就此揭开了全球公民和全球非政府组织反对全球化政策的序幕。因而,与前两次反全球化运动不同,第三次反全球化运动主要是非政府组织发动的全球范围的抗议,其目的和效果早已超越了地域和民族的限制。

4. 第四次反全球化运动

进入 21 世纪后,次贷危机、世界金融危机和主权债务危机等事件相继在发达国家爆发,暴露出发达国家急速推进全球化战略而潜伏的种种危机。发达工业国家面临国内经济发展陷入低迷困境、收入分配不平等加剧、贫富差距拉大、种族歧视问题严重等严峻的问题,催生出了反全球化运动的新形态,即原来的源自社会底层公民和组织对精英和主流社会的"自下而上"抗议转向"自上而下"的反全球化。以美国为首的发达国家纷纷祭出保护主义的大旗,阻遏技术、人才、资金的跨国转移,边界修墙、阻止移民、高喊民族主义口号。英国脱欧、美国退群、WTO 停摆、面对新冠疫情的各自为战等,已经超越了一般意义上的反全球化运动,成为一种新的样态,是典型的"上下呼应"式的逆全球化运动。与之前的反全球化运动一样,"上下呼应"式的逆全球化运动也是对全球化的反对,但其追求的价值不但与全球化完全背离,更为警惕的是它宣扬的是一种民族主义精神,蕴含着"冷对抗"和"反社会""反国家"的激进主义思想。究其根本,是西方资本主义制度出现了无法解决的根本矛盾,企图通过制度的修正、保护主义和孤立主义来应对危机的一种消极行动,但是这种修正并没有解决资本主义内部的根本矛盾和全球经济秩序中的制度障碍,只能带来体系内部更剧烈的动荡,进而外溢到世界体系中。

三、"反全球化"运动的主要抗争理论

金融全球化作为一种不断演变和扩张的趋势,给世界经济的发展带来一系列利好,但是由于金融资源和金融市场在国民经济发展中占有非常重要的地位,是主权国家的生命线,基于国家安全考量,很多国家不敢贸然开放国内金融市场。与此同时,即使部分国家同意有条件开放国内金融市场,因为不同国家参与金融全球化的条件不同,在金融市场演变和扩张过程中,面临的挑战与问题也不相同,各国很难就金融开放水平在国际层面达成共识。因此,基于对上述两种担忧的反思,反全球化运动不断兴起。反全球化运动者一般认为金融全球化是一把双刃剑,对经济发展的影响有利有弊,他们声称推动全球化的声音故意忽略了全球化对经济发展的负面影响。而过去的经验似乎也表明,国际社会确实忽视了金融全球化带来的危险。

对于反全球化运动的团体和组织而言,他们认为金融全球化存在下列风险:

1. 金融安全风险

首先,金融自由、金融安全和金融效率之间的关系问题,始终是金融市场的核心问题。就金融全球化而言,金融安全问题是其要面临的第一个危险,也是最核心的关切。金融全球化意味着金融资源和金融市场的开放,要求减少金融资本自由流动的限制,并且在金融业务和金融市场的管制方面,要求国内规则向国际规则看齐,无形中约束了国内规则的制定权限和处置权能,进而缩限了国家有效管控金融风险的能力,导致出现金融安全隐患。

其次,从理论角度来看,金融全球化实质上削弱了主权国家的边界,强调世界金融市场的一体化,要求在全球范围内有效配置金融资源。在目前的国际法体系中,没有超越主权国家的全球政府,也缺乏一个有效的全球治理机制,因此,扩大了金融要素自由流动的疆界范围,削弱了主权国家的管控能力,①但没有与之相配套的金融治理主体和金融风险防控体系,金融风险自然暴露在国家边界之间,甚至肆意在国际金融治理的模糊地带游走,给国际金融市场带来很大的安全隐患。②

最后,金融产品是一种高级商品,是一种纯粹虚拟化了的经济活动,无论是利率市场化、证券市场波动、资本账户开放,还是外汇储备贬值、金融衍生工具滥用、银行风控机制失灵等,都与国家的金融管制能力和金融业务管理经验有关。不同发展阶段的国家在金融市场和金融业务的管理上存在较大差异,因而,金融全球化要求金融要素在全球的自由流动,欠发达国家和发展中国家不得不在与国际社会相"脱轨"的威胁下放开本国的金融市场,给予国际游资套利的空间,国家的金融安全面临很大威胁。另外,金融全球化的本质是资本主义金融资源的过剩,为了解决资本主义国家本身的经济危机,向外扩张谋取资本利益,因此,金融全球化的驱动力来自于资本趋利的贪婪性,缺乏对他国金融安全的考量,甚至金融全球化本身就是全球金融安全的威胁。

2. 金融全球化导致金融脆弱性加剧

首先,金融全球化并没有解决信息不对称问题。信息是金融市场的关键要素,金融市场的波动与金融信息的传播有直接关系。金融市场的参与者根据掌握的金融信息做出市场预判,进而选择金融交易方向。如果市场参与者掌握的信息不对称,或者获取的信息存在时间差,极容易导致逆向选

---

① 张发林:《国际金融治理体系的演进:美国霸权与中国方案》,载《国际政治研究》2018年第 4 期,第 16 页。

② 羌建新:《金融全球化、金融全球治理改革与国际金融安全——基于信息科技革命的视角》,载《国际安全研究》2015 年第 6 期,第 33 页。

择和道德风险,进而加剧金融脆弱性。金融全球化强调了金融要素的跨境流动自由,拓展了金融业务和金融交易的范围,但并没有解决金融信息的不对称性问题。相反,随着金融市场的国际化延展,金融机构和金融从业者要在全球范围内竞争,因而,金融信息同样呈现国际化趋势。与单一主权国家内部的金融市场信息流向和信息披露相比,国际化的金融信息流向更加复杂,信息披露的方式、水平、途径参差不齐。不同国家、不同层次、不同能力的市场参与者获取信息的水平不同,实际上增加了有效信息获取的难度,加剧了信息不对称性,导致金融体系的稳健性下降。

其次,金融全球化增加了资产价格的波动性以及波动性的联动效应。金融全球化之前,金融要素主要围绕国内的金融产业流转,影响金融资产价格的因素主要来自国内,监管机构基本上能够有效处置相关的金融风险。但是,金融全球化之后,金融要素围绕全球的金融产业流转,影响金融资产价格的因素变得复杂起来,可能来自国内,也可能来自国外,甚至来自于国内机制和国外机制的差异。而对于来自国外的影响因素,主权国家无法进行有效的控制,单一国家也无法进行有效的监管,因而,金融资产价格会出现较大波动,影响金融体系的稳定性。譬如,汇兑市场自由化之后,固定汇率制变为浮动汇率制,金融资本根据市场的供需关系而加速流动,本币与外币之间的兑换会变得比较频繁,导致汇兑价格可能出现很大波动,甚至会出现汇率失序或汇率失调。但是,单一的国家可能无法使用有效的财政政策和货币政策来调整或干预,使汇率维系在对本国有利的浮动范围里,因为国家政策的实施对象已经扩展了,调控政策可能会受到国外市场的反对,国外市场可能会反方向操作,激起市场波动,消解政策的有效作用。

另外,金融全球化也创造了金融风险全球传导机制,形成风险转移的联动效应。金融资产价格的波动,在削弱国家财政政策和货币政策有效性的同时,还会通过全球金融市场的传导机制,将一国金融市场的风险和波动传导到他国市场中去,引起区域性的波动和区域性的风险,该风险可能反过来会对来源国市场造成更大的波动,进而形成交叉感染联动效应和风险共振,从而放大金融风险,导致系统性风险的积聚,增加金融风险的预测和控制难度,影响金融体系的稳定性。

最后,金融全球化增加了金融监管难度,影响金融体系的稳定性。随着金融全球化的发展,金融要素的自由流动与金融监管的本地化之间出现较大冲突。金融市场自由化要求金融要素跨越国家边界的限制,深入到各国的国内金融市场和商业活动中,因此,国际投机者可能根据各国金融规则的差异进行相关的套利、套汇或其他非法操纵活动,影响国家金融体系的稳定性。但是目前的国际金融监管体系仍然主要是以国家主权为核心而创设的国内法律监管体系构成,外国法的适用和外国机构的"长臂管辖"往往不受欢迎。所以,国家对于来源于国外的金融风险和非法操纵行为,无法进行有效的监管,只能寄望于金融监管的国际合作。但是,鉴于目前金融监管的国际合作,存在各国监管信息、监管渠道和监管目的之间的差异,甚至部分国家利用监管政策的差异进行监管套利,妨碍国际金融监管合作的有效执行。因此,金融监管的复杂性影响着金融体系的稳健运转。

3. 金融全球化加剧金融脱实向虚的程度

首先,金融全球化使得金融资本的流动加速脱离实体经济。金融市场本来是服务于实体经济的,由于金融资本投资于实体经济,可能要受到国内法上的诸多限制,投资资本的本金和收益退出可能也要面临很多条件,因而,外国资本进入时会有很多顾虑。并且在投资效益方面,投资于实体经济的资本其收益周期相对较长,面临较多的不确定性。鉴于资本的趋利特性,金融资本喜欢"短平快"的虚拟经济环境,而金融全球化为虚拟经济的蓬勃发展,提供了更大的空间和良好的环境,因为各国监管制度的差异,为国际游资提供了套利操纵的空间。从目前金融市场的发展而言,金融全球化加剧金融脱实向虚主要表现在三个方面:其一,国家的经济重心从第一产业转向第三产业,即由生产转向金融等服务行业;其二,资本积累方式发生变化,资本积累由原来比较缓慢的产业资本积累转向信息科技时代"短平快"式的金融资本积累;其三,金融资金已经能够在远离实体经济的金融体系中自成体系的循环空转,并形成大量经济泡沫。

其次,金融全球化加剧了虚拟资本的投机性。金融全球化鼓励金融资本在全球范围内的自由流动,在金融市场整体上脱实向虚的情况下,国际资本大规模的无序流动,引起各国金融市场起伏动荡,进而给国际游资提供了投机套利的土壤。一方面,金融机构设计出的大量金融工具,譬如理财、信托、基金、互联网金融及其相互之间的业务嵌套等各类金融衍生产品,很多与实体经济没有直接联系,只是作为一种纯粹的博弈工具,在多空两方之间不断转手。另一方面,基于国际金融监管合作的疏漏和不足,金融机构和国际游资利用监管漏洞,创设基于投机和抗风险的运作模式,导致金融资金在金融体系内部通过借新补旧、借短放长等方式形成"庞式"投融资链条,加剧了虚拟资本的投机性。

最后,金融全球化降低了实体经济的免疫力和竞争力。金融全球化促使金融资金的流动速度大于生产的速度,也大于物流的速度。[1] 金融脱实向虚的趋势,对实体经济的发展带来两方面的负面影响。一方面,金融脱实向虚,加快了金融脱媒速度,刺激金融机构从事高风险的投资业务,并形成交易繁荣假象,诱发金融泡沫,引起金融动荡,进而增加了实体经济的风控压力,破坏了实体经济安全运行的稳定环境,影响实体经济的健康发展。另一方面,实体经济可获得的金融资源越来越有限,大量中小微企业受困于缺少资金,无法提升企业的产品研发能力和业务拓展水平,市场竞争力减弱,影响整体经济的有序发展。

4. 金融全球化加剧国别经济失衡

首先,金融全球化会削弱部分国家的金融决策权,[2]进而加剧国别经济失衡。金融全球化的一个具体表现就是金融制度的趋同化和关联化,在国际金融体系中,关联制度的设计不可能考虑到每一个国家的现实需求,按照

---

① 朱民:《改变未来的金融危机》,中国金融出版社 2009 年版,第 189—190 页。

② 羌建新:《金融全球化、金融全球治理改革与国际金融安全——基于信息科技革命的视角》,载《国际安全研究》2015 年第 6 期,第 48 页。

西方现实主义国际关系理论的构想,国际金融制度的设立是基于人类整体福利增进的预设点而展开的,强调的是金融效率和金融制度的有效性。因而,国际金融制度的变化主要体现的是发达金融市场的内在演变逻辑,部分欠发达国家或发展中国家由于议题设置能力、金融市场管理经验等方面的不足,无法在国际金融制度的设计方面与发达国家讨价还价,只能屈从于发达国家主导的金融政策和金融规则。因此,欠发达国家和发展中国家金融决策的依附性增强,经济决策的独立性自然会降低、削弱甚至丧失,弱化了国家的经济调控能力和危机处置能力,其结果会加剧国别经济的失衡。

其次,金融全球化会拉大不同发展水平国家之间的经济差距。金融全球化是在发达工业国家的主导、推动和帮助下进行的,相关金融监管标准、贷款条件等设计主要反映发达国家的现实需求,更有利于发达国家的金融市场建设。一方面,欠发达国家或发展中国家可能很难从国际金融机构获取急需的发展资金,即使获得了一定额度的金融援助或金融贷款,也是基于发达国家的战略需求,通常会附带严苛的政治、经济条件。因此,长远来看,这些贷款更有利于发达国家的经济发展,反而不利于欠发达国家和发展中国家国内金融市场的建设,可能还有损于国民经济的有序发展,进而拉大了与发达国家的经济差距。另一方面,金融全球化带来的金融风险冲击,对发达国家和欠发达国家的影响不同。欠发达国家和发展中国家的金融市场和金融制度尚不健全,也缺乏专业的监管技术和监管经验,因而,欠发达国家和发展中国家往往是国际游资瞄定的套利对象,由于其金融体系比较脆弱,承受的金融风险防控压力最大,发生金融风险和金融危机的概率较高,对国家经济的破坏效应也更大。①

另外,金融全球化所追求的全球金融福利的整体增进,是对于人类整体而言的相对金融福利增长,并不表示每个国家的金融市场都得到绝对增长,也不代表每个国家都获得了整体金融福利增长带来的实在红利。因而,对

---

① 李扬、黄金老:《金融全球化概说》,载《中国城市金融》2000 年第 1 期,第 52 页。

于欠发达国家和发展中国家而言,在发达国家助推、宣称的金融全球化利好背后,仍然存在相当大的国别贫富差距。

最后,即使发生了金融风险或金融危机,其对发达国家和发展中国家的经济影响也是不同的。一方面,发达国家拥有充足的救市资金和多元的救市办法,甚至可以通过创新金融工具或者超发货币向外转移金融风险,将对本国经济的损害降到最低。但当金融危机发生时,欠发达国家和发展中国家面临艰难的挑战,要么缺乏充足的救济资金,要么缺乏有效的救济方案,甚至两者都缺乏,国家经济发展往往会陷入混乱中。譬如,1997年的亚洲金融危机,泰国无力救市,风险外溢,各国货币竞相贬值,泰国和亚洲区域的经济发展都陷入巨大的衰退中。另一方面,经济危机是资本主义经济周期性发展的产物,也是资本主义市场经济优胜劣汰的过程,金融危机的发生对发达的资本主义国家而言,是自我更新的过程,也是下一次经济飞速发展的基础,因此,既是风险也是新的机遇。但是对于弱小的欠发达国家和发展中国家而言,金融危机就是一场灾难,不仅金融市场的发展会面临陷于停滞的危险,而且国家也会面临更为复杂的政治经济博弈,威胁到国家的独立、安全和稳定。

第三节　国际金融治理存在"美国化"的危险

一、金融全球化中的美国元素

从金融史的角度来看,世界上大概只能有五个国家可以称之为金融国家,包括古威尼斯共和国、古西班牙阿拉贡王国,古尼德兰联省共和国、英国和美国。因此,18世纪之前的金融体系严格意义上是国内金融体系,不存在现代意义上的国际金融秩序。19世纪,随着采矿业技术的发展,白银因产量增加而大幅贬值,市场对黄金通货的需求增加,各国强化对黄金的管制。英国在1819年到1850年之间,率先通过一系列法令规范黄金的进出口,并强调了黄金在维持进出口贸易支付和稳定币值方面的核心作用。于是,英国提出了以黄金为基础、以英镑为中心的黄金本位制,在英国殖民军队和贸易商队的助推下,英国国内市场不断国际化,国际贸易金融市场逐渐形成。因而,19世纪中期的国内金融市场逐渐国际化,从之前单纯的跨国贸易金融市场,逐步转向建设统一的国际金融市场。到19世纪末期,随着越来越多的国家采用黄金本位制,黄金本位制的国际性特征愈发明显,国际金融市场的雏形已经开始显现。由于英国在殖民贸易和海外投资中占据绝对的主导地位,英国开始利用英镑的特殊地位,规划了学者称为的"中心—外围"的国际金融治理体系。该体系以中心国家的利益为核心保护利益,各宗主国共同拥护英镑的世界货币地位,相互之间的贸易和投资主要以英镑为交易货币,各国通过借贷黄金或货币的方式维持整体国际收支的再平衡。

1. 美国在金融全球化中初展锋芒

(1)缺席布鲁塞尔国际金融会议。

美国在建国初期较长的一段时期内,财政和货币的安排是比较混乱的,各种各样的联邦纸币和州纸币、本国和外国的铸币、银行的银行券等都在流通,因此,1787年的美国宪法就有稳定国内财政和货币秩序的条款。从条款的内容来看,主要有两方面,一方面是赋予联邦政府铸造货币的职能;另一方面取消了各州的铸币权。[①] 后来,联邦政府和各州政府之间,展开了对银行照牌核发权力的激烈争夺,[②]最终在汉密尔顿的支持下,构建了以美国财政部、美国银行为核心的国家金融体系。但该金融体系很快就瓦解了,在较长的一段时期内,美国国内金融体系围绕双重银行制度分裂为两部分。[③]分裂的金融管理体制,使得美国在面临1873年、1884年、1890年、1893年

---

① 参见[美]理查德·斯考特·卡内尔、乔纳森·R.梅西、杰佛里·P.米勒:《美国金融机构法》(上),高华军译,商务印书馆2016年版,第2—15页。

② 关于美国国内金融发展的激烈斗争历史,可以参见江晓美:《开国的苦斗——美国金融战役史》,中国科学技术出版社2009年版。

③ 美国《1864年国民银行法》创造了双重银行制度,在此制度下,银行可以在国民银行和州立银行执照中选择一种,在这种制度安排下,联邦政府和政府围绕监管权相互竞争,形成了美国金融秩序的特殊安排。

和 1907 年的金融危机时,对国内金融秩序的管控比较乏力,引发了人们对私人银行家控制金融体系的担忧。因此,1913 年颁行的美国《联邦储备法》,标志着美国开始统合国内的金融资源管理,特别是强化了联邦政府对银行业的管控,目的是形成一个以国民银行为主、州立银行为辅的金融统一管理机制。从后面的历史发展来看,美国的这项"最具革命性的银行业监管进展",①为美国经济的发展做出了重要贡献。

第一次世界大战结束后,已经形成雏形的国际金融市场四分五裂,各国间难以形成一个相对比较稳定的金融汇兑关系。国际社会迫切需要建立一个符合时代需求的新的国际金融秩序。于是,1920 年,国际联盟行政院在布鲁塞尔举行了一次国际金融会议,旨在讨论如何重建国际金融秩序。基于历史资料和后期国际金融市场的发展情况来看,布鲁塞尔国际金融会议是美国因素在全球金融市场建设中初次展示力量。值得注意的是,美国对这次国际金融会议的影响是通过不参会来表现的,是一种典型的"巧实力"或"软实力"的展示。当然,这种"巧实力"或"软实力"是基于第一次世界大战结束后,美国在战争期间售卖武器而积累了大量财富为后盾的。

由于美国基于自身的战略判断和战略需求,选择不参加英法主导的国际金融会议,实质上间接影响了布鲁塞尔国际金融会议的结果。从会议拟定的目标来看,布鲁塞尔国际金融会议是失败的。其原因主要有三:首先,会议举办者缺乏凝聚力。举办这次会议的国际联盟,是在英法控制下的松散国际组织,缺乏代表性。其次,重建国际金融秩序的主导权归属产生争议。第一次世界大战后,英国综合实力下降,无法为战后重建提供足够的金融支持,但是,英国不愿意承认其霸权的衰落,不甘心让出重建主导权;美国因为贩卖军火积累了大量财富,综合国力上升,有意角逐主导权,因而,不愿意提供贷款或者任何形式的资金援助。最后,会议讨论的主题没有聚焦到

① 参见[美]理查德·斯考特·卡内尔、乔纳森·R.梅西、杰佛里·P.米勒:《美国金融机构法》(上),高华军译,商务印书馆 2016 年版,第 17 页。

金融秩序重建方面。会议各方主要争论战争赔款和战争债务的数额,目标并不一致。

由于美国不愿意提供资金支持,也不愿意参会,欧洲国家缺乏资金,相互内斗,布鲁塞尔国际金融会议没有达成实质性的共识。毫无疑问,这是美国方面所乐见的。各国也意识到美国将在战后金融秩序重建中扮演重要角色,尤其是英国和法国,逐渐转变对美国的战略判断。因此,美国在国际金融市场中的战略地位提升了。

(2)缺席热那亚世界货币会议。

布鲁塞尔会议失败后,1922年,为了拉拢美国积极参与战后的国际金融秩序建设,尤其是欧洲的金融秩序重建,英法抛开了国际联盟,召开了热那亚世界货币会议。尽管英法的主要目的是吸引美国参与,但美国仍然没有参加这次会议。首先,战略不一致。美国希望快速崛起,英法只是想利用美国贷款在战争赔款方面发一笔"横财"。其次,美国希望欧洲各国相互制衡,不愿意看到任何一国独大;但英国鉴于历史关系,希望继续维持其霸权地位,法国也因为地缘政治和历史关系,希望削弱德国的力量。最后,美国的综合国力还无法支撑外向型扩展,因为法国的陆军力量和英国的海军力量强于美国,但英法不愿意让美国发展壮大。

最终,因为美国没有参加热那亚会议,无法达成统一有效的货币政策。会议只能在英国方案的基础上,成立了金块本位制。因此,热那亚世界货币会议之后,国际金融秩序基本上形成了"双圆治理结构",即以美国的金本位制度和英法实行的金块本位制为"双核心",强调货币和黄金的挂钩,其他的欧洲国家选择与美、英、法等国家的货币挂钩,从而形成了分散的金汇兑本位制。美国在这次博弈中大获全胜,一方面,通过"双核心"治理结构,美国挤进了国际金融治理的核心区域,在国际金融市场中的战略地位得到了提升与强化;另一方面,美国地位的提升,变相挤压了英法的战略角色,尤其是削弱了英镑霸权地位,英国的绝对核心地位逐渐削弱并衰落。

（3）利用贷款工具介入欧洲金融市场。

首先，第一次世界大战结束后，欧洲迫切需求资金来重建欧洲经济，但美国不愿意为欧洲提供贷款，加上欧洲各国对德国的战争赔款方案久拖不决，助推了欧洲的通货膨胀，加剧了欧洲各国之间的金融内斗。其次，美国最终决定为德国的战争赔款提供贷款，但要求还本付息，满足了英法的高额战争赔款欲望，但增加了德国的财政负担，为日后的冲突埋下隐患。再次，1927 年，当欧洲货币和金融困境不断加剧时，美国终止了对德国的长期贷款，德国偿债负担倍增，只能依靠增加税收来支付，导致大量工厂破产，工人失业，社会陷入危机之中，引发了民族主义，彻底摧毁了欧洲的金融体系。最后，1929 年到 1933 年的空前经济危机，美国股市大跌，各国货币竞相贬值，摧毁了大国建立稳定金融体系的货币基础，进而危机迅速蔓延至货币集团内部，各国间建立起来的脆弱的货币信用体系陷入困境，分散的金汇兑本位制体系崩溃。

2. 美国金融霸权的建立

第一次世界大战后国际金融市场的破坏以及欧洲市场缺乏重建资金，为美国抢夺国际金融治理话语权提供了千载难逢的契机。但美国真正在国际金融事务中发挥核心领导者的作用，还在于第二次世界大战期间美国国内金融市场的蓬勃发展以及战后美国对国际货币和金融体系作出的以美元为基石的制度性安排。这些制度性的安排围绕美国的国家利益，设计出了以美国为核心的国际金融治理新秩序，美国取代英国正式成为金融全球化的旗手，从而确立了美国的金融霸权地位。

（1）设计了以美元为基石的国际货币体系。

首先，"布雷顿森林体系"是依据美国行政制度的特点设计的契合美国国内法律要求的国际治理体系，其本身就是美国经验的体现。从本质上来看，"布雷顿森林体系"就是一个加强版的金汇兑本位制，总体逻辑仍然是大国货币与黄金挂钩，其他国家货币与大国货币挂钩，通过固定汇率调节货币汇兑关系。但美国人在制度设计中说服他国，力争将美元等同于黄金，规定了美元在国际金融治理结构中的特殊地位,这样一方面肯定了美国扮演最后贷款人的角色,即成为国际金融治理体系的管理者;另一方面,也成功打压了其他货币集团的发展,特别是限制了英镑的作用,为美元的"一元独大"创造了条件。

其次,"布雷顿森林体系"瓦解后,美元黄金脱钩,但美元的特权地位不仅没有削弱,反而得到强化。因为大量财政赤字带来债务清偿问题,美国决定不承担"布雷顿森林体系"下的黄金美元兑换义务,因此,美国通过单方面违约实现了债务强制性重组,各国持有的美元可兑换黄金资产,变成纯粹的美国纸币,进而其价值完全捆绑在"虚无"的美国信用上。

最后,"布雷顿森林体系"瓦解后,美国纸币的发行不再锚定美国的黄金储备,转而锚定美国自己的国债。也就是说,美国根据自己的国债需求规模和发行利率,决定美元的发行数量,进而影响他国持有的美元资产的价值。实际上形成了以美元为基础的国际货币体系。

(2)设计了美国控制的国际金融治理机构。

首先,通过组建受美国主导甚至支配的国际金融治理机构,来维系美国的金融霸权地位。美国通过游说、拉拢、组团等方式设立核心治理小组,根据美国及其盟友的价值观,搭建符合其利益的 IMF、FSB、G7、G20 等国际金融治理机构,以西方或全球的名义为国际社会规划国际金融治理秩序。

其次,通过条约设立 IMF、WBG 和 WTO,并用投票规则控制 IMF、WBG 和 WTO 的实际运作,使其为美国金融霸权服务。并利用这些机构设计符合美国利益的国际货币金融管理制度,如国际收支调节制度、国际储备制度、国际清算制度、国际监管协调制度等。

最后,创设相应的行业组织,通过对行业组织的控制,进而传递和执行美国的规则和价值。成立巴塞尔委员会、国际清算银行、国际证券会组织、国际保险监管官协会等。

(3)设计了美元循环体系。

首先,美国为了控制其货币发行与债务清偿之间的相对平衡,设计了维护其货币循环和债务循环为一体的美元双循环模式。美国设计了境外美元回流方案,通过谈判达成石油交易美元化,通过石油的美元计价和美元结算,垄断了石油交易的计价方式,控制了石油贸易的结算渠道。一方面,控制了全球经济发展中最重要的石油资源的定价权;另一方面,通过产油国持有的美元购买美国国债,为其提供低息融资,形成国内美元发行和国外购买美国国债之间的循环。

其次,设计了防止抛售美元资产联动机制。一方面,美国利用美国的综合国力,通过各种谈判手段,迫使核心国家和同盟国家放弃美元兑换黄金,而鼓动用其所持有的美元购买美国国债,从而使美元回流。另一方面,美国利用美元的特殊地位,将债权国和美国的利益捆绑在一起,这使得美国国债成为除黄金以外最安全的资产,如果债权国抛售美国国债,将不可避免地形成"自伤",还会减损其他美国债权人的利益,进而面临"一对多"的利益博弈困局,影响本国的国家利益。因此,美国以债务为纽带搭建的金融战略,竟然导致负债与金融霸权形成正相关的关系,即负债越多,霸权越稳固。

最后,设计将发展中国家纳入美元循环体系的有效机制。美元循环体系的关键在于美国利用他国的低息融资,通过对外投资获取资本项目下的盈余从而抵消美国在贸易项下的赤字,进而促成相对平衡。因此,作为资本主要流入国的发展中国家成为美元债务循环体系中的关键部分。一方面,发展中国家作为美国资本投资盈利的主要来源地,美国可以通过投资发展中国家来获取高额的收益,从而冲抵其贸易赤字;另一方面,美国可以操纵金融资本的流动性来干预发展中国家的金融市场,或者通过 IMF 等机构的援助计划,干涉东道国的经济政策和政治政策,甚至将金融资本当作美国打压"敌对政权"的有效工具。

3. 美国金融霸权的衰落

(1)美国金融霸权存在先天的脆弱性。

首先,确立美国金融霸权的"布雷顿森林体系"存在先天的脆弱性。在该体系建立之初,存在英美利益的博弈,为了排挤英镑,独占控制权,美国在国际金融制度设计时,有意将国际金融体系的稳定性与美国经济的繁荣捆绑在一起。一方面,美国可以通过该体系奠定美元的世界货币地位,并强行将美元与黄金挂钩,确保美元价值的稳定性;另一方面,通过严格的汇率管制,赋予美国在紧急状态下通过货币贬值向外转嫁金融风险的特殊权力。因此,"布雷顿森林体系"固有的这种先天畸形设计,为国际金融体系埋下了"定时炸弹",决定了该体系的不可持续性。

其次,第二次世界大战结束后,亚洲与西欧经济的整体复苏很快,在很短时间内,美国竟然变成了债务国,并且是世界上最大的债务国,这在某种程度上突破了"布雷顿森林体系"设计者的理论预设。按照传统的国际金融理论,债务国很难维持金融霸权的地位,因为一方面举债就意味着黄金和外汇储备要流出,如果持续举债,将不可避免地面临债务风险;另一方面,若债务国面临长期的债务危机,一般而言会采取紧缩的财政政策和货币政策,并试图干预汇率市场和进出口规模,进而拖延经济发展速度,难以维持其金融霸权地位。因此,当美国超发货币,导致国际市场上的美元严重过剩时,国际社会对美国和美元的信心就会降低。

最后,美国在较短时间内成为债务国,同样超出了美国人的预期。但"美国优先"的霸权思维和"驴象相争"的政治体制,决定了美国无法平稳处理债务危机问题。源于政党利益的驱使,美国不断放纵美元贬值,放弃货币平价义务,违反了《史密斯协议》项下美国承诺的国际法义务,直接破坏了国际金融体系脆弱的平衡,引起国际社会的强烈不满。

(2)美国金融霸权的分散。

首先,美国从"绝对核心"变为"绝对核心之一"。第二次世界大战结束时,美国综合国力独占鳌头,世界第二梯队的国家与其相差甚远,因此,凭借综合国力的绝对优势,美国成为了国际金融体系的创建者、推广者和维护者,也是国际金融体系的"绝对核心"。但随着世界经济的快速发展,一方面,亚洲和欧洲国家的综合国力不断增强,相继拉近与美国的差距,开始追逐日益扩张的国家利益和区域利益,开始消解美国的霸权;另一方面,国际社会面临一些前所未有、更为艰巨和复杂的全球新问题,而这些具有全球特性的新问题,不是任何一个国家能够单独解决的,需要国际社会的共同努力。因此,美国不得不拉拢西方主要的发达工业国家,组成 G7,美国逐渐从"绝对核心"变为"绝对核心之一"。

其次,美国在国际金融规则制定中的话语权减弱。"布雷顿森林体系"初建时,美国在货币、银行、金融、证券、会计、保险、监管等领域的国际规则和国际准则制定方面,具有绝对的影响力。但战后世界经济的快速复苏,尤其是亚洲金融市场和欧洲金融市场的不断发展壮大,东亚和西欧国家在国际金融规则制定中开始逐渐发声,进而弱化了美国在国际金融治理体系中的话语权。一方面,美国面临日趋扩大的债务规模,并且不断违约,背弃相应的条约义务和国际法义务,引起国际社会的强烈不满,直接削弱了美国国家的召集能力和协调能力;另一方面,美国以"华盛顿共识"为标杆,在全球推行的金融自由化政策,使得南美、亚洲国家陷入金融危机的旋涡中,祸溢全球,并且,美国力主 IMF、WBG 等国际金融治理机构通过贷款或援助的方式强行推行金融自由化政策,引起发展中国家的高度警惕,美国制定国际金融规则的价值取向和合法性受到质疑。

最后,国际金融治理主体的多元化弱化了美国的金融霸权。随着全球金融市场的不断深化演变,大量的国际组织、非政府组织和专业组织逐渐成为国际金融治理主体的一部分。IMF、国际清算银行、巴塞尔银行业监管委员会、国际保险业监管官协会、国际证券会组织、国际金融协会、欧共体银行咨询集团、国际会计准则理事会等组织,甚至跨国公司、公民个人在各个专业领域的全球治理中,都发挥了重要的作用。这些组织和个人的增加使得国际金融治理主体逐渐多元化,各逐其利的多元价值取向在不同领域的金融市场中博弈协商,自然分散了美国的金融霸权。

(3)美国金融霸权的衰退。

首先,2008 年美国次贷危机是美国金融霸权衰退的分水岭。美国国内过度的资产证券化引发次贷危机,进而引起全球金融危机,威胁到世界经济的平稳发展,国际社会对美国及现有的"七国集团"管理全球金融事务的能力愈加质疑,开始广泛批评美国和以美国为核心的 G7 集团在国际金融治理结构中缺乏代表性。另外,G7 集团本身也感到随着关注议题的不断扩大、全球金融市场的风险日趋复杂,其自身的金融治理能力愈发不足。因而,在内外压力的促使下,G7 开始强化与新兴国家之间的联系和沟通,国际金融治理的主体范围逐渐扩大。这是第二次世界大战后国际金融治理体制第一次真正意义上的深度变革,在某种程度上而言,标志着美国在国际金融治理体系中的金融霸权开始衰退,是美国综合实力下降的典型表现。

其次,美国金融"软实力"的下滑。第二次世界大战结束后,美国凭借在反法西斯战争中的贡献,以及第二次世界大战后对欧洲经济的援助,在国际社会享有很高的声望。不仅在战后世界秩序的重建中发挥主导作用,在多次金融危机中也发挥着援助国和监管者的作用。因而,当时的美国占据国际道义的制高点,拥有大量的追随者。但是 2008 年的全球性金融危机爆发后,美国的国际形象反转直下,美国历经数十年积累起来的"人设"轰然倒塌,从过去的被模仿者变成了批评和改革的对象。美国金融体系的缺陷和美国的金融监管方式,甚至美国的经济发展模式都受到了广泛的非议和批评。就美国自身对次贷危机的反思,也罗列出对金融体系、市场结构、资本证券化、资本充足性、信用评级等为数众多的金融管理机制的改革方案,从侧面反映出美国的金融管理体制确实出现了大量问题。更让国际社会担忧的是,美国在 2008 年金融危机爆发后决定采取的革弊利兴改革方案,到 2020 年还有一部分没有落实;已经落实的部分改革方案,譬如金融衍生品监管、金融消费者保护等方案执行效果也不是很好。这反映出美国金融监管体制存在明显缺陷,其金融监管规则和很多国家一样,存在对市场反应迟缓,多重监管与监管疏漏并存、监管规则碎片化等常见问题。也就是说,美国现在的金融体系并不比 2008 年更加安全,因此,美国从国际金融治理体系中的道义制高点滑落,其模范榜样的形象一去不复返,在国际金融治理事务中的号召力和影响力下降。①

最后,美国国内治理的失败加速了美国金融霸权的衰退。尽管金融自由化和金融全球化是发达的资本主义国家(美国和英国为代表)提倡和极力推广的,但金融自由化和金融全球化的缺陷,譬如贫富差距拉大、产业机构调整、金融资源的不平衡等问题,同样也在美国产生,甚至更加明显。一方面,由于美国的国内治理体制弊端,美国国内垄断资本集团对金融市场的垄断,实际上剥夺了美国底层人群的金融福利,美国国内贫富差距拉大,底层民众对金融全球化的利好获得感不强,从而掀起反精英主义和反全球化的浪潮,引起美国金融市场和社会的双重动荡;另一方面,美国的政党体制及其选民治理逻辑,充分放大了美国金融治理体制的缺陷,在选举政治影响下,民粹主义、非理性主义、孤立主义等极端思潮,裹挟进政治操弄中,可能会左右国家的立法方向,进而操控国家的治理能力。最突出的表现就是特朗普政府时期。虽然资本不讲道德,是赤裸裸的,但操作资本的人还是生活在一个以道德为价值判断的社会体系中,如果美国自己不讲武德,却要求其他国家秉持公平、理性和博爱,用这种虚伪和双重标准方式处理国际事务,那么就会使得国际社会对美国的反感倍增,加速美国金融霸权的衰落。

二、美国对国际金融市场的影响

1. 金融市场美国化

首先,第二次世界大战结束后,除了意识形态的斗争之外,大部分市场参与者对美国的金融管理体制比较认同,进而在各自的金融市场建设中主动或被动地模仿或移植美国的金融治理规则。因此,无论是国际金融市场建设、区域性金融市场建设还是国别金融市场建设,都呈现出一些美国规则

---

① 美国在国际金融治理事务中的号召力和影响力下降,最典型的事例就是美元在国际贸易结算和国际储备货币中占比的下降,根据 IMF 的统计数据,2020 年底,美元在国际储备货币中占比为 59%,与最高值 73% 相比,下跌 14 个百分点,跌幅明显;根据 SWIFT 系统的数据显示,2021 年 5 月,美元在国际贸易结算中的占比首次低于欧元,占比为 38.35%。

的特点,简称为金融市场的"美国化"。无论在理论上对于"美国化"有什么样的争论,①美国对国际和国别金融市场的影响是毋庸置疑的。

其次,无论喜欢与否,金融市场的美国化是全方位的,涉及金融市场的方方面面。一方面,在金融市场建设理念方面,无论是"分业监管""怀特方案""布雷顿森林体系",还是"牙买加协定""华盛顿共识""混业监管",都体现着美国金融治理的经验;无论是最初尊崇的金融自由化改革还是最近体现出的强烈"反全球化"运动,都有美国实践的背景。另一方面,金融治理机构建设方面,也存在美国化的倾向。IMF、WBG、WTO 等机构,无论是机构设置,还是规则建设,都深烙着美国法的印记。另外,很多国家的金融教育、有关金融方面的学术研究、行业自律组织的执业规则等,都深受美国的影响。

最后,金融市场的美国化体现为两种途径。一种是直接移植,在表现方式上往往是国际组织、国家和其他行为体主动学习、接纳美国的既有经验;在内容上,既有金融市场建设理念的借鉴,也有具体金融规则的移植,还有金融治理模式的参照和模仿。另一种是间接影响,在表现方式上一般是美国有意识地通过国际合作、财政援助、同盟关系等各种途径主动推广,其他行为体被动地接受美国的模式,是美国推行其文化软实力的典型表现。

2. 金融治理机制美国化

首先,程序设计的美国化。由于美国在国际金融治理中位于核心地位,由美国主导设计的国际金融治理秩序存在程序设计美国化的倾向。例如,

---

① 对于是否存在"美国化"或者"全球化与美国化之间有无关联",理论上存在较大的争执。部分声音认为客观上存在"美国化",也有学者直接将"全球化"等同于"美国化",但很多学者反对"美国化"的提法或者反对将"全球化等于美国化"的表达。可以参见 Philip Allott,"The True Function of Law in the International Community",*Indiana Journal of Global Legal Studies*,1998（5）;Alfred C. Aman,"Proposals for Reforming the Administrative Procedure Act:Globalization,Democracy and the Furtherance of a Global Public Interest",*Indiana Journal of Global Legal Studies*,1999（6）;Cesare P.R."Romano.The Americanization of International Litigation",*Ohio State Journal on Dispute Resolution*,2003（19）;Robert Stevens,"Unexplored Avenues in Comparative Anglo-American Legal History",*Tulane Law Review*,1974（48）。

WBG 和 IMF 的投票程序和表决机制,就是美国银行管理机制的模仿;又如,WTO 争端解决机制中"正当程序"的设计,就是美国国内法上程序正义诉求的直接体现;再如,在国际商事仲裁程序中,注重对抗式的实践方式,深受美国国内对抗式司法习惯的影响。当然,在国际金融治理的其他领域,如有意弱化国内法院的管辖权,不断鼓吹国际法院和国际仲裁机制的优越性;在金融资源和金融治理权力的分配方面,存在严重的双重标准;在国际金融实务的处置中,强调所谓的美国价值观等等,都体现了美国化的倾向。

其次,实体规则的美国化。除了在程序设计方面出现明显的"美国化"特征之外,在国际金融治理实体规则方面,也存在美国化的倾向。例如,IMF 的贷款规则、WBG 的管理机制、WTO 规则以及其他双边或多边贸易协定,都深受美国影响。当然,在其他具体的国际金融治理规则制定中,也体现了美国化的特征,如美国在国际投资中确定的"赫尔原则"、在 WTO 中确立的判例"准先例效力"、在 WTO 争端解决机制中增加的"法庭之友"机制,以及根据美国国内法中的合宪性审查机制鼓吹的 WTO"宪政体制"等,都存在严重的美国化倾向。[①]

再次,业务思维的美国化。美国在国际金融治理中占有绝对话语权,导致整个国际金融治理领域的管理、遵守、交流、执行等业务行为,都直接映射着美国的价值观和美国人的思维方式。例如,美国学者提出了国际金融治理学术研究中的方法论,著书立说,在全球宣传和推广;美国律师根据这些美国学说,在国际社会中广泛游走,争相游说国际组织和他国立法者,承揽相关法律、会计服务项目;[②]美国商人和美国公司在美国学者和美国律师的帮助下,在全球开拓金融和贸易服务,践行美国理念,等等。因此,无论是历

[①]　Joost H. B. Pauwelyn, "The Limits of Litigation: Americanization´ and Negotiation in the Settlement of WTO Disputes", *Ohio State Journal on Dispute Resolution*, Vol. 19 (1), 2003, pp.121−140.

[②]　Elena V. Helmer, "International Commercial Arbitration: Americanized, ʻ Civilized ʼ, or Harmonized?" *Ohio State Journal on Dispute Resolution*, vol.19(1), 2003, pp.41−45.

史传统、学术训练,还是业务拓展、规则制定等方面,国际金融治理似乎形成了一个跨越国界的全球"通识",即世界各国的金融治理经验都不约而同地反映出美国的影响。

3. 金融发展问题美国化

首先,金融战略过度自利化。美国建国历史很短,从历史发展来看,可能无法形成一个民族和相应的民族文化,现在所谓的美国价值总是与美国的商业宣传、社会控制和债务消费习惯联系在一起,所以,从本源上来看,美国没有公认的文明体系,也没有公认的文化体系,甚至没有公认的道德体系,所谓美国的价值就是金钱。这可能与美国建国时主要的社会基础有关,因为美国的建国社会基础主要是来自于欧洲的落魄精英、在各个殖民地之间穿梭谋利的商人和投机者。由此,美国的发展历史充斥着大小资本家之间的金融兼并,并且是违背其口头炫耀的金融市场自由竞争规则的私有资本之间的"生死兼并",纯粹是金钱的游戏。所以,美国的金融战略不是市场经济中的优胜劣汰,而是一种野蛮的金融掠夺,是过度自利的非文明表现。这种过度自利化的金融战略思维,影响了其他国家的战略选择。为了有效应对或缓冲这种过度自利化金融战略带来的负面影响,各国纷纷转向,效仿美国的做法,进而,美国问题国际化,金融问题美国化。

其次,金融工具过度政治化。美国是一个典型的以金融市场为主要支柱的国家,这与美国的工业革命和私有制改革有直接关系。值得讽刺的是,美国对外宣传金融市场的公平竞争和自由竞争,但如果美国面临其他金融市场的积极竞争甚至有效竞争,美国便如临大敌,会直接动用政治化的手段使用金融工具。例如,20世纪70年代末,美国为了维持其金融特权,先是诱导拉美国家推广依附于美国的经济发展模式,而后积极推行强势美元政策,迫使拉美国家的货币对美元持续贬值,从而陷入债务危机;80年代,鉴于日本经济的快速发展,威胁到美国金融资本家的寡头地位,美国联合英、法、德,强迫日本签署日元升值的广场协议,通过美元贬值来打击日本的竞争;90 年代,美国极力在全球推广其金融自由化政策,东南亚国家受其蛊惑,逐渐解除对资本项目的管制,但美国随后便利用对冲基金工具攻击东南亚金融市场,迫使存量外资疯狂挤兑和出逃,引发金融危机。21 世纪以来,美国通过操纵美元贬值,积极遏制欧元的竞争,打击欧洲的经济发展,美国也多次利用石油期货作为政治工具,攻击其他竞争对手,等等。很明显,金融工具在美国已经过度政治化了,从某种角度看,已经完全背离了金融发展规律。但是,美国的这种做法起到了"坏榜样"作用,其他国家纷纷效仿,各国相继把金融工具当作政治武器,最终的结果一定是破坏了有效的国际金融秩序。

再次,金融产品过度虚拟化。美国是一个典型的金融国家,美国通过生产大量金融产品创造工作岗位和谋求金融暴利。美国是金融市场上最大的金融衍生品供给国,也是世界上产生金融产品种类最多的国家,其金融衍生品完全脱离实体经济的发展,形成纯粹的虚拟循环,最终不可避免地导致金融危机的爆发。值得注意的是,美国借助于美元的世界货币地位,通过美元循环系统向世界各国大量出售经过层层包装的价值甚少的美国金融衍生品,在谋求暴利的同时,还向全球扩散金融风险。但是,由于发行金融产品比较简单易行,不需要复杂的技术支撑,更主要的是能够迅速获取回报,还有可能获得高额利润。因此,世界各国纷纷学习美国的金融创新经验,纷纷利用虚拟金融工具作为杠杆来撬动更多的金融资源,因而,国际金融秩序面临过度虚拟化导致金融市场崩盘的危险。

最后,金融消费过度信用化。美国的金融消费文化追求信用消费和超前消费,美国银行创造出为数众多的信贷资产,包括广受欢迎的信用卡和房屋抵押贷款。因而,部分美国人民没有储蓄习惯,根据数据显示,美国社会成员的平均储备值为零,也反映出美国大多数人陷入世袭的赤贫状态。另外,美国也大量发行各种公司债券和政府债券,2020 年,美国政府的狭义国债已经占美国国民生产总值的98%,预计2021 年美国政府的债务规模将超过 GDP 规模,这也将使美国加入日本、意大利和希腊等少数几个债务负担超过其经济规模的国家行列。美国的经济增长率长期低于支付债务利息的增长,可能形成无法逆转的虚拟增长。由于美国人在商业宣传、市场推广中广泛传播美国金融消费的"软实力",世界上很多国家存在金融消费过度信用化的问题,其潜在的金融风险是巨大的。

第四章　国际金融治理理念的
扬弃与现代化

　　第二次世界大战结束后建立的全球秩序,形成了以联合国为国际政治中心的大国协商机制。该机制反映了国际社会对第一次世界大战结束后形成的国际组织——国际行政联盟软弱无力的适当反思,从限制国家间使用武力逐步发展为禁止国家间非法使用武力,并在国际社会层面建立了一大批国际组织、国际机构和相应的国际法律规范,使得国际法第一次在如此广泛的国际社会中,真正意义上实现"硬法化"。正是在国际安全得到初步保障的条件下,国际社会为了避免世界大战的再次爆发,从政治、金融、贸易三个方面构筑了预防国际冲突的国际整体秩序安排,即政治方面基于雅尔塔协议奠定了战后治理结构,金融方面搭建了布雷顿森林体系,贸易方面形成了 GATT,①这三个体系相互交织在一起,共同主导着战后国际秩序的演变发展。因而,在国际金融市场和国际金融秩序的不断变迁中,政治理想和贸易理念对国际金融市场的变动和国际金融规则的发展起到重要的推动作用。

---

　　①　郭树勇、史明涛:《建设新型国际关系体系的可能——从金砖国家开发银行和应急储备安排设立看世界秩序变革》,载《国际观察》2015 年第 2 期,第 16 页。

第一节 现有国际金融治理理念的弊端

一、现有国际金融治理理念的来源

19世纪后期到20世纪初期的黄金本位制时代,古典自由经济理论是西方国家所宣扬的主流经济思想,该理论强调市场的自由运转,排斥政府干预,认为市场可以由私人的个体理性引导,通过大众追求个人利益从而自发调节市场的供需关系,因而,该理论认为政府应该与市场保持一定的距离,尽量将社会从政府干预中解放出来,追求最小的政府与最有效率的市场。该理论是对18世纪之前国家干预市场的重商主义的反思,旨在反对财富的特权化,追求将市场的福利分配给广大平民。但是,第一次世界大战后黄金本位制的崩溃以及1929年的经济大萧条,使得民族国家深刻意识到自由放任的市场并不充分有效,"看不见的手"也会失灵,古典自由经济主义过于强调市场与政府的二元分离,特别是国家间贸易因政治利益或国家利益的冲突而破坏市场的自由基础时,该理论假设的外部条件——货币基础和"萨伊法则"就会出现不充分性,因而,战时、经济大萧条或经济危机时,对该理论的批评和质疑就愈加强烈。1929年的经济大萧条中,美国率先调整政府在市场中的作用,强化政府对市场的干预,取得积极效果,助推了之后凯恩斯主义的传播。因此,第二次世界大战结束后,强调政府干预的思想直接影响到国际金融秩序的重建。

整体而言,第二次世界大战结束后布雷顿森林体系的建设,深受凯恩斯主义的影响,国际金融秩序以WBG和IMF为核心机构,强调美国和美元的基础作用,约定固定汇率制,强调成员国对维持特定外汇汇率的义务等,都体现了明显的政府干预。但在历次货币危机,尤其是多次美元危机后,美国及其他西方发达国家转向保护主义或新兴的重商主义,国际金融市场逐渐分隔,该理论受到挑战。

从实践层面来看,1970 年第 8 次美元危机继英镑危机爆发后,美国单方面放弃布雷顿森林体系下约定的国际义务,①将《史密斯协议》作为放弃义务的追加理由,但很快美国又背弃了《史密斯协议》,布雷顿森林体系彻底崩溃。美国及其西方盟国掌控下的 WBG 和 IMF 却保留下来,继续在残存的布雷顿森林体系治理网络下,依靠后布雷顿森林体系中的《牙买加协定》,勉强维持国际金融治理体系的运行。《牙买加协定》的签署表示着政府干预主义在国际金融治理中的影响减弱,浮动汇率机制和储备资产的多元化,使得国际金融治理有了更加灵活的选择,与单一国家强制性的政府干预相比,《牙买加协定》反映了过度干预后的自由化倾向。因而,在国际金融治理主体方面,美国选择与其他西方发达国家组成 G7 集团,共同负责国际金融市场的稳定与发展,并在 1997—1998 年亚洲金融危机后,启动姗姗来迟的国际金融决策机制改革,②采取第二波自由化措施,选择性地吸收部分代表性的发展中国家参与国际金融治理,形成了 G20 集团部长会商机制。

然而,由于西方利益国家集团的私利和偏见,G20 集团部长会商机制并没有产生实际上的金融治理权多元化,对国际金融治理结构调整的影响非常有限。以 G7 集团为核心的传统国际金融治理机制面临治理理念、代表性、合法性和有效性的质疑和挑战,③特别是在 2008 年国际金融危机爆发后,国际社会对旧治理体系愈加不满,要求改变传统治理机制的呼声日趋高

---

①　据现有资料显示,1971 年美国放弃了布雷顿森林体系下约定的黄金美元兑换义务,是故意的,1971 年 6 月,美国加州大学的教授罗伯特·温特布劳在美国参议院召开的听证会上曾言,只要其他国家将其货币盯住美元,那它们一定出现国际收支问题,不是美元荒,就是美元过剩,但那是它们的问题,不是美国的,只能让它们自己去解决问题。随后,1971 年 8 月 15 日,尼克松接受了美国财政部副部长约翰·沃尔克的方案,关闭了美元黄金兑换窗口,布雷顿森林体系解体。可以参见钮文新:《欧元和人民币唇亡齿寒——中欧之间最大的共同利益》,载《中国经济周刊》2021 年第 14 期。

②　Randall D., "Global Financial Governance and the Problem of Inclusion", *Global Governance: A Review of Multilateralism and International Organizations*, Vol.7(4), 2001, p.411.

③　郭树勇、史明涛:《建设新型国际关系体系的可能——从金砖国家开发银行和应急储备安排设立看世界秩序变革》,载《国际观察》2015 年第 2 期,第 18 页。

涨,G7 集团被迫将 G20 集团部长会商机制升级为 G20 首脑峰会,开启了国际金融治理自由化的第三波改革。

从理论角度来看,国际金融治理的自由化改革,一方面是对政府干预主义的本能反对,另一方面也有其他经济学理论发展后的助推效应。

首先,发展主义理论推动了国际经济治理的多元化。① 第二次世界大战结束后,殖民地国家纷纷独立,广大发展中国家专注于国家经济建设,但他们逐渐发觉在发达国家构筑的国际经济体系中,自己始终处于一种"被治理"的地位,两者在国际经济体系中的地位极不平等。特别是原殖民地国家,其国内经济建设很大程度上依附于发达国家的宏观安排,长期以来的经济规划主要基于满足发达国家的需求而产生的不平等"国际分工"合作。因而,劳尔·普雷维什提出了发展主义理论,认为发展中国家要摆脱贫穷落后的现状,必须既要改变在国际经济体系中的被动地位,还要转变国内经济建设的基本理念。该理论存在一个预设前提判断,即发展中国家处于发达国家主导的"中心—外围"的国际经济治理体系中,所以发展中国家的经济建设和工业化建设,既要积极改变在国际经济治理结构中的不利地位,营造有利于国内经济发展的良好"外围"环境,也要积极干预国内市场,强化进口、控制出口,要用大规模的进口来快速弥补已经滞后的经济建设步伐。

其次,依附理论推动了国际经济新秩序的建设。② 发展中国家认为发达国家的无情剥削导致其处于落后的困境中,发达国家在殖民地政策结束后,仍然借助于各种政治、经济、文化的影响力设计有利于发达国家的国际秩序,并通过该秩序继续控制发展中国家依附于发达国家,继续为其利益服

---

① 发展主义理论主要由三个理论组成,即现代化理论、依附理论和世界体系理论,这里是从总体的角度论述发展主义理论对国际经济发展的影响。

② Johnson, Dale L., "Economism and Determinism in Dependency Theory", *Latin American Perspectives*, Vol. 8 (3/4), 1981, pp. 108 – 117; Smith, Tony, "The Logic of Dependency Theory Revisited", *International Organization*, Vol. 35 (4), 1981, pp. 755 – 761; Angotti, Thomas, "The Political Implications of Dependency Theory", *Latin American Perspectives*, Vol. 8 (3/4), 1981, pp.124-137.

务。因而,该理论认为必须要彻底"揭露"发达国家的阴谋,找到导致发展中国家落后的真正原因。要建立反对依附的新发展理念,创建反对发达国家控制的国际经济新秩序,谋求国家间平等的参与权和决策权。

再次,不平等交换理论揭示了不公平国际贸易可能带来的危害。[①] 不平等交换理论认为在旧体制中国际贸易不一定能给发展中国家带来富裕,如果国际经济秩序和分工体系不合理,国际贸易中一定存在不平等交换关系,劳动生产率低和工资水平低的国家——一般是发展中国家和欠发达国家——其创造的剩余价值就会通过国际贸易转移到发达国家。所以,大量跨国贸易不仅不能给发展中国家带来增长,可能还会损害发展中国家的稳定发展。不平等交换理论提醒发展中国家,在关心国际经济秩序改革的同时,也要关注自身经济结构转型。

上述理论影响了国际经济治理结构的改革,受到广大发展中国家的追捧,实际上产生了两种截然相反的理论追求,即在国内强调政府干预、限制市场的自由竞争,但在国际经济建设层面要求去中心化,认为不公平的国际经济秩序导致发展中国家更加落后,是"国际秩序毒化了依附地区的经济政治和文化发展",[②]必须要改变治理理念,要建立国际经济新秩序,追求国际社会成员平等的治理权。这种反对旧秩序的斗争,直接推动国际经济治理的自由化,为国际金融治理从布雷顿森林体系向牙买加体系的转变提供了支持,但是国家在国际和国内治理中采取两种截然不同的理念,即在呼吁他国开放金融市场的同时,自己却通过政府干预构筑国内壁垒,建立金融保护圈,实际上形成了"我—他"二元对立。因而,这种冲突牵引着牙买加体系之后国际金融秩序不断变动,为新自由主义主导国际金融治理奠定了基础。

---

① Ranjit, "The Theory of Unequal Exchange, Trade and Imperialism", *Economic and Political Weekly*, Vol.11(10),1976, pp.399–404; Narendar, "The Theory of Unequal Exchange", *Social Scientist*, Vol.7(4),1978, pp.79–82; David, "Studies in the Theory of Unequal Exchange between Nations", *Journal of Economic Abstracts*, Vol.16(3),1978, pp.1055–1056.

② [美]詹姆斯·多尔蒂、小罗伯特·普法尔次格拉夫:《争论中的国际关系理论》(第5版),阎学通、陈寒溪等译,世界知识出版社2003年版,第490页。

20 世纪 70 年代末到 80 年代初,鉴于对已有的、日趋保守的国际金融市场的不满,也是美英国内经济发展的需要,以货币供给学派为代表的新自由主义兴起,在国际社会形成一种促进市场自由化、放弃政府管制的风潮。自由化风潮在国际社会的突出表现就是乌拉圭回合后期艰难的金融市场自由化谈判,①而在国内主要强调放松经济管制对促进国家经济增长的有效性,倡导建立一套比较有效的促进国家经济自由化并增强与外部联系的系统政策。新自由主义在金融治理领域的成功主要表现在两个方面:一是乌拉圭回合谈判结束后,达成了金融服务协定,使得金融服务成为 WTO 服务贸易协定的一部分;二是新自由主义成为 IMF 和 WBG 的主要指导思想,促进了 IMF 性质和职能的转变,并借助于金融工具,如 SAPS 结构调整计划向发展中国家灌输新自由主义思想。

正是在新自由主义的影响下,国际经济有了缓慢的复苏,直接促成了WTO 治理下的黄金十年发展,但是过度强调自由化和放松管制,也导致了大大小小的区域性金融危机。鉴于对国际金融市场周期性波动的担忧以及对发达国家放任金融危机波动的不满,发展中国家和欠发达国家多次要求对国际金融治理体系进行改革,G20 首脑峰会机制的形成就是初步成果,至此,国际金融治理才真正走向多元化发展方向。但是,考虑到美国金融影响力的逐渐削弱、欧洲金融影响力受限②以及新型经济体的金融话语权逐步提升,未来双边性金融合作和区域性金融安排可能将更加频繁,国际金融治理秩序可能会陷入较长时期的碎片化状态,甚至会陷于短暂的失序期。毫无疑问,这种失序的预期和碎片化的结构注定会引发保护主义的兴起,威胁到国际金融市场的自由化发展。③

---

① 李国安:《全球金融服务自由化与金融监管法律问题研究》,载《法商研究》2002 年第 4 期,第 66—74 页。

② Daniel Mügge, "The European presence in global financial governance:a principal-agent perspective", *Journal of European Public Policy*, Vol.18(3), 2011, pp.383-402.

③ 薛荣久、杨凤鸣:《全球金融危机下贸易保护主义的特点、危害与应对》,载《国际经贸探索》2009 年第 11 期,第 4—7 页。

二、现有国际金融治理理念的困境

1. 价值理念困境

（1）西方主导的金融治理理念的片面性。

到目前为止，国际金融治理理念主要来自西方国家所倡导的经济哲学思想，这些理念主要是西方国家根据其经济发展和政治权力变迁而选用的施政性思想，正因为其是选票机制下的施政性质政策，一方面因政党权力的斗争而变得极为实用，尤其关注短期利益和快速效益，对长期利益关注不够；另一方面，由于资本主义制度本身的缺陷，决定了西方国家市场经济发展会出现周期性波动，产生周期性的低潮期，而执政党或政府为了解决低潮期带来的冲击，会采用比较激进的新治理办法，所以，国际金融治理理念也随之呈现周期性波动。

当下国际金融治理理念还是在自由主义与保护主义之间摇摆，仍然没有找到两者之间的平衡点，由于西方多党竞争的政党制度使得治理政策容易滑向极端，从而加剧了找到平衡点的难度。从理论设计的框架而言，自由主义或保护主义都有理论盲区，或者说都具有一定的片面性。在国际金融市场强调自由化，根据哈耶克的理论，主要是在强调市场主体的主体自由、一般规则和充分的市场竞争，对一般规则的强调只是通过市场自发调节来自动发现内部规则，从而建立外部规则。不难看出，"在价值基点上，新自由主义是对洛克个人权利至上的继承，自由的主要目的是向个人提供机会和动因，以使个人所具有的知识得到最大限度地使用"。① 但是，新自由主义在追求主体机会自由时，忽视了主体身份的不平等和竞争地位的不平等；在规则建构中，过于追求形式平等而忽视实质平等；在价值判断上，过于追求形式正义而忽视实质正义。于是，西方主导的治理理念过于强调市场主体的自由性和形式平等，在治理机制的安排上，忽视了主体的身份差异，导

---

① ［英］弗里德里希·冯·哈耶克：《自由秩序原理（上）》，邓正来译，生活·读书·新知三联书店1997年版，第96页。

致国家间权利义务关系的失衡。另外,尽管新自由主义认识到"自由主义不是无政府主义"[①],但新自由主义否定社会正义,强调依据市场规律分配金融资源的神圣性,其实质是强调国际金融治理结构中"市场效应"和"资本权利"的中心地位,要求金融资源的流动要完全体现利润最大化和效率最优化,而无视与金融资源流动伴生的社会问题、道德问题[②]和企业责任问题[③]。

(2)西方主导的金融治理理念的双重标准性。

西方国家对于如何管理国际金融秩序存在不同的利益诉求,[④]也存在内外不同的判断标准。西方国家根据自身国家利益的界定,认为如果国际事务符合其国家利益,就要求其他国家采用国际规则;如果国际事务不符合其国家利益,就反对自己和他国适用相同的规则或者直接修改规则使其符合自身利益;更有甚者,同一事项对不同国家采取不同的规则。这种极其自私的国家利益观,导致的后果就是双重标准,操纵和玩弄国际金融规则。形成双重标准的缘由在于西方治理理念深受传统现实主义的影响,认为国际体系处于无政府状态,[⑤]国家参与国际关系就是为了追求权力,因而,在国际金融治理实践中,他们极度强调经济、军事实力和国际均势。尽管后来的新现实主义学说修正了传统现实主义对权力和利益的过度追求,但新现实主义仍然强调国家利益至上和均势理论。所以,对国际金融治理进行"我—他"双重区别从基础上就决定了其治理秩序是不平等的。

(3)国际金融治理理念存在分歧。

现在,主要国际金融机构和组织还是控制在西方发达国家手中,其运行

---

① [奥]路德维希·冯·米塞斯:《自由与繁荣的国度》,韩光明、潘琪昌、李百吉等译,中国社会科学出版社1995年版,第77页。

② Shanuka Senarath,"Securitisation and the global financial crisis:can risk retention prevent another crisis?" *International Journal of Business and Globalisation*,Vol.18(2),2017,pp.153-166.

③ Michael S.Pagano,"How have global financial institutions responded to the challenges of the post-crisis era?" *Applied Economics*,Vol.49(14),2017,pp.1414-1425.

④ Stefan A.Schirm,"Ideas and interests in global financial governance:comparing German and US preference formation",*Cambridge Review of International Affairs*,Vol.22(3),2009,pp.501-521.

⑤ Robert J. Art, Robert Jervis, (eds.), *International Politics*:Enduring concepts and Contemporary Issues,2nd edition,Little,Boston &.company,1985,pp.7-8.

规则和运行理念反映的是西方发达国家的价值观。随着发展中国家要求在国际金融治理中拥有更多话语权,并努力推动建构一个能够体现发展中国家利益的国际金融秩序,新兴国家开始向国际社会提供新治理理念。西方大国强调国际金融治理中的"管理"或"治理"功能,并自动假设自身的治理理念具有先进性,因而更多地要求非发达国家服从和跟随,而发展中国家则强调国际金融治理中的"合作性",强调参与、合作和共享,反对强加于他国的干预和干涉;发达国家集团强调国际金融市场的极端"自由性",并不断向国际社会灌输市场自由的优越性,但是发展中国家更强调国际金融市场的有序"发展性",要求金融市场的发展应该与国内的经济发展水平相匹配;发达国家要求金融市场的开放性和流动性,认为金融资源应该依据资本权利和市场规律自然流动,而发展中国家则强调金融市场的管制性,认为金融资源的分配应该体现社会正义。因此,国际社会对国际金融治理所秉持的理念存在较大分歧甚至差异。

2. 国际金融治理机制创设理念的困境

(1)代表性困境。

现有国际金融治理机制在创设之初,创建理念深受传统现实主义的影响,认为国际社会处于无政府状态,极力强调国际金融治理中的权力争夺,主张依据国家实力来分配角色和资源是符合物竞天择的自然法则。该理念在其后的发展中受政策定向学说的影响,主张国际金融秩序就是国家利益通过对外政策竞争后的博弈结果,国际金融治理机制应该体现世界上最强大国家或大国集团的意志。在该理念指引下,西方大国认为自己就是国际金融事务当仁不让的管理者,其他国家则是被管理者,形成"我—他"区别,产生了对立与分类。但是,国际金融治理体系应该是国际社会通过协商合作、达成共识从而建立的代表国际社会普遍利益的协作体系,国际金融治理的主体应该是国际社会共同体,而不是西方少数国家。因而,现有国际金融治理体系从产生之日就深深烙上西方霸权主义的印记,该体系的创设及其运行理念都体现着强权思维和"我—他"二元区分,主要代表的是发达国家的利益,不具有普遍代表性。治理机制的欠代表性可能产生三个危害:其一是导致治理机制的公信力不足,影响其合法性;其二是解决问题的能力不足,影响其治理有效性;其三是国际社会共同体的凝聚力下降,影响其稳定性。

(2)有效性困境。

有效性是衡量任何一种治理机制是否良好或是否完善的重要因素,对于国际金融治理机制的创设而言,是否有效,主要体现在两个方面:其一是该机制能否有效供给公共产品,其二是该机制能否有效地预防和解决国际金融市场中出现的风险与问题。从现有国际金融治理机制的发展来看,这两个方面都存在较大问题。

首先,公共产品供给不足。布雷顿森林体系建设之后,就存在机制僵化、公共产品供给不足的问题,无论是国际储备资产的供给、IMF 和 WBG 的贷款项目,还是区域性开发银行的贷款项目,不仅数量非常有限,而且还设计了许多前置性条件和附加条件,使得项目的选择和使用受到很大制约,从而迫使很多国家在该体系之外寻找双边或其他资金支持。

例如,1997 年亚洲金融危机爆发前,区域国家已经感知到危机的风险,但是以 IFM 为代表的国际金融组织过于乐观,并未认真对待潜在的风险,也没有安排相应的风险预警防范措施;当金融危机爆发后,才匆忙提出相关的解决方案,但遗憾的是,这些解决方案不仅针对性较弱,并且附加了汇率调整、资金分配、前置条件等许多限制,夹带着特定国家谋取私利的企图,实际上加重了金融危机的传导和危害。

其次,该机制未能有效预防和解决金融市场中出现的风险和问题。布雷顿森林体系以及牙买加体系,都面临着大大小小的金融危机,回顾这些金融风险频发的缘由,每次危机的客观情况不同,但相同的都是国际金融治理机制的乏力和不起作用,既没有有效预测金融市场的风险,也没有采取适当的措施化解风险或者预防风险。在危机爆发后要么未能及时采取恰当有效的解决办法,救援和解决方案存在较大问题,要么过于迟缓或过于激进,为下次危机留下隐患。

例如,2008 年国际金融危机爆发后,国际社会普遍意识到世界经济面临着更多的新风险、新矛盾和新问题,①而这些新的风险因素是旧有的国际金融治理机制无法有效应对的,因而,要求对国际金融治理体系进行深入的改革,要建设一个能够更加有效应对当前金融市场风险的新的治理机制,②包括金融危机预警机制、更加合理的权力分配机制、更加灵活的救援机制等。但是,由于西方国家的阻挠和拖延,对国际金融治理体系的改革没有取得成功。应对金融危机的方案,仍然沿袭了过去的危机处理办法,各国仅从本国利益出发进行自救,没有综合考量其他国家和国际社会的整体利益,因而,虽然采取了大量的稳定全球金融秩序的措施,但只是暂时缓解了金融危机造成损害的紧迫性,并未从制度和机制角度采取更加有效和可靠的方法。

(3)监管性困境。

金融监管机制缺失是当前国际金融治理面临的难题。③ 在布雷顿森林体系初建时,创建者已经意识到建设一套完善且有效的监管机制,对金融体系的良好稳定运行至关重要。但由于创建理念的差异,第二次世界大战后建立的以 IMF 为代表的国际金融监管机制不仅没有从根本上起到制约、监管、指导国家金融行为的作用,而且成为西方大国控制他国和主导国际社会的政策性工具。后来,虽然随着巴塞尔委员会等机构的成立和一部分非强制性协定在国际社会的适用,金融领域逐渐出现全球监管的雏形,但这种监管机制是一种选择性监管,在宏观理念上缺乏对大国,特别是核心国家的监管方案,在微观上也缺乏有效和完善的监管机制。

首先,缺乏全球性监管机制。随着信息产业技术的发展,金融创新日趋频繁和复杂,跨国金融交易会利用各国监管空白和监管漏洞,生产出多种形

①　Eric Helleiner, "Special Forum: Crisis and the Future of Global Financial Governance, introduction", *Global Governance: A Review of Multilateralism and International Organizations*, Vol.15 (1), 2009, pp.1-2.

②　Joachim Betz, "Emerging Powers and Global Financial Governance", *Strategic Analysis*, Vol.38(3), 2014, pp.293-306.

③　Randall D., "Global Financial Governance and the Problem of Inclusion", *Global Governance: A Review of Multilateralism and International Organizations*, Vol.7(4), 2001, pp.411-426.

式的金融工具和金融衍生品,但现有的监管机制零零散散,相互重叠和相互矛盾的地方甚多,监管面临碎片化的困境,①如果缺乏有效的国际监管,金融创新在市场机制的助力下,终将形成过度供给甚至形成过度创新和恶意创新,从而带来金融风险。

其次,缺乏全球性金融风险预警机制和救援机制。现有国际金融监管组织缺乏有效的风险预警机制和救援机制,对可能发生的金融风险缺乏有效的感知、预测和判断,也缺乏系统的救援程序。另外,现有的救援措施主要是各国单独救济,国际社会没有形成救济合力,救援工作各自为政,缺乏协调性、统一性和机制化。

最后,缺乏充分的信息披露机制。信息披露机制是金融监管机制中最重要的设计,可以为市场主体和监管主体提供有效信息,解决因信息不对称造成的判断错误。但当前的国际金融监管体制,欠缺有效的信息披露机制,各国对信息披露的标准和范围各不相同,导致信息披露不充分或者信息披露存在盲区,从而产生投机机会,诱发金融投机行为,破坏金融市场的稳定性和可预见性。

第二节　大国博弈与国际金融治理理念新进展

一、大国博弈与国际金融治理理念之争

1. 大国金融治理的博弈实践

国际金融秩序的发展演变是一部世界主要国家在金融市场相互博弈的过程,国际金融治理机制的形成和发展也是各国为了追求自身利益而进行权力斗争的结果。一般而言,国际金融治理领域中的权力斗争,集中地表现

---

① Henning,C. Randall,"Avoiding Fragmentation of Global Financial Governance", *Global Policy*, Vol.8(1),2017,pp.101−106.

为国家企图控制他国金融资源或者国家试图抢占国际金融资源的分配权和领导权。在国际金融权力斗争中,国家会根据自身的实力来界定国家利益的范围,并根据国家利益的边界确定国际交往中的对外金融政策。尽管理想主义者强烈批评现实主义倡导的近乎赤裸裸的国际金融斗争,认为其忽视了社会正义,抹杀了基本的道德准则和道义追求,但是,国际金融治理的历史总是无情地嘲讽那些理想主义者及其推崇的价值观念。但是,通过国际金融治理的演变过程,可以发现国际金融权力的斗争与其他国际政治斗争还是存在差异性。国际金融权力的斗争主要是金融大国之间的斗争,金融小国在大国的惨烈博弈中显得微不足道,即使金融小国之间的联合协同,也无法与金融大国所拥有的金融资源和金融影响力相提并论。

另外,国际金融领域的斗争,与纯粹的国际政治斗争也不相同。国际金融权力的争夺嵌含在金融市场自由竞争的范畴中,表面具备合法竞争或者有序竞争的特征。因而,无论是自由主义、新自由主义还是保守主义都会认同国际金融资源争夺的正当性,所以金融大国依据其自身拥有的庞大金融市场和广泛金融资源,可以根据市场规则公开掠夺他国或国际社会的金融资源,进而形成相对集中或近乎垄断的金融地位。

第二次世界大战结束后,美国在与英国的国际金融领导权斗争中取得胜利,以其"怀特计划"为基本理念设计了战后国际金融秩序,并和以苏联为首的社会主义国家集团展开竞争;到了布雷顿森林体系发展的中后期,随着发展中国家和77国集团的兴起,各国对国际金融资源的争夺更加激烈,①结果

---

① 到了布雷顿森林体系发展的中后期,发展中国家的兴起,促进了大国之间的斗争,例如,美国等国家发现苏联对发展中国家产生兴趣,便开始积极争取和拉拢发展中国家,一方面增加了对外援助的数额,譬如,美国对发展中国家的援助从1956年的20亿美元增加到1963年的37亿美元,英国从2.05亿美元增加到4.14亿美元,法国从6.08亿美元到8.63亿美元;另一方面,在国际金融机构和国际金融贸易组织方面的竞争也加剧了,WBG增加了对新兴国家的贷款,并成立了IFC和IDA;苏联准备单独设立一个有关跨国金融和贸易的国际组织,以对抗GATT;西方大国为了拉拢发展中国家,不得不同意成立了联合国贸易和发展会议,为此,中小国家组成的77国集团加入经济治理权的争斗中。参见[挪威]盖尔·伦德斯塔德:《大国博弈(第六版)》,张云雷译,中国人民大学出版社2015年版,第251—256页。

是布雷顿森林体系瓦解,国际金融秩序陷入混乱中;直到牙买加体系成立,倡导自由发展的"华盛顿共识"产生,国际金融治理才重新步入正轨。但里根主义和撒切尔主义倡导的自由竞争,是大国的扩张自由,也是集团内部的竞争自由,其在要求发展中国家开放市场的同时,却在国内或者集团内部筑起保护主义的壁垒,迫使发展中国家加入 GATT 及其他区域性的自由贸易区,并在乌拉圭回合谈判中力争金融服务自由化的相关权益,加剧了不同工业化国家之间的斗争。[①] 最终,WTO 的成立和金融服务协议的达成,暂时稳定了金融贸易秩序。但是,"华盛顿共识"取得的成效并不大,亚洲金融危机的爆发动摇了该体系的信心,使得西方大国认识到"世界——当然包括第三世界——充满了太多的不一致性,很难将其装进一个窄狭的新自由主义式的西方议程中",[②]于是,在 G7 集团内部经过激烈的争论之后,才将 G7 升级为 G8;并在 2008 年全球金融危机后,将 G8 升级为 G20;不久,又将 G20 部长级会议升格为具有实际意义的 G20 首脑峰会。至此,过去主要集中在西方发达国家之间的大国金融博弈,逐渐转移到世界上主要国家之间进行。

2. 国际金融治理中的全球治理理念争论

尽管"全球化并非 1945 年之后出现的新现象,数个世纪以来,全球各种文明之间互有往来,世界宗教是最好的例子,1914 年前的世界在某些方面比当今世界更团结,公众比起现在可以更加自由地在世界各国甚至几乎在全世界旅行,1929 年的大萧条清晰诠释了世界经济的相互依赖,这一点对 1945 年之后的决策者在考虑相关事件时有非常深远的影响",[③]但是,真正对全球治理进行讨论的还是在 20 世纪,美国学者詹姆斯·罗西在他的《没

---

① [挪威]盖尔·伦德斯塔德:《大国博弈(第六版)》,张云雷译,中国人民大学出版社 2015 年版,第 256 页。

② [挪威]盖尔·伦德斯塔德:《大国博弈(第六版)》,张云雷译,中国人民大学出版社 2015 年版,第 256 页。

③ [美国]罗伯特·D.卡普兰:《无政府时代的来临》,骆伟阳译,山西出版传媒集团、山西人民出版社 2015 年版,第 282 页。

有政府统治的治理》中,最早提出了全球治理的设想,认为在无政府统治的全球事务中,使用包括政府机制和非政府机制的"治理"概念要比使用"政府统治"的概念更加合理。而现在学界普遍认可的全球治理的含义,还是1995 年联合国成立 50 周年时,联合国全球治理委员会发布的报告《我们的全球家园》(*Our Global Neighborhood*)中的概念。

联合国全球治理委员会认为,全球治理"是个人与机构、公共部门与私营部门管理共同事务的诸多方式的总和,是使相互冲突或不同利益的各方得以协调并采取联合行动的持续过程",①因而,国际金融治理机制在金融资源全球化与金融监管日益分散化的变革转型中,迫切需要全球力量的联合协作。但是,随着全球问题的复杂化,国际金融治理不但变得更加复杂,而且因为国际权力结构出现前所未有的新变化,导致对国际金融治理改革的讨论变得更加敏感。

(1)霸权稳定论及其争议。

霸权稳定论认为国际金融治理秩序中最重要的是国家实力,只有存在一个集中的强大国家权力才能领导相对分散的各国有序安排全球金融事务。该理论认为国家政治权力的变革是主导国际金融治理机制变迁的根本原因,所以,国际金融治理的重要内容就是确定国际关系中的权力结构,明确处于不同权力结构等级中的成员身份,并依据成员身份划分相应的地位和作用。因为"共同体必须要由成员所组成,并具有确定谁是该共同体的成员或谁不是的某种方式,从某种意义上说,成员身份是首要的政治问题",②很明显,霸权稳定论语境下的国际金融治理权的分配仍旧是一个老套的国际政治斗争,是对传统现实主义所强调的无政府状态下国家权力决定国际金融秩序论调的支持。

---

① The Commission on Global Governance, *Our Global Neighborhood*, Oxford: Oxford University Press,1995,pp.2-3.

② [美国]德博拉·斯通:《政策悖论:政治决策中的艺术(修订版)》,顾建光译,中国人民大学出版社 2006 年版,第 19 页。

尽管霸权稳定论观察到国际关系的现实,国际社会也的确应该从该现实出发确定国际金融治理规则,即国际法必须立足于国际关系的现实,[①]就如汉斯·摩根索认识的那样:"像社会的一般现象一样,政治受到植根于人性的客观法则的支配,为了改善社会,我们首先必须理解社会赖以生存的法则,这些法则不受人们的偏好的左右而起作用,人们要向他们挑战,就要冒失败的危险。"[②]但该理论却无法有效回应以下质疑:

首先,霸权衰落之后,是否必须出现新的霸权? 在过去相对比较封闭的环境中,霸权力量对于稳定国际金融秩序起着决定性作用,因为金融资源的稀缺性依赖于霸权国家维持的国际安全流通渠道,但在经济和金融日益全球化的今天,维持国际流通的安全性已经不像过去那样依赖霸权国家,或者说霸权国家已经没有能力依靠一国的力量来维持国际流通安全。正如罗伯特·D.卡普兰所言:"全球化在很多方面使得长期以来关于超级大国的兴起与衰落的辩论比起之前变得更似乎无关紧要,所有的国家,包括其中最强大的,现在都发现他们的行动自由被全世界力量所限制,能归自己掌控的只有很小的一部分","世界政治与经济系统必然会对全世界所有国家的体制与政策产生影响,强国必然会影响别的国家的政策选择,尤其是小的国家,然而,更多的证据也表明世界在持续改变,国家和个人会以不同的方式来应对这些变化。"[③]

其次,霸权稳定论语境下的国际金融秩序稳定是否具有持续性? 尽管霸权有助于解释第二次世界大战后国际金融秩序的创设,当国际社会目标一致时,也能够比较有效地处理金融风险,却不能解释为什么大国的金融政策目标不一致时,霸权在处理国际金融事务时就失去效果,譬如,被称为小多边模式的 G20 峰会机制,从理论上来看已经体现出传统意义上的霸权国

---

① 唐小松:《现实主义国际法观的转变:对共生现实主义的一种解读》,载《世界经济与政治》2008 年第 8 期,第 69—74 页。

② [美]汉斯·J.摩根索:《国家间政治:寻求权力于和平的斗争》,肯尼斯·W.汤普森修订,徐昕、郝望、李保平译,王辑思校,中国人民公安大学出版社 1990 年版,第 4 页。

③ [美]罗伯特·D.卡普兰:《无政府时代的来临》,骆伟阳译,山西出版传媒集团、山西人民出版社 2015 年版,第 291 页。

家与新兴市场国家之间的联合共治,但是当各国金融政策优先考虑的方向不一致时,G20 峰会机制仍然是没有效果的,没有持续性。而新现实主义一般认为"随着霸权的衰落,一个从霸权合作到霸权后合作的时代就会缓慢出现","霸权的衰落并不必然对应地导致这些国际制度消失",①但新现实主义却忽略了霸权稳定语境下制定的国际金融机制完全依赖于主权国家,并且主要依靠国际软法的形式维持运转,因而,当非政府组织和国际社会力量壮大时,该机制是否仍然有效? 如果只是依赖国家权力来解释和支持国际金融治理机制的因果变迁,没有考量国家间错综复杂的利益关系,甚至没有考量被现实主义理论所看轻的国际道德和国际正义,很明显并不能有效解释当下国际金融治理体系的巨大变革。

最后,霸权的来源是否稳定? 霸权稳定论的一个重要假设是,国家是一个单一理性的行为体,这一点承袭了传统现实主义国际关系理论的观点,"现实主义国际关系理论将国家视为一个单一理性的行为体,认为国家由统一的意志和利益,能够形成明确的价值观念",②但这个假设本身可能存在问题。因为国家是由很多不同利益者组成,构成国家的群体之间利益并不一致,在现实国际金融关系中,国家内部主要阶层或者统治阶层的金融利益并不总是代表国家的金融利益,并不能总是产生出统一、明确的价值观。当国内社会的民主化程度达到一定程度时,国家权力的来源会越分散,在国际社会形成霸权的概率会大大减少。

(2)新自由制度主义及其争议。

新自由制度主义认为制度是解决国家面临的集体行动问题的办法,但新自由制度主义刻意与传统的理想主义做出区分,认为国家之间有利益冲突,"制度可以降低交易费用、提高良好声誉的价值、增强预测性,确定标

---

① ［美］罗伯特·基欧汉:《霸权之后——世界政治经济中的合作与纷争》,苏长和等译,上海人民出版社 2001 年版,第 23 页。

② John J. Mearsheimer, "Reckless States and Realism", *International Relations*, Vol.23(1), 2009, p.241.

准,提供有关其他国家行为的信息,以及在其他方式下改变国际环境的各个方面,使得合作有利于实现共同利益"。① 因而,该理论认为"有效的全球治理离不开合适的制度安排,在全球化发展过程中,国际制度已经成为全球治理的重要载体",②所以,在国际金融秩序变迁发展的关键时刻,更需要国际金融治理制度的创新。从来源来看,该理论承认国际权力结构,但围绕国际制度的建设来规划全球治理秩序,而不是单纯强调国家权力,尤其是霸权的争夺;③从理念来看,该理论强调多边主义,认为良好制度的建设需要成员间的努力合作,需要非歧视的合作理念。④ 因而,针对国际金融治理制度的弊端,该理论认为一方面要确立非歧视的新治理理念和包容多元的价值取向,⑤另一方面要增强国际金融治理制度的有效性。⑥

但批评或质疑者认为,国际金融治理制度的发展与国际社会的需求不相适应,因为国际社会处于一种无政府状态,没有一个统一的金融权力中心,无法制定一种能够和国内金融制度相媲美的国际金融制度;由于国际社会缺乏国内立法中的那种强制力,建立国际金融制度需要很长时间,会产生

---

① [美]莉萨·马丁、贝思·西蒙斯编:《国际制度》,黄仁伟、蔡鹏鸿译,上海世纪出版集团 2006 年版,第 1 页。

② 叶江:《全球治理与中国的大国战略转型》,时事出版社 2010 年版,第 90 页。

③ 这里也指金德尔伯格所认为的霸权,即主导权(Dominance),详见[美]奥兰·R.扬:《政治领导与机制形成:论国际社会中的制度发展》,载莉萨·马丁、贝思·西蒙斯编:《国际制度》,黄仁伟、蔡鹏鸿译,上海世纪出版集团 2006 年版,第 10 页。

④ [美]莉萨·马丁:《利益、权力和多边主义》,载莉萨·马丁、贝思·西蒙斯编:《国际制度》,黄仁伟、蔡鹏鸿译,上海世纪出版集团 2006 年版,第 35—64 页。

⑤ 现有的国际金融治理机制改革,要确立符合非歧视的新的国际金融治理理念,要确立包容多元的价值取向。新的治理理念要体现国际正义、要体现非歧视性原则、要体现多边合作精神;而包容多元的价值取向同样需要尊重选择的多样性和视角的多元化,因为当下的"全球治理价值还没有建立起与之相适应的价值共识,如何在各民族国家自有渊源的文化价值基础上达成全球治理的价值共识,也就相应地成为支撑或瓦解全球治理的关键问题",参见任建涛:《在一致与歧见之间,全球治理的价值共识问题》,载《厦门大学学报(哲社版)》2004 年第 4 期,第 5 页。

⑥ 有效性是制度的生命力,体现了制度的价值,但是,当前国际金融治理结构刚刚开始走向多元化,制度种类繁杂、数量庞大、议题交叉,再加上全球秩序在变迁转型中变得脆弱,不确定性风险增加,使得全球治理中的金融制度建设变得更为复杂。因而,要建设一个良好的国际金融治理秩序,就必须强化国际金融制度建设的有效性。

很高的"立法成本";当一项国际金融制度建立后,会产生比较严重的路径依赖,其结果可能导致创建的国际金融制度严重滞后于实践的发展,不仅难以达到最佳的治理效果,而且最终可能成为国际社会相互合作的新障碍。此外,批评者还认为制度由于缺乏改变国际环境的能力,对国家行为方式几乎没有什么作用,[1]并且国际制度的"有效性"比较难以界定,无论是奥斯陆波兹坦方案,还是图宾根分析法,都不能完全、甚至客观解释国际制度的有效性。[2]

二、国际金融治理理念的新进展

2008 年国际金融危机爆发后,全球经济普遍疲软,大宗商品价格不断下跌,大多数国家和经济体都面临去杠杆的压力,[3]尤其是欧元区国家、日本和美国纷纷表态竞相货币贬值,为本来混乱不堪的经济形势雪上加霜,充分暴露了以国家利益为最高价值标准的现实主义金融治理政策的根本缺陷,揭露了在既有的国际金融治理体系中,发达国家既要享受国际金融治理的绝对权力,但是却不愿意承担相应的国际义务,甚至故意放纵本国货币贬值转嫁国内风险,利用本国货币政策的外溢效应而求自我保护的自私嘴脸。在国际社会强烈要求改革的压力下,G7 集团才勉强将 G7 扩展为 G20 机制,提出了"金融稳定"和"全方位监管"的国际金融治理理念。但西方国家为了维护其既得利益,故意拖延改革进程,使得本次改革取得的成效非常有限,鉴于西方国家的顽固立场,新兴市场国家开始推动新的国际金融治理理念。

---

①　John J. Mearsheimer, " The False Promise of International Institutions ", *International Security*, Vol.19(3), 1994/1995, pp.5-49.

②　新现实主义认为国际制度的有效性只有依附于权力时才能产生实效,单纯的国际制度并没有多大作用,而新自由制度主义自己也认为依靠数据化的研究来判断国际制度的有效性,可能面临数据获得途径可客观性、数据本身的真实性等一系列因素的考验。

③　Salim Lahmiri, "A Study on Chaos in Crude Oil Markets Before and After 2008 International Financial", *Physica*, Vol.466, 2017, pp.389-395.

1. 金融稳定理念

西方发达国家深受新自由主义的影响，①其金融政策趋向于追求穆勒式的自由，强调"不应该对社会成员的任何自由行为进行干预，无论这种干预是来自其他个体还是来自集体"，"政府对个体选择的干预应该越少越好"，②因此，金融自由被夸大化，忽视了金融稳定的重要性，直到墨西哥金融危机爆发后，才开始关注"国际金融稳定"问题，③并将国际金融稳定作为判断和防范系统性金融风险和国际金融危机的主要目标。但在 2008 年国际金融危机爆发前，国际社会对金融稳定的重视只是停留在形式上，金融危机爆发

① 金融稳定和金融自由一直是国内金融市场研究中的两个重要内容，长期以来，大量研究者深入探讨两者之间的关系以及如何使它们协调发展，繁荣金融市场。但是，在古典自由主义影响下的西方社会，沉迷于自由市场"看不见的手"的神奇作用，就连亚当·斯密这样理性的人都深信在一个自由放任的制度之中，利己的润滑油会使经济的齿轮奇迹般的正常运转，因此，西方发达国家也深受新自由主义理论的影响。

② 穆勒认为不应对社会成员的任何自由行为进行干预，无论这种干预是来自其他个体还是来自集体，人与生俱来的仅有目的只能是自我保护，政权有权对一文明共同体的任何成员，在违背其意志情况下的施加影响的仅有目的，只能是保护她不受他人的伤害；认为思考和选择是人的本质之所在，所以，政府对于个体选择的干预应该越少越好，在将社会的控制需要与个体的自由协调的过程中，确定了一个将个体自由置于优先地位的行为领域，这个领域包括了在不会损害他人利益前提下的所有的纯粹对自己负责的全部行为，政府的干预局限于可能会对其他人带来影响的行为。德博拉·斯通认为，穆勒对于这样一个问题的解决方案成为美国人政治思想中对于自由的思维方式，这种自由思维方式坚持认为存在着一条标准，根据这样的标准，我们可以判断对于个体行为的干扰究竟是否合理，这就是是否对他人造成损害；而现在，由此看来，当年穆勒看来十分简单的原理的关于伤害他人的标准，现在却变成了一个极为困难的问题，现实中存在许许多多不同类型的伤害，对于这些伤害的认可体现为政治斗争，而并非什么理性的发现。转引自［美］德博拉·斯通：《政策悖论：政治决策中的艺术（修订版）》，顾建光译，中国人民大学出版社 2006 年版，第 108—113 页。

③ 在新自由主义的影响下，国际社会忽视了金融稳定的重要性，直到 1994 年墨西哥金融危机爆发后，国际社会才开始关注金融稳定问题，并将国际金融稳定作为判断和防范系统性金融风险与国际金融危机的主要目标。但是由于判断标准很难确定，如何界定"金融稳定"的内涵和外延，当时并没有一个统一的判断方法。直到 1998 年，瑞典在《金融稳定报告》中才提出金融稳定的概念，即是指整个支付体系安全有效地运行的初步判断方法。但很明显，瑞典的这个定义有点狭窄。直到最近，希拉里·阿伦提出一个较新的提法，即金融稳定是指金融系统及其重要金融中介能够稳定提供资本筹集、风险管理和支付服务而不减损他人利益的运行状态。参见徐冬根、薛桂芳主编：《国际法律秩序的不确定与风险》，上海三联书店 2017 年版，第 9 页；See Hilary Allen, "What Is Financial Stability?" *The Need for Some Common Language in International Financial Regulation*, Geo.J.Int,1 L Vol.(45), 2014, pp.929, 932.

后,国际社会才意识到全球化和大量的金融创新已经使得金融秩序变得脆弱不堪,才在 G20 伦敦峰会上设立金融稳定理事会(FSB),由 FSB 来统一负责制定和实施促进国际金融稳定的相关办法。至此,金融稳定才成为国际金融治理中的基本价值理念。

首先,金融稳定理念强调整体安全与稳定。全球化时代,各国金融市场相互勾连在一起,互连互动,国家相互之间的金融传导作用可能根据国家自身的经济金融结构以及与他国之间一体化程度的高低有很大关系,[①]但任何国家都逃脱不了全球金融整体环境的影响。因而,G20 治理机制要求的金融稳定理念是指国际金融体系的整体安全,[②]而不是单指某个地区或某个系统内的金融稳定。

其次,金融稳定理念强调国际金融治理规则的稳定。鉴于国际社会的无政府状态,过去的国际金融治理高度依赖大国间协商一致后达成的共识和国际软法,治理规则容易变动,稳定性不强。但当下国际统一立法、国际惯例和国际金融标准规范,都呈现出"软法硬法化"的趋向,例如,国际社会开始在双边投资条约(BITs)中加入与国家的金融规制权相关的条款,[③]开始限制东道国的金融规制权,并且有可能出现在正在讨论的国际投资条约中,因而,建设一套相对比较稳定的国际金融治理规则,有助于国际金融体系的健康发展。而在现实的国际关系中,G20 也在呼吁国际金融机构要改革内部管理制度,在机构负责人和高级管理人员的选任上要更加公开、透明等,反映的是金融治理规则稳定化的发展方向。

最后,金融稳定理念强调国际金融治理主体的结构稳定。国际金融治

---

① F.Gulcin Ozkan, D. Filiz Unsal, "It Is Not Your Fault, But It Is Your Problem: Global Financial Crisis and Emerging Markets", *Oxford Economic Papers*, Vol.69(3), 2017, pp.591–611; Eric Tong, "US Monetary Policy and Global Financial Stability", *Research in International Business and Finance*, Vol.39(Part A), 2017, pp.466–485.

② 例如,从 IMF 发行的《金融稳定报告》可以看出,其金融稳定的评估工作主要是检测全球性系统性金融风险因素,防止全球金融危机的发生。

③ 陈欣:《论国际投资条约中的金融审慎例外安排》,载《现代法学》2013 年第 4 期,第 131—138 页。

理主体是影响国际金融体系稳健发展的最重要因素,作为一个集体行动的领导机构,如果治理主体结构不完善,构成不具有代表性或者其合法性受到质疑,则其影响力和领导力将大打折扣,影响治理决策的稳定形成和有效执行。因而,应该构建一个由国家、国际组织、国际金融机构、非政府组织、独立行为体等具有广泛代表性的多元治理主体,通过相互合作和相互监督形成一个动态的相对稳定的治理主体结构,①共同治理国际金融市场。

2. 互利共赢理念

互利共赢理念是中国在参与国际经济事务过程中,根据中国的对外金融实践,向国际社会提供的饱含中国传统哲学思想的金融治理经验和新的世界政治文明。互利共赢理念是对西方主导下的国际金融治理机制经常性失灵的应对性反应,也是对西方偏于极端的金融竞争"零和博弈"理念的对冲。互利共赢理念聚焦于国际社会作为一个命运共同体的整体福利增长,强调国家间的协商与合作,尤其关注发展中国家和欠发达国家的金融利益。

首先,互利共赢理念强调规则下的自由。长期以来,部分西方理论宣扬无规则自由,譬如,西方极端自由主义者反对国家对市场的干预,放任市场自由发展,其结果是少数获利,大多数受损,最终损害国际社会的整体福利。另外,部分西方理论宣扬"歧视性规则下的自由",部分西方国家为"市场自由"设置了条件,以特殊的地理文化、交易习俗或特殊的法律制度为标准,框定了"市场"以及"自由"的定义,并用这个歧视性的、狭隘单一的视角去把国际社会成员和金融市场划分为不同的类别、等级和种类,分别给予不同的待遇,这本身是违背自由精神的。因而,互利共赢理念倡导公平规则下的自由,认为维护市场自由是市场经济建设的主要支柱,但市场自由是有限度的,并不是无限制的自由,"互利"就是强调相互获利,反对一方完全获利,一方完全受损,其暗含的前置性条件就是通过干预,设置合理且适当的规

---

① 例如,当前国际金融机构已经开始对投票权和份额规则进行改革,在 IMF 和 WBG 等国际金融机构中将成员份额继续按照各成员在世界经济中的比重进行调整转移,并尽力保护最贫穷成员国的投票权,等等,这些改革都代表着建设金融治理主体结构稳定的努力。

则,能够让交易主体互通有无,共同成长。

其次,互利共赢理念强调竞争中的合作。欧洲三十年战争结束后形成的威斯特伐利亚体系,是以民族国家及其殖民地为主体构筑的专属于西方文明的治理体系,在该体系中,"国家利益高于一切成为指导国家一切对外关系的基本原则,国家间交往也基本上围绕国家利益而展开",而全球化的发展"使得建立在民族国家基础上的国际治理体系显现出很大的局限性",①西方价值观主导下的"中心—外围"二元治理结构已经深陷于无视国际社会整体利益而过度追求国家利益的泥潭,禁锢于"我—他"对立区别的"零和博弈"思维中,阻碍了国际社会整体金融福利的增长。因此,2008年国际金融危机爆发后,国际社会深刻反思国际金融治理机制的弊端,认为只有建设一个"相互合作的全球治理机制才能实现积极效应的最优化和消极溢出效应的最小化"。② 所以,互利共赢理念是基于全球利益而提出的新的世界政治文明,而不是基于国家利益而提出的对外政策,该理念强调国际竞争中的合作,合作下的竞争,认为金融市场竞争是金融资源有效分配的手段,国际金融合作才是国际金融治理的最佳途径。

最后,互利共赢理念强调开放发展中的利益共享。近年来,保护主义思潮盛行,尤其是美国在实体经济竞争力减弱的情况下,公然提出"公平贸易"的口号来掩盖其贸易保护主义行径,受到了国际社会的广泛指责。经济全球化已经将世界紧密联系在一起,"过去那种地方的和民族的自给自足和闭关自守状态,被各民族的各方面的互相往来和各方面的互相依赖所代替了",③因此,互利共赢理念强调开放、发展中的合作,反对封闭、保守中的合作。但各国在全球经济秩序中承担的权责并不相同,大国的经济体量大,承受市场风险的能力强,大国经济波动对中小国家有极大影响,而中小

---

① 卢静等:《全球治理:困境与改革》,社会科学文献出版社 2016 年版,第 5 页。

② Edwin M.Truman,"The G-20 and International Financial Institution Governance,Peterson Institute For International Economics",*Working Paper10-13*,September 2010,p.3.

③ 《马克思恩格斯选集》第 1 卷,人民出版社 2012 年版,第 404 页。

国家的经济危机不一定对大国产生重要影响。所以,互利共赢强调发展中的利益共享,认为要客观区分不同国家在不同经济发展中的权利和义务,要在渐进式发展的动态过程中分享不同阶段的发展红利。

3. 全方位监管理念

国际金融监管是国际金融治理的重要内容,也是主要途径。国际金融监管主要依靠金融软法和有限的集体行动,[1]鉴于监管规则的自愿选择以及规则之间的相互重叠甚至相互冲突,为金融风险的滋生预留了空间,影响到国际金融市场的稳定,2008 年国际金融危机爆发后,各主要国家启动了新一轮的金融监管法制改革,国际金融治理的其他参与者也颁行了大量的应对方案,从而形成了全方位金融监管的治理理念。

首先,设立全方位的金融监管机制。G20 在金融稳定论坛的基础上建立了 FSB,使得 FSB 成为国际金融体系改革的协调机构和中心枢纽。FSB 通过与其他国际金融治理主体和参与者建立联系,制定并监督实施相关的监管政策,促进国际金融市场的稳定。与 IMF 相比较,FSB 建立的监管联系体系更加全面,除了与 IMF、WBG 建立联系外,还与巴塞尔委员会等机构建立联系,[2]使得监管机构的视野更加开阔。

其次,设立全方位的金融监管标准。G20 伦敦峰会承诺各国愿意通过实施统一的国际金融标准来增强金融体系的稳定性,强化金融部门评估计划(FSAP)和遵守标准和守则情况报告(ROSC)的执行水平,各国要依据 FSAP 的报告材料定期接受国别审查和主题审查,[3]并对有关国家遵守和实施 ROSE 报告规定的政策透明度、金融部门监管、市场诚信等 3 个方面 12 项国际金融标准的履行情况进行评估,以判断是否符合维护金融稳定的要求。

---

[1] 李国安:《全球金融服务自由化与金融监管法律问题研究》,载《法商研究》2002 年第 4 期,第 70—72 页。

[2] 与 IMF 相比较,FSB 建立的监管联系体系更加全面,除了与 IMF、WBG 建立联系外,还与巴塞尔委员会、支付结算体系委员会、全球金融体系委员会、国际会计准则理事会、国际保险监管官协会、国际证监会组织、OECD、国际清算银行等机构建立联系。

[3] G20. *Declaration on Strenthening the Financial System*, London Eummit, 2 April, 2009, p. 1.

最后,设立全方位的金融监管措施。国际金融监管机构从系统重要性金融机构监管、影子银行监管、银行资本和流动性标准监管、场外衍生品市场的监管和信用评级机构的监管等方面,全面出台了一系列金融监管措施,①形成了宏观审慎监管与微观审慎监管相结合的全方位监管措施。

第三节 全球金融秩序稳定与金融利益共享的国际金融治理理念

一、提出新的国际金融治理理念的缘由

目前的国际金融治理体系是构筑在西方文明和西方价值观基础上,长期以来,西方国家认为国际金融秩序的建设在理念上要围绕"国家权力"和"国家利益",在治理途径上要围绕"竞争"和"市场自由",但经济全球化的发展,使得国际金融治理的客体,已经远远跨越了民族国家的权力界限,单个国家已无法有效应对越来越多的跨国金融治理问题,基于民族国家利益和竞争机制的传统国际金融治理理念,显现出很大局限性。因而,国际社会期待产生一种基于全球共同利益基础上的新的世界政治文明,②呼吁产生一种超越民族国家、种族区别和意识形态划分的新的国际金融治理理念,在此背景下,强调全球金融稳定与金融利益共享的国际金融治理理念应运而生。

新的国际金融治理理念的产生,与传统国际金融治理理念和治理机制

---

① 例如,出台了《巴塞尔 III》《降低系统重要性金融机构道德风险:建议与时间表》《对系统重要性金融机构的有效处置》《全球系统重要性银行:评估方法及额外吸收损失要求》《全球系统重要性银行:评估方法与额外吸收损失的能力》《减少对信用评级机构评级结果依赖的原则》《加强影子银行监管:金融稳定理事会的建议》等。

② S. Pandiaraj, "Meeting Challenges of a Globalized World: Extraterritorial Obligations of States in the Area of Socio-Economic Rights", *AALCO: Journal of International Law*, 2013, 2(2), pp.85-121.

所固有的弊端有直接关系:第一,传统国际金融治理理念出现无法自补的困境,西方主导的金融治理理念具有片面性、双重标准性、治理理念存在较大分歧,并且传统的国际金融治理机制创设理念也面临代表性困境、有效性困境和监管性困境,已经无法适应全球金融市场的发展。第二,在传统国际金融治理体系中,各个国家的地位和权利极不平等,G7 集团国家具有绝对的治理权,发展中国家和欠发达国家的话语权非常有限。第三,经济全球化和治理机制的碎片化矛盾日趋严重,①传统国际金融治理理念无法为机制或政治的碎片化提供有效的解决办法。第四,G7 集团中的核心国家奉行霸权主义和单边主义的治理理念,不仅无法提供公正的全球领导力,还阻碍他国参与国际金融治理,有意阻挠他国提供金融治理方案和供给国际金融公共产品。②第五,传统国际金融治理机制存在设计缺陷,缺乏透明度、缺乏民主化和缺乏协调性,即使改革后的 G20 治理机制,也是非正式的合作平台,讨论范围较窄、议题设置太宽泛、全球代表权不平衡,治理合作也缺乏机制化。第六,传统国际金融治理体系缺乏对核心大国的有效监管。

因此,全球金融稳定与金融利益共享的国际金融治理理念的提出,一方面可以打破长期以来禁锢国际金融治理的国家利益与全球利益、政府组织与非政府组织、公共机构与私人机构的二元分立思维,尝试建构一套超越民族意识、国家观念和区域思维的全球金融合作治理的价值观;另一方面,该理念将为全球治理的其他方面,如环境保护、极地资源开发等事务的共同治理提供有益的指引。③

---

① 对于经济全球化和治理机制的碎片化之间的关系,罗伯特·D.卡普兰给予了比较精炼的总结,他认为,"主流的全球化更多的是一种技术与经济层面的进程,而碎片化更主要的是政治的……事实上,技术—经济全球化在一些方面可能加速了政治上的碎片化,全球化越强劲,碎片化就越严重。"参见[美]罗伯特·D.卡普兰:《无政府时代的来临》,骆伟阳译,山西出版传媒集团、山西人民出版社 2015 年版,第 284 页。

② 例如,中国倡议设立 AIIB,受到美国的故意阻挠,其广泛散播"中国威胁论"和"修昔底德陷阱",企图干扰中国深度参与国际金融治理。

③ Alastair Brown, "Climate Adaptation: International Governance", *Nature Climate Change*, Vol.7(11), 2017, p.760; Kjell Grip, "InternationalMarine Environmental Governance: A Review", *AMBIO: A Journal of the Human Environm ent*, Vol.46(4), 2017, pp.413-427.

二、全球金融秩序稳定与金融利益共享理念的价值内涵

全球治理是一种理念和机制相结合的复合体,是对全球化时代人类面对大量不确定全球风险的应对措施,它首先体现为一种全球价值观的涌动,因为"全球化不仅表现为物质要素的跨国流动,甚至还表现为附着在这些物质要素之上的价值观念、意识形态、法律制度等无形要素的渗透和蔓延"①,其次才是为了人类共同利益而采取系统性的共同行动,进而需求全球治理机制和全球治理规则。

目前主要有两种全球治理的价值观,一种是国家中心主义治理观,另一种是世界主义治理观。② 国家中心主义治理观沿袭了自由主义的很多观点,该理论认为,虽然在全球化过程中民族主权国家的地位不如从前,非国家行为体在全球治理中的作用日趋重要,但国家及其构成的政府间国际组织仍然是全球社会里最主要的治理主体,因而,全球治理的方式应该是改良现行的国际治理规则,维持国家与国际社会的相对独立性,加强多边合作和协同治理。③ 国家中心主义治理观反对将西方的国内民主政治模式移植到国际社会,认为根本无法构建超越主权国家的独立世界政府,也无法苟同无政府状态下的全球公民社会自治。而世界主义治理观则沿袭了理想主义的许多观点,认为世界本质上是由不同的个人和城市等多元主体构成的综合体,主权国家只是这个体系中的一个分层,不是也不应该围绕国家为中心构建世界秩序,全球治理应该更加关注个人的平等、权利和自由。世界主义反

① 李万强:《论全球化趋势下国际法的新发展》,载《法学评论》2006年第6期,第55页。

② 根据价值基点和选择路径的不同,世界主义治理观又可分为世界政府治理观和全球公民社会治理观,前者强调超国家权威,即世界政府的建设,但后者反对超国家政府的建设,认为应该还权于民,强调发挥全球公民社会的力量。参见[法国]伊夫-夏尔·扎尔卡:《重建世界主义》,福建教育出版社2015年版;[德]尤根·哈贝马斯:《超越国家:论经济全球化的后果问题》,载[德]乌贝克·哈贝马斯等:《全球化与政治》,王学东、柴方国等译,中央编译出版社2000年版;刘贞烨:《全球公民社会研究:国际政治的视角》,中国政法大学出版社2015年版。

③ Joachim Betz, "Emerging Powers and Global Financial Governance", *Strategic Analysis*, Vol.38(3), 2014, pp.293–306.

对国家中心主义,批评其依据的自由主义或新自由主义只是简单地维护当前的经济政治秩序,并没有为解决市场失灵提供任何可选择的事实性政策。① 因此,世界主义治理观认为应该强化国际法治的建设,创设全球立法机构,颁行有拘束力的国际"硬法",提高全球性法律的适用和执行。

由此可见,全球治理在理念上还存在较大分歧,但拥有这种分歧是社会进步的表现,它将鞭策国际社会更冷静地去思考全球化与全球治理的问题,就如罗伯特·莱瑟姆所言,因为全球治理这一术语对解释当今和未来的全球问题和全球政治具有特殊的吸引力,怀疑者因不同理由提出自己的怀疑,提醒人们对全球治理概念的价值保持高度批判性的态度,并对其局限性疏漏和歪曲保持清醒。② 因此,对全球金融市场和国际金融治理而言,提出全球金融秩序稳定与金融利益共享的理念,具有其特殊的价值。

1. 追求金融安全和金融稳定

通常而言,国际金融市场为参与国际金融交易的主体提供了交易平台和交易渠道,交易主体的交易习惯和利益诉求各不相同,产生各种不同的交易判断和交易行为,从而导致金融市场变化多端和呈现不确定性,形成相对比较复杂的利益交错格局以及各种与交易预期判断相反的判断风险,致使金融产品价格因供需关系的变化而或涨或跌,并通过交易行为完成财富在不同交易主体之间的转移。当下,基于交易主体判断差异而形成的交易风险,由于从事"风险"买卖的专职而面临"判断风险"瞬间被扩大的危机,且大部分危机已超出交易主体的掌控范畴和预期范围,影响到金融安全。金融风险的放大导致产生金融损失的概率增大,直接影响到社会中的人际关系,甚至导致经济政策的变迁从而致使原有的社会关系破裂,③威胁社会稳

① [英]戴维·赫尔德:《全球盟约:华盛顿共识与社会民主》,周军华译,社会科学文献出版社 2005 年版,第 194—212 页。

② 罗伯特·莱瑟姆:《飘逸世界中的政治:对全球治理的一种批评》,载俞可平主编:《全球化:全球治理》,社会科学文献出版社 2003 年版,第 230 页。

③ [英]卡尔·波兰尼:《巨变——当代政治与经济的起源》,黄树民译,社会科学文献出版社 2013 年版,第 8 页。

定。但对于金融市场而言,痛苦在于这种不确定性是必须的,因为市场需要不确定性才能存在和延续,只有存在不确定性才能推动金融创新和金融发展,所以,金融治理的核心是建立相关的规则体系,努力将不确定性控制在可控的、适当的范畴中。

第二次世界大战结束以来的国际金融治理体系,显然在控制不确定性方面做得不够。一方面过于放纵金融自由的扩展,层出不穷的金融创新使得不确定风险远远超出国际金融治理机制的管制,导致金融风险和金融危机倍增;另一方面,由于金融资源的不平衡性,发达国家在风险预判和风险承受能力方面存在先天优势,它们在金融交易中依据其优势不断操纵供需关系发生逆向变化,甚至故意制造风险因素攫取金融利益,却由其他国家承担其冒险的负外部性后果,但传统国际金融治理规则主要是由发达国家制定,无法有效约束其本身的投机和冒险行为。

另外,需要对金融安全的内涵进行思考。金融安全是一种金融运行状态,本身就代表着一定的价值判断,安全既有主观认识,也有客观事实,是一种主观和客观相结合的判断。强调安全的主观性是指基于特定的环境下对安全的认识,并不是说安全本身是主观的。[1] 金融安全只能是相对的,判断是否安全的标准就是衡量面临危险的大小,[2]所以,国际金融治理的安全目标就是将全球金融市场面临的危险相对最小化。

2. 追求金融公平与金融合作

公平是一个比较宽泛的概念,必须放置在特定的语境中认识。自然法中所讲的"公平"在某种程度上意指个体或集体的行为要符合自然规律,不能违背或扭曲自然法则,而在国际金融治理中所追求的"公平",更多的是指"社会化的公平"或"社会公平"或"调整后的公平",已经蕴含了一定的社会调和。在过去的国际金融治理历史中,西方国家在自由主义的影响下,更多强调自然法上的"公平",追求"冒险"与"收益"之间的正比性,往往漠

---

① 阎学通:《国际政治与中国》,北京大学出版社 2005 年版,第 110 页。
② 阎学通:《国际政治与中国》,北京大学出版社 2005 年版,第 109 页。

视"社会正义",因而在发达国家和欠发达国家之间形成很大的金融差距,导致南北方之间金融失衡。20世纪60、70年代,发展中国家在努力建设国际经济新秩序时,就开始关注金融治理的公平性,但直到1995年墨西哥金融危机后,国际金融治理机构才真正思考金融治理的公平性问题,①G7集团设立金融稳定论坛,开始反思过度追求自由化和过度追求金融效率而产生的负面后果,并探索追求金融公平的方法和途径。

国际金融治理理论提出金融公平的价值追求,旨在从人本主义的角度强调全球社会的依赖共存和共同繁荣,要求调整已经严重失衡的全球金融发展秩序,促使全球金融资源更加公平、合理地服务于发展中国家和欠发达国家。但形成全球金融公平的价值理念并不能保证其在现实生活中得到执行和落实,因而,国际金融治理理论提出了与之相辅相成的全球金融合作理念,强调金融公平是目标,金融合作是手段;金融公平是价值观,金融合作是实践路径。

全球金融合作的具体内容很多,在价值理念上来看,关键在于有效限制国家利益。金融合作意味着妥协、包容和权责相适应,②也意味着国家利益的让渡和割舍。而传统现实主义理论只相信经济和金融实力,③因此,它们的追求截然不同。正因为两种理念相差太远,实践中产生了分歧:首先,部分国家怀疑其真实性和可行性,当欧洲国家积极推动全球治理理念时,发展

---

① 或许有人质疑这种思考路径,认为第二次世界大战结束时或者之前的历史中,国际金融秩序安排已经体现出金融公平的价值追求,譬如马歇尔援助计划、第四点计划和科伦坡计划等,或者在20世纪70年代末南北国家之间签订的《洛美协定》,甚至可以例举出大航海时代欧洲各国之间的黄金调配和黄金借贷等,然而,上述这些金融行为并未遵循社会正义,也不是为了追求社会正义而产生,有的只是单纯的追逐利润,有的只是为了君主或家族间的利益关系,而有的仅仅是国家政治利益的需要,所以,根本谈不上社会公平或者社会正义。另外,有人认为IMF和WBG的危机援助方案,从设计理论来看应该体现出国际社会利益的调整和再分配,反映出国际社会整体利益和社会正义的诉求。但是现实中的援助计划总是掺杂着西方国家的价值理念,并附带各种严格甚至苛刻的政治、经济条件,就连SAPS结构调整计划这样的项目,也被西方国家视为一种推行国家政策的工具,因而,根本没有国际社会公平和正义的考量。

② 杨松:《国际货币新秩序与国际法的发展》,载《法学论坛》2007年第2期,第15—16页。

③ 李杨:《国际货币体系改革及中国的机遇》,载《中国金融》2008年第13期,第23页。

中国家反而持有质疑态度,害怕再次陷入西方的阴谋中;其次,由于金融合作或者国家利益的让渡本质上是一个政治问题,"但政治是异常复杂的事情","倘若没有把握政治复杂性的技能,人们便会把政治过分简单化",①进而给国家带来危险;最后,由于在现实国际关系中还没有形成判断国家利益的共同标准,在国际金融合作中很难通过谈判或者协商达成相对一致的认识,而缺乏这种达成一致见解的基础对国际合作而言无疑是致命的,因为在实践中,缺少了共同的国家利益标准,决策者难以判断哪种政策建议更符合国家利益;在理论上,缺少共同标准的讨论是非科学性的,因为讨论的基础不是建立在公理之上,各执一词无需根据。② 因此,国际金融合作还面临很多挑战,也正因为"国际金融必须要巧妙应付各个大小强权互相冲突的野心与阴谋",③国际金融合作才显得尤为可贵。

3. 追求国际金融法治化

毫无疑问,国际金融治理未来的追求方向就是国际法治,在传统的以民族国家为本位的国际金融秩序中,重视国家权力的斗争以及辅助国家权力的意识形态的斗争,金融制度都是权力政治的产物,并不是基于全球利益和规则体系之上的制度,所以,传统的国际金融治理体系并不是一个法治的体系。然而,"一个由法律奠基的稳定的国际社会秩序,也是符合绝大多数人愿望的世界未来的发展前景",④特别是在金融市场全球化的时代,借助于高科技知识的帮助,金融创新和高风险金融产品已经超越了本国主义和属地主义,全球金融市场的不确定性急剧增加,⑤国家权力政治主导下的以国际软法为主要载体的国际金融秩序受到前所未有的挑战,为了实现全球金

---

① [美]罗伯特·A.达尔:《现代政治分析》,王沪宁、陈峰译,上海译文出版社1987年版,第6页。

② 阎学通:《国际政治与中国》,北京大学出版社2005年版,第11页。

③ [英]卡尔·波兰尼,《巨变——当代政治与经济的起源》,黄树民译,社会科学文献出版社2013年版,第66页。

④ 何志鹏:《国际法治论》,北京大学出版社2016年版,第150页。

⑤ Matthias Lehmann, "Legal Fragmentation, Extraterritoriality and Uncertainty in Global Financial Regulation", *Oxford Journal of Legal Studies*, Vol.37(2), 2017, pp.406-434.

融稳定和金融利益共享的全球治理目标,必须建设一个具有良好秩序的全球金融法律体系,并逐步实现国际金融法治化。

国际金融法治化体现了"世界法"理论的价值追求,按照"世界法"的理想,世界各国应该实行一种不受各民族法和国家法限制的统一国际法制,这样就可以从根本上消除国家间的法律冲突,国家间的跨国金融贸易活动就不再有法律上的障碍。① 但是,全球金融法治化归根结底是一种动态的过程,代表着一种良好的治理结构,意味着全球金融市场借助于法律工具将复杂的金融不确定性按照标准进行分类,并基于全球利益对不同的分类进行机制化处理。虽然"法律概念可以被视为是用来以一种简略的方式辨别那些具有相同或共同要素的典型情况的工作性工具",②但现实中的金融市场要远比简单的概念分类复杂得多,即使要对共同的金融要素进行法律逻辑上的抽象概括,也需要洞察瞬息万变的金融市场波动并在不同的交易行为中找到它的规律性。经验告诉我们,完全发现金融交易行为的规律性或许是不可能的,但作为治理手段和治理工具的法律,必须要对市场作出及时有效的反应,因而,应该花费一些精力去发现部分规律性,当然,任何经验类的知识都需要支付时间成本,追求全球金融法治化注定是一个漫长的过程。

综上所述,国际金融治理及其法治经验的积累和总结,肯定来源于国际金融治理实践,无论国家中心主义所秉持的改良路径、世界主义所秉持的全球公民社会重建,还是欧洲将反紧缩政策与代表民主的合法性危机相联系起来的纯粹自治主义者,③都要求对传统的国际金融治理机制进行改革。鉴于国际金融治理与国际金融法治所要求的价值选择,在国际金融治理改革中,一方面应该努力建设一些面向个人的制度和规则,使得国际金融治理

---

① 米海伊尔·戴尔玛斯-马蒂:《世界法的三个挑战》,罗结珍等译,法律出版社 2001 年版,第 3 页。

② [美]E.博登海默:《法理学:法律哲学与法律方法》,邓正来译,中国政法大学出版社1999 年版,第 484 页。

③ Michael S.Pagano,"How have global financial institutions responded to the challenges of the post-crisis era?"*Applied Economics*,Vol.49(14),2017,pp.1414-1425.

既能顺应人本化的发展潮流,又能为国际金融法治的实现奠定坚实的基础,因为如果国际法不使个人承担义务并授予权力,国际法所规定的义务和权利将毫无内容可言。① 另一方面,应该有步骤地完成国际软法的硬法化转型。尽管不赞同"以软法的形式来治理全球",②因为过去的国际金融治理经验已经告诉我们,国际软法在处理金融治理事务时会陷入救济效力软弱无力的窘境中,但"全球化的时代对国际经济法律规则的需求呼唤着一种新的多元国际经济立法模式的出现"③这个判断无疑是极其宝贵的,就如德国前国际法院法官西玛(Bruno Simma)所认识的那样,"随着对国际共同体的共同利益的认识加深,国际法已不限于规范国家间的相互权利义务关系,而且包含了整个国际共同体的利益,这不仅包括国家,而且包括了所有人类,国际法正向国际共同体的法律秩序发展或迈向真正的公共国际法"。④所以,提出全球金融秩序稳定与金融利益共享的新治理理念,倡议互利共赢和全球合作的价值观,应该多创设有法律约束力的国际法律,并强调国际社会作为一个命运共同体的整体福利增长和开放发展中的利益共享,具有现实的规范意义。

---

① [美]汉斯·凯尔森:《法与国家的一般理论》,沈宗灵译,中国大百科全书出版社1996年版,第376页。

② 罗豪才、宋功德:《认真对待软法——公域软法的一般理论及其中国实践》,载《中国法学》2006年第2期,第4页。

③ 罗豪才、宋功德:《认真对待软法——公域软法的一般理论及其中国实践》,载《中国法学》2006年第2期,第4页。

④ 马新民:《和平共处互相原则的利益观:兼顾国家与国际社会的利益》,载中国国际法学会主办:《中国国际法年刊(2014)》,法律出版社2015年版,第15页。

第五章 国际金融治理规则的基本架构与现代化构想

第一节 国际金融治理规则的构成

一、国际金融治理中的硬法与软法

1. 硬法与软法的内涵

硬法(Hard Law)和软法(Soft Law)这一组概念,是学者在 20 世纪中后期以后经常使用的词汇。该组词汇创设的主要目的可能旨在区分社会治理领域不同形态的治理规范。从过往的社会治理历史中可以看出,因为社会大众的多元需求,调整社会关系的手段与方法也同样呈现多样性。① 无论是在早期的奴隶制社会、封建社会,还是在近晚期的资本主义社会、社会主义社会,社会治理的手段与方法总在变化,没有统一、定型化的表述。但是,从历史资料来看,不同社会形态中的社会治理方法还是具有一定的规律性,即从早期的家法为主,以父权为核心塑造的家族成员之间互成等级的亲属

---

① 无论按照制度经济学、社会学,还是法学的观点,一个国家的制度、秩序和法,都是由多种方法共治的。详细参见谢晖:《论民间法结构于正式秩序的方式》,载《政法论坛》2016 年第 1 期,第 11 页。

间关系,①到后来的君主法或王法为主,以君权或王权为核心形成的庞大帝国政治权力架构,再到以议会权或人民权为主,以权力分散与相互制衡为主轴形成的现代国家治理体系。

不过,在过去很长一段时间内,学者研究的视角主要集中在以国家名义制定、具有强制约束力、体现国家统治阶级意志的国家制定法方面,如家庭法、君主法和国家法等,但对于非国家制定或非以国家强制力为后盾或者与统治阶级整体意志可能并不一致的其他行为规范和治理规则,如友邻关系、乡规民约、习惯规则、文人教化、宗教信仰和伦理道德等的认识并不充分,②甚至可能将其误解为"旁门左道"。③ 这种研究视域上的不足,可能对理解社会形态以及社会形态本身的运转规律带来负面影响,如谢晖教授所言:"法律之所以能构造主体的规范生活,端在于法律自身对主体生活的照应、提炼与回护。这一由生活到法律,再由法律到生活的回环型命题,彰显着一国的法治建设如果决然抛开自家的文化传统,隔断自己的法制经验,我们收获的可能是法治的外观,我们失去的,则是法治赖以生存的文化基础和生活事实"。④ 因此,这种缺失可能导致两种不利影响:一方面,过于夸大国家强

---

① 这里所指的"家法"是指以家庭关系为基础的治理哲学。总体来看,在人类文明的发展演变中,人类社会都经历过以家庭关系为基础的治理阶段,只是在后来的文明变迁过程中,不同的社会选择了不同的发展历程,进而形成了各国在治理体系上的差异。简单来说,中国以家族之观念为中心构建了以家族本位与伦理法治为内在精神的家国一体政教治理结构,而西方在宗教和教会的帮助下,通过瓦解家庭构建了以市民社会和个人本位为基础的契约社会。详细可以参见[德]费希特:《自然法权基础》,谢地坤、程志民译,商务印书馆2004年版;张晋藩:《中国法律的传统与近代转型(第二版)》,法律出版社2005年版;瞿同祖:《中国法律与中国社会》,中华书局2003年版;[德]黑格尔:《法哲学原理》,张企泰、范扬译,商务印书馆1961年版;[美]弗朗西斯·福山:《政治秩序的起源:从前人类时代到法国大革命》,毛俊杰译,广西师范大学出版社2012年版。

② 关于软法的范畴,理论上存在争议。例如,姜明安教授认为并不是所有影响人们行为的非国家法的规范都是软法,社会规则、政策、道德、理念、潜规则、习惯、法理、政策、行政命令等不能纳入软法的范畴。详见姜明安:《软法的兴起与软法之治》,载《中国法学》2006年第2期,第26—28页。

③ 谢晖:《论民间法结构于正式秩序的方式》,载《政法论坛》2016年第1期,第11页。

④ 谢晖:《主体中国、民间法与法治》,载《东岳论丛》2011年第8期,第128页。

制力执行的治理规则的有效性,忽视了其他治理规则的重要意义;另一方面,影响对社会关系复杂性和群体利益多样性的判断,对社会秩序容易产生武断式评价,并根据该评价滥用国家强制,破坏社会系统内在的协调性和正义性。

因此,20 世纪中后期之后,学者开始习惯用"硬法"和"软法"来区别社会治理中不同类型的治理规范。传统意义上依赖国家强制力实施的治理规则,具有绝对性、强制性和法定性,犹如"长了牙齿"一般,具有"咬人"功能。如果违反该类规则,行为人要承担不利的法定后果,所以,把这类治理规则统称为"硬法"。从司法实践来看,"硬法"的范畴相对比较固定,主要指能在司法活动中据此定案的、有效力的法律规范,一般包括法律规则、习惯法和一般法律原则。

与此同时,学者把未依据国家强制力实施,但具有一定社会治理效果,或者具有一定法律效力的治理规则,统称为"软法",即"没有长牙齿"的规则。① 称之为"软法",其本质上并不是"法律",②可能更多的作用在于学者的类型化归类,与"硬法"相对应,方便识别和比较。所以,就法产生的一般规律而言,"硬法"与"软法"类别的出现,更大可能来自于国内法,而后外溢到国际法领域。对于"硬法"与"软法"概念的最初产生,可能较难考证,有学者认为"软法"术语最初是在国际法领域产生的,③但这有待进一步考证。

"硬法"一般是指具有明确法律约束义务的法律规范,明确性、法定性

---

① G.L.Lugten,"Soft Law with Hidden Teeth:The Case for a FAO International Plan of Action on Sea Turtles",*Journal of International Wildlife Law & Policy*,Vol.9(2),2006,pp.155–173.

② 这里可能要注意对"法律"的解释,此处主要是从强制力角度来分析,但不同的人有不同的理解。哈特认为,什么是法律这一问题而言,除了一些明确的标准情况(它们被现代国家的法律制度所设定,这些制度是法律制度,对此没有人表示怀疑)之外,还存在着一些模糊的情况,对它们的法律性质,不仅受过教育的普通人,甚至连法律专家也为之犹豫不决,原始法和国际法就是这类模糊情况的典型。参见[英]哈特:《法律的概念》,张文显等译,中国大百科全书出版社 1996 年版,第 3—4 页。

③ A.Tammes,"Soft Law,in The Board of the Netherlands International Law Review",*Essays on International and Comparative Law in Honor of Judge Erades*,Springer Science,1983,p.187.

和强制性是其突出特点。① 而"软法"一般是指没有国家强制力保障实施的,具有一定社会治理效果的行为规范。至于"软法"有无法律效力,目前还存在争议。部分学者认为其没有法律拘束力,但有一定的法律效果或实际效果,如王铁崖教授认为"软法"严格意义上没有法律拘束力,但有一定的法律效果;②施耐德教授认为不具有法律拘束力,但可能产生实际效果。③ 部分学者对软法是否有法律拘束力秉持谨慎求索的态度,如罗豪才教授认为软法的效力结构未必完整,但能够产生社会实效;④霍夫曼教授认为软法不具有法律约束力或者约束力较弱;⑤佛朗希斯科认为可以产生一定的法律效果。⑥

因此,对于硬法与软法法律拘束力的差异以及该种划分是否合理仍然存在争论,其可能的根源在于如何界定"法"和"法的效力"。这个问题与国际法是否是"法"的思考,内在逻辑相同。按照目前的研究,普遍认为国内法与国际法是两个不同的体系,不能用国内法的标准去度量国际法是否是"法",⑦也就是说对法的理解可以分成不同维度,要用多维度视角去审视。从这个角度而言,硬法与软法的区分具有现实意义。

---

① Kenneth W. Abbott, Duncan Snidal, Hard and Soft Law in International Governance, International Organization, Vol.54(3), 2000. pp.421-422.

② 王铁崖:《国际法》,法律出版社 1995 年版,第 456 页。

③ Francis Snyder, "Soft law and Institutional Practice in the European Community", in Steve Martin(ed.), *The Construction of Europe: Essays in Honour of Emile Noel*, Kluwer Academic Publishers, 1994, p.198.

④ 罗豪才、宋功德:《认真对待软法——公域软法的一般理论及其中国实践》,载《中国法学》2006 年第 2 期,第 4 页。

⑤ Marci Hoffman, Mary Rumsey, *International and Foreign Legal Research: A Coursebook*, Martinus Nijhoff Publishers, 2007, p.7.

⑥ Francesco Francioni, "International Soft Law: A Contemporary Assessment," In A.V.Lowe and M.Fitzmaurice(ed.), *Fifty Years of the International Court of Justice: Essays in Honor of Sir Robert Jennings*, Cambridge university press, 1996, p.167.

⑦ 关于国际法是如何运作的,可以参见 Andrew T.Guzman, "How international law works: introduction", *International Theory*, Vol.1(2), 2009, pp.285-293;或者 Andrew T.Guzman, *How international law works: A Rational Choice Theory*, Oxford University Press, 2008。

国际法中的"硬法"是国际法的根基。根据《国际法院规约》第38条规定,国际法中的"硬法"一般是指国际条约、国际习惯法和一般国际法原则,这些都是正式的国际治理工具。与国内法不同的是,在国际法领域,因为国际社会的特殊构成,"软法"比例很高,根据王铁崖先生的研究,国际组织和国际会议的决议、决定、宣言、建议和标准等绝大多数都属于"软法"范畴。①也有学者认为私人标准、准则、行为准则和跨国对话论坛等都应该被纳入"软法"的范围。②

在国际法中,由于主权国家不愿意在事关国计民生的货币与金融等重大事项上将主动权或控制权让渡于国际组织或国际社会,很难在国际社会达成统一认识,难以形成国际金融"硬法"。因而,在国际金融治理中,除了《国际货币基金组织协定》和WTO的《服务贸易总协定》《金融服务协定》等少数规则可以被称为"硬法"之外,在银行、保险、证券、支付等业务领域,基本都是依据倡导性、鼓励性、指导性、宣示性等非强制性规范调整。这些非强制性规范实际上为国家提供了一个缓冲空间,③形成不同于"硬法"的国际金融"软法"法群,方便国家操作和执行。因此,按照"硬软法"的区分标准,目前的国际金融治理,以国际金融"软法"治理为主。

2. 国际金融软法和硬法的发展背景

国际金融软法是什么时候出现的,可能难以考证。因为在国际金融法的发展历史中,早期的起源或者渊源一般都会追溯到中世纪甚至更早时期的区域性商人习惯和商人习惯法,但这种商人习惯和商人习惯法仅是国际金融法的渊源,与后来逐渐形成的国际金融法或者国际金融软法有着本质的区别。依据软法在国际环境法和国际人权法出现的时间,大致可以判断国际软法应该是在一定规模的国际组织形成之后出现的。譬如,联合国大

---

① 王铁崖:《国际法》,法律出版社1995年版,第456页。

② Gary E. Marchant, Brad Allenby, "Soft law: New Tools for Governing Emerging Technologies", *Bulletin of the Atomic Scientists*, Vol.73(2), 2017, pp.108-114.

③ John J. Kirton, Michael J. Trebilcock(eds.), Hard Choices, *Soft Law*: *Voluntary Standards in Global Trade*, *Environment and Social Governance*, Ashgate Publishing Limited, 2004, pp.253-264.

会于 1948 年通过《世界人权宣言》,联合国环境与发展会议于 1972 年通过《联合国人类环境会议的宣言》等等。在国际货币与金融治理领域,19 世纪之前的各国实践,一般情形下应该称之为"跨国货币金融关系",其还不具备当下国际金融法上所认定的国际流通性和国际影响力。第一次世界大战结束之后,国际社会建立了"国际联盟"这一超越主权国家和区域影响的国际组织,并在同时期,由民间商业组织和企业组成了国际经济联合会——国际商会,这两个国际组织的建立为后来国际金融软法的产生提供了重要条件。

1920 年国际联盟行政院举行的布鲁塞尔国际金融会议和 1922 年英法联合 34 个国家举行的热那亚世界货币会议,开创了建立国际金融软法的先河。[①] 国际商会随后通过了一些倡议性商事规范,这些倡议性质的商事规则,被施米托夫称之为"新商人法",[②]为后来国际金融软法的发展提供了有力支撑。第二次世界大战结束之后,联合国、世界银行、国际货币基金组织等国际组织建立,创设了《国际货币基金协定》《国际复兴开发银行协定》等国际条约。并在随后的发展中,相继建立了国际证监会组织、国际保险监督官协会、巴塞尔银行监管委员会、国际会计准则理事会、国际会计师联合会和金融稳定委员会等国际组织,和联合国系统内创设的政府间国际组织一起,创设了一大批没有法律强制力的软法规范,调整着日趋复杂的国际货币金融法律关系。

当然,诚如许多学者的研究结论,国际金融软法的兴起与时代发展有紧密的关系。金融资源和金融风险的全球化,全球公民社会的兴起与金融民主化的追求,金融业务的日趋专业化和金融秩序管理的日益艰难,大量非政府组织对国际金融事务的影响日渐增长,可能还包括政府权威的普遍下降、

---

① 因为热那亚会议的一项议题是建议各国实行金块本位制,并建立黄金兑换标准,虽然鉴于当时的国际环境,各国间没有达成相关国际金融合作协定,但该会议实际上对各国的金融制度和将来的国际金融制度设计产生了重要影响。

② ［英］施米托夫:《国际贸易法文选》,程家瑞编,赵秀文选译,中国大百科全书出版社 1993 年版,第 2—24 页。

国际金融治理秩序趋于多元化等,都影响着国际金融硬法与国际金融软法的产生和发展。

3.国际金融硬法与软法的表现形式

(1)国际金融硬法的表现形式。

国际货币与金融治理领域中的硬法,主要是指依据一般国际法原理,能够使国际法主体承担约束性义务的规范。根据《国际法院规约》第38条规定,国际金融硬法的表现形式主要如下:

首先,国际条约。国际货币与金融领域中的条约并不多,从历史发展来看,主要有以下几种:首先,是全球性多边条约;例如,《制止货币伪造国际公约》、《国际货币基金协定》《国际复兴开发银行协定》、《关税与贸易总协定》及其关于金融服务的附件和议定书、《牙买加协议》、《统一汇票和本票法公约》、《解决汇票和本票法律冲突公约》、《汇票本票印花税公约》、《统一支票法公约》、《解决支票国际冲突公约》、《支票印花税公约》、《联合国关于独立保函和备用信用证公约》、《海牙取证公约》等。其次是区域性多边公约;例如,《欧洲经济和货币联盟条约》、《欧洲中央银行体系章程》、欧元区的《稳定与增长公约》、亚洲的《清迈倡议多边化协议》等。最后,是双边条约或者具有双边约束力的文件,例如,中国与法国证券监管部门签订的《证券期货监管合作谅解备忘录》,一些国家间签署的 FTA、RTA 和司法互助协定等。另外,一些政府间国际金融组织或机构发行的具有强制约束力的政策或规则,具有类似于条约的效力,例如,《国际复兴开发银行贷款协定和担保协定通则》、《国际开发协会开发信贷协定通则》、IMF 执行董事会通过的有关规则,如《双边监督决议》等。

其次,国际习惯法。对国际货币和金融领域存在的国际习惯法,目前并没有统一的认识。按照《国际法院规约》第38条规定,国际习惯法是作为通例的依据而被接受为法律的规则,①因而,一般国际法理论认为国际习惯

---

① "International custom,as evidence of a general practice accepted as law".SEE ICJ.*Statute of the International Court of Justice*.Art.38(1)(b).

法的构成要件主要有国际惯例和法律确信两个要件。[①] 但是,在不断变动、调整的国际金融实践中,如何判断是否已经形成前后比较一致的多次国家实践,并且这些国家实践是否具有国际代表性,存在较大争议。从目前的国际金融实践来看,有些规则可能已经具备了国际惯例和法律确信的构成要件,如巴塞尔委员会制定的《统一资本计量与资本标准的国际协议》及其《修订框架》等监管规则,国际商会制定的《跟单信用证统一惯例》《托收统一规则》《见索即付保函统一规则》等,实际上已经被国际社会广泛作为习惯法使用和遵守。

最后,一般国际法原则。国际金融法作为国际法的一个分支,要遵守一般国际法原则。国家主权平等原则、平等互利原则、和平共处原则、和平解决国际争端原则等对各国金融交往仍然具有普遍拘束力。但国际金融法也有一些独特的原则,如约定对第三者无损益原则、不得操纵汇率原则、透明度原则、信息共享原则、相互协助调查取证原则等。另外,有些其他国际法领域的一般原则,在特定条件下也可能会对国际金融实践产生效力,譬如,尽管 IMF 协定中没有最惠国待遇原则,但协定要求会员国必须保证与 IMF 和其他会员国合作,共同促进汇率秩序的稳定,因此,根据 WTO 与 IMF 所签订的两者之间关系的协定,如果实行歧视性的汇率政策,同样会违反最惠国待遇的规定。[②]

(2)国际金融软法的表现形式。

国际金融软法的具体表现形式根据内容和目的的不同,大致可以分为宣言类、指南类、章程类、技术规范类、规范性文件类五种表现形式。

第一,宣言类。宣言类主要包括宣言、号召、呼吁、声明、展望、原则声明、决议等类型。例如,联合国大会通过的关于建立国际经济新秩序的系列宣言,G20 的峰会公报和《加强金融体系的宣言》等文件,IOSCO 公布的《证

---

　　① 当然,对国际惯例的形成和法律确信,理论上也有不同观点,详见江海平:《国际习惯法规范构成机制》,载《厦门大学法律评论》2006 年第 2 期,第 253—282 页。

　　② 韩龙主编:《国际金融法》,法律出版社 2007 年版,第 95 页。

券监管的目标和原则》《关于相互协助的决议》《关于合作的决议》《致力于维护严格监管标准及相互协作基本原则的决议》等文件,IOSCO 联合 BCBS 发布的《长寿风险转移市场:市场结构、增长驱动和障碍、潜在风险》《信用评级机构行为基本准则》等。

第二,指南类。指南类主要包括指南、纲要、建议、倡议、议程、大纲等类型。例如,世界银行制定的《外商直接投资待遇指南》,联合国国际贸易法委员会公布的《国际贷记划拨示范法》,G20 财长会公布的《亚洲经济稳定行动计划》,金融稳定理事会发布的一系列指导性文件,如《关于建立有效存款保险制度的指南》《减少系统重要性金融机构道德风险的建议和时间表》《全球系统重要性银行:评估方法和额外损失吸收要求》《金融机构有效处置的关键属性》《恢复和处置计划:促进关键属性的有效施行》《国内系统重要性银行处置框架》《系统重要性金融机构恢复与处置计划:开发有效处置政策建议》《系统重要性金融机构恢复与处置计划:关键功能和关键性服务识别的建议》等。另外,还有其他的专业性组织或机构制定的一些指导性文件,如 IMF《存款保险制度的现状与良好做法》,欧盟各机构发布的各类建议和意见,IOSCO 的各种报告等。

第三,章程类。章程类主要包括章程、协定、公约等,在这里主要是指非政府组织的章程或未生效但对国家实践已经产生影响的国际公约,前者如 IOSCO 章程、国际会计师联合会的章程等,后者如 1912 年的《统一汇票本票法规则》《统一汇票本票法公约》《统一支票法规则》和 1988 年的《联合国国际汇票和国际本票公约》等。

第四,技术规范类。技术规范主要包括标准、规范、准则等,往往是专业性的国际组织或机构发布的专业技术标准。例如,国际会计准则理事会制定的《国际会计准则》、国际保理联合会制定的《国际保理通则》、国际商会发布的《关于审核跟单信用证项下单据的国际银行标准实务》(ISBP)、IOSCO 制定的《外国发行人跨国发行与首次上市国际披露准则》、国际标准化组织发布的一系列标准等等。但是,要注意甄别技术规范的硬法效力转变,即技术规范不具有强制拘束力,但如果技术规范被纳入技术法规或者纳入国际条约,便从"软法"变为"硬法",具有强制拘束力,譬如国际标准被纳入 TBT。

第五,规范性文件类。规范性文件主要包括规定、决定、办法、措施等,主要是指自律组织或机构发布的一些对组织内成员具有拘束力的规定。例如,国际律师联合会理事会制定的程序性规则,国际资本市场协会(ICMA)制定的离岸股票、离岸债券等事项的发行规则,世界证券交易所联合会的自律规定,等等。

第六,部分国内金融法律具有溢出的国际法效力。这里所论述的"部分国内金融法律"主要是指四种情形:其一,国家在履行和落实国际法规范时制定的国内法和国家制定的涉外金融管理法,该部分国内法在落实执行国际法义务、解释国际习惯法和国际法一般原则时,具有一定的效力。其二,部分国内金融软法具有溢出的国际软法效力。[1] 国内金融软法在一定条件下,也会产生外溢的国际软法效力,特别是一些专业组织或自律组织制定的行业标准和自律规范,如果该专业组织或自律组织在国际同类行业中处于领先水平,实际上不仅会产生国内软法的效力,也会外溢到国际领域。其三,部分金融大国所制定的纯粹国内金融法规,由于金融大国在国际金融领域的重要影响力或者专业水准,会使其制定的国内金融法规客观上产生示范效应,并具有国际影响力。例如,部分国家的国内金融监管机构出具的监管报告或监管意见可能会被纳入国际金融软法的范畴,因为其可能暗含着未来监管规则的发展走向。[2] 其四,部分金融强国制定的纯粹国内金融

---

[1]　国内金融软法与有些学者所称的"民间软法"和国家软法的概念有点相似,但存在明显区别。其他学者所称的国内软法,主要分为国家软法和民间软法,其中国家软法包括公共政策、弹性法条、官方推荐的专业标准等,而民间软法主要是指非政府机构协商的行为规则、行业惯例、商人习惯等。很明显,这里所称的国内金融软法主要是指与实际的法律效果有本质关联的规范,而不包括那些已经明显偏离法律的范畴,但实际上仍具有一定实际管理效果的规范。

[2]　Chris Brummer,"Why Soft Law Dominates International Finance-And Not Trade",*Journal of International Economic Law*,Vol.13(3),2010,pp.623-643.

法规,但该国依靠"长臂管辖"理论,强行将其国内法律效力外溢,而其他国家不得不接受其约束;尽管该种情形下的行为是否符合国际法,理论上有争议,但从金融治理的效果来看,不能否认会产生一定的实际效果或者会产生一定的法律效果。

二、国际金融治理中硬法和软法的作用

1. 国际金融硬法的作用

(1)国际金融硬法具有奠基性作用。

国际金融业务的复杂性和金融业对于国家安全与发展的重要性,使得国际社会很难在国际金融治理领域达成具有强制拘束力的条约或协定。但是,国际金融业务又关系到国际金融资源在不同国家间的优化配置,直接或间接影响各国经济增长,并牵连到因各国经济增长差异和经济管理手段多样化而导致的金融风险在国际间的生成和流动。就国际金融体系而言,相对稳定的金融政策和金融秩序是保证全球经济平稳、有序发展的前置条件,但国家在现实的金融业务操作中,经常借助于自身的金融体系片面追求本国的金融政策目标,并或明或暗地企图将自身金融体系所滋生的金融风险转嫁给他国。因此,如果一个失控的金融体系滥发货币从而引发通货膨胀或者因政策错误而导致严重的系统性金融风险,可能引起金融秩序混乱和经济增长严重衰退,进而影响国际社会的整体福利增长。所以,国际社会需要一些共同的"底线准则"或"共生性底线",①防止国家过分追求其"私利"或者故意损害他国金融利益。国际金融硬法就扮演这种角色。因而,从法的社会作用来分析,国际金融硬法虽然很少,但具有奠基性和全局性作用,代表着国际金融治理中公平、正义的追求方向。

(2)国际金融硬法具有指导作用。

国际金融业务的内容和特性决定了国际金融硬法只能是指导性规

---

① 金应忠:《试论人类命运共同体意识——兼论国际社会共生性》,载《国际观察》2014年第1期,第42页。

范,而不是准用性规范。作为国际金融硬法主要法源的《国际货币基金协定》,本质上是约束成员国对外支付和货币汇率的指导性准则,其据此判断成员国的货币行为是否适合,但并不解决对外支付或货币汇兑中的具体商事法律关系,甚至在某种意义上其对具体商事行为的预测和强制作用都是非常有限。同样,WTO《服务贸易总协定》及其相关的金融附件和议定书,本质是为了降低金融服务业的准入门槛,推进金融服务贸易自由化,通过成员方的条约义务和实际履行中的国内法规范来判断成员是否遵守相应的承诺义务,但并不能直接适用于金融服务贸易者之间的具体法律关系。所以,从法的规范作用推理,国际金融硬法的主要作用在于指导或指引。

(3)国际金融硬法的强制作用。

国际金融硬法具有一定的强制拘束力,这是硬法与软法的关键区别。

首先,行为主体如果违反国际条约和习惯国际法,将会承担相应的法律责任。例如,《国际货币基金协定》规定了成员国在国际储备体系、汇率制度安排、国际收支调节制度等方面的履约义务,如果违反将承担相应的责任;再如,成员违反WTO金融服务贸易协定项下的义务,同样要承担相应的法律责任。但需要注意的是,一般意义上法的规范作用中的教育、预测甚至强制功用,在国际金融硬法中并不明显,也就是说国际金融硬法上所谓的"强制"与国内法上的"强制"是有区别的。总体而言,国际法强制义务其来源是直接或明确的,但强制效力要弱一些,并且强制效力是间接发生的,而不是直接触发式产生。

其次,行为主体如果违反一般国际法原则,也会产生一定的法律责任。国际法上承认金融管理事项属于国家经济主权的一部分,但金融业务的全球延展和金融资源在各国间游走,使得金融管制已经超越纯粹的国内法范畴,一国的金融管制措施可能直接影响他国金融利益,甚至直接影响他国国民的具体权益,因而,一国国内的金融事务可能完全属于《国际法院规约》第36条第2款规定的有关国际法律问题的法律争端,从而受到国际法的规制。

最后,国家在实行主权行为时,并不是完全不受制约,其主权行为可能面临因违背一般国际法原则而产生的诸多责难,在特殊情况下,可能会受到谴责甚至诉讼。所以,与国际条约和习惯国际法相比较,违反一般国际法原则的强制义务其来源可能是不明确的或者不是直接的,要在具体的案件中伴随主要的诉求附带寻找相应的国际法原则,因而,其强制效力是次级的,是不完整的。

2. 国际金融软法的作用

关于国际软法的作用,学者习惯与国际硬法的缺陷联系起来,①认为国际硬法具有滞后、单一、僵化、无法直接适用、修改难、程序复杂等固有缺陷,而国际软法能够弥补或克服这些缺陷,因此,国际金融软法的功能和意义就是降低缔约成本、灵活、简单快速、缓和分歧、扩大参与性、渐进性等。这些特点反映了软法的部分特征,但如果从法理视角去思考,可能不会把"功能和意义"等同于"作用"。如果将国际金融软法视为国际金融硬法无法形成时的妥协产物,②视软法为硬法的附属产品,可能对国际金融软法存在"天然的歧视",隐藏在价值选择背后的这种"先验知识",可能容易忽略国际金融软法的独立作用。

(1)国际金融软法的调整作用。

调整作用是国际金融软法的首要作用。因为对条约和习惯国际法的认定已经具有相对成熟的理论界定,国际社会很难在短时期内达成具有硬法拘束力的条约或形成习惯国际法。现有的国际金融硬法比较少,加之条约部分内容过于原则,欠缺执行性,甚至部分内容已经滞后,因此,硬法在实践中只能起到基础作用和指导作用。在实际生活中,具体调整国际金融法律

①　Jaye Ellis,Shades of Grey,"Soft Law and the Validity of Public International Law",*Leiden Journal of International Law*,Vol.25(2),2012,pp.313-334;Matthias Goldmann,"Soft Law and Other Forms of International Public Authority-The View from Discourse Theory:A Reply to Jaye Ellis",*Leiden Journal of International Law*,Vol.25(2),2012,pp.373-378.

②　Kenneth W.Abbott,Duncan Snidal,"Hard and Soft Law in International Governance",*International Organization*,Vol.54(3),2000,pp.444-450.

关系的规范主要是软法规范。当然,我们认为在国际金融治理中软法规范起主要作用,并不是弱化或忽视国际金融硬法的效力,也不是将国际金融软法视为国际金融硬法的补充,而是鉴于国际金融关系的特点,强调它们的设计功能是不同的。

(2)国际金融软法的评价作用。

在国际金融治理关系中,软法起到重要的评价作用。国际金融硬法较少,并且硬法普遍存在宏观性、政治性和原则性特征。由于国际关系的特殊性和复杂性,以及国家的偏好分歧与政治差异,可能导致国际社会无法通过条约准确判断某国行为是否合法或合理,因此,法的评价效果并不充分。例如,《国际货币基金协定》第4条第1款规定禁止成员国操纵汇率,[①]但是,对于什么是"操纵汇率"却难以达成共识,以至于在实践中国际社会无法准确判断成员国是否违反相应的国际法义务。但国际金融软法多以技术规范和操作指南为内容,具有比较明确的判断标准,能够给国家和国际社会提供比较清晰的价值指向。例如,IOSCO制定的《外国发行人跨国发行与首次上市国际披露准则》,[②]发行人应该披露什么信息,什么时候披露都有规定,因此,行为人的行为是否符合规范一目了然,非常容易判断。

(3)国际金融软法的预测作用。

首先,国际金融行业具有即时性、高风险性和维持公共信心的特征,在面临不断急速变动的国际关系和国际金融市场时,国际社会甚至个人如何做出预警判断和快速反应,考验国际金融制度的安全性和有效性。对于个人、市场或国家而言,要做出预警和快速反应,依赖于对金融信息和金融市场的判断。条约和习惯法也可以为国际关系或国际市场的宏观

---

① "Each member shall: ' avoid manipulating exchange rates or the international monetary system in order to prevent effective balance of payments adjustment or to gain an unfair competitive advantage over other members' "; SEE IMF. *Articles of Agreement of the International Monetary Fund*. Art.Ⅳ(1)(ⅲ).

② IOSCO, *International Disclosure Standards for Cross-Border Offerings and Initial Listings by Foreign Issuers*, Sep.1998.

走向提供有效证据,但因条约或习惯法的性质所限,其证明效果没有国际金融软法那样直接、迅速和有效。相反,巴塞尔委员会、国际证券会组织、国际商会等组织或机构发布的专业性报告,为市场预测提供了更为有效的凭据。

其次,因为条约等国际金融硬法一般都以主权国家的名义签署,因而其关涉政治利益的角力。但从市场参与角度评估,专业机构出具的具有软法性质的报告和规则,政治因素较少,从而更具客观性和可信性。

最后,部分国际软法,虽然是非正式的,但仍可能在不同程度上表达成员国所做出的类似"合意"或"承诺"的效力。譬如,宣言类国际软法一般是国际社会达成相对一致的认识后做出的整体性表态,代表着国际社会对特定问题的基本价值取向和判断,能够为市场参与者的预测提供有价值的指引。①

(4)国际金融软法的证明作用。

这个主要是针对国际金融软法与国际金融硬法两者的关系而言。首先,从理论上来看,国际金融软法有助于促进惯例向习惯国际法发展,并证明国际惯例和习惯国际法的存在。其次,国际金融软法还有助于促进一般国际法原则的形成,并证明其存在的合理性和有效性。在相关的司法案件或法律解释中,国际金融软法也是证明力较强的重要资料。最后,国际金融软法在一定条件下,可以转化为国际条约或国内法律,是国际法或国内法的法律渊源。

三、国际金融治理中软法的硬化趋势

1. 国际金融软法的"硬化"途径

依据目前研究,国际金融软法的"硬化"这一表述并没有确切定义。按照文义解释,国际金融软法的硬化主要是指通过各种方式赋予国际金融软

---

① Sergei Marochkin, Rustam Khalafyan, "The Norms of International Soft Law in the Legal System of the Russian Federation", *Journal of Politics and Law*, Vol.6(2), 2013, pp.91-92.

法一定的法律强制力或法律拘束力。现有理论普遍认为国际金融软法通过两个途径进行"硬法"转化,一方面是法律方面的硬化,另一方面是事实方面的硬化。法律方面的硬化主要是指通过一定的立法程序,将没有法律拘束力的软法规范纳入国内立法或国际条约,即可以通过纳入或转化的方式把国际金融软法纳入国内硬法系统,也可以通过国际会议、多边谈判或双边谈判将国际金融软法纳入条约内容。而事实方面的硬化主要是指通过法律之外的其他手段,如政治手段、经济手段、文化手段、军事手段、同盟关系等迫使国际社会或部分行为体遵守原本没有强制拘束力的软法规范。这种强迫手段可能是"利诱",也可能是"逼迫"。因此,法律方面的硬化是程序和效果的兼顾,具有比较明确的标准,而事实方面的硬化重在实际效果,并没有确定的标准。

根据上述理论认识,目前的研究认为国际金融软法的硬化趋势在于向条约或习惯国际法靠拢,如美国学者伊迪斯·布朗·韦斯认为软法可能会朝着发展成为条约、国内法或习惯法一部分的方向发展。[1] 因此,期待国际金融软法向具有强制拘束力的硬法转化似乎是目前理论研究的主要落脚点。[2]

2. 对国际金融软法"硬化"的思考

国际金融硬法和国际金融软法在法的作用方面存在差异,硬法具有较强的奠基性、强制性和指导性,而软法具有较强的规范性、预测性、证明性和评价性。很明显,现有的研究以国际硬法为标准,认为软法的主要缺陷在于缺乏强制力或者欠缺法律拘束力,所以,软法应该向硬法方向发展。[3] 但

---

① Edith Brown Weiss, "Conclusions: Understanding Compliance with Soft Law", in Dinah Shelton(ed.), *Commitment and Compliance: The Role of Non-Binding Norms in The International Legal System*, Oxford University Press, 2000, pp.535-553.

② Weil Prosper, "Towards Relative Normativity in International Law?" *American Journal of International Law*, Vol.77, 1983, pp.413-442; Klabbers Jan. "The Undesirability of Soft Law", *Nordic Journal of International Law*, Vol.67, 1998, pp.381-391.

③ Douglas W. Arner, Michael W. Taylor, "The Global Financial Crisis and the Financial Stability Board: Hardening The Soft Law of International Financial Regulation?", *U.N.S.W.L.J.*, Vol.32, 2009, p.511.

是,基于实践经验,这种思考可能并不能有效排除以下质疑:首先,对于调整国际金融秩序而言,硬法一定比软法有效吗? 其次,从国际法的产生与发展规律而言,软法必须向硬法靠拢吗? 最后,对于国际金融法的效力而言,硬法与软法真的处于不同的效力位阶吗?

(1)对于调整国际金融秩序而言,硬法一定比软法有效吗?

硬法的法律拘束力或者强制力比软法强,但法的作用和法的实施效果并不一定比软法有效。尤其是在国际金融领域,硬法少,内容宏观且略显陈旧,大多缺乏执行性和操作性,因此,实际调整国际金融关系的主要是软法,在国际金融市场实际发挥调整、预测、评估作用的也主要是软法规范。鉴于国际金融软法与国际金融硬法在当前国际关系中处于不同的功能配置,即硬法具有奠基性和指引性作用,软法主要负责规制与调整。所以,硬法与软法只是设计功能不同,在理论上并不能得出硬法一定比软法有效的结论。

(2)从国际法的产生与发展规律而言,软法必须向硬法靠拢吗?

既然在国际金融秩序的管理中,硬法并不一定比软法有效,或者说并不能人为地区分或割裂硬法与软法的有效性,那么软法为什么要向硬法转化呢? 从国际法的发展规律来看,国际惯例或者行业规则等软法可能在一定的条件下被纳入国际法的范畴,但无论是条约的合意性还是习惯法的法律确信,都是国际社会认为有必要将惯例或行业规则等转化为国际法,才开始软法的硬化工作。因而,"有必要"代表着国际社会的一种选择性,归根结底是一种价值选择或者纯粹是政治需要,其本身并没有规律性。从理论角度分析,软法可能变为硬法,硬法也可能变为软法,因此,国际硬法的强制拘束力也存在不可期的变动。如果拘泥于传统法的概念,硬法规则给了社会一种客观期待,而违反这种期待并不产生国际法上的责任,那么当退出条约或条约解散或者单方面宣称例外时,其对良好秩序产生的损害或破坏效应比不执行软法规则可能更严重。

除此之外,软法硬化为习惯国际法不一定是最优选择或者不一定具有良好效果。因为习惯国际法的强制拘束力,一般存在于具体案件的证明责任中,需要法官依据证据来自由心证。而在国际法领域,由于客观上存在文化分歧和制度差异,导致法官或法庭的裁决或判断,并不一定契合某个地区的特殊生活经验,因而,法官的判断可能不仅不能解决纠纷,并且有可能加剧纷争和矛盾。

(3)对于国际金融法的效力而言,硬法与软法真的处于不同的效力位阶吗?

思考国际金融法中硬法与软法的效力位阶问题非常有必要。在法律位阶的理论中,常常将法域内的法律规范按照其在国家法律体系中的不同作用,界分为根本法、基本法、普通法等位阶,不同位阶的法律规范之间存在下位法必须服从上位法,所有法律必须服从最高位阶法的定制。但是在国际金融法中,是否存在法律的不同位阶,理论上并没有清晰的说明。弗里德曼在《变动中的国际法结构》中讨论了国际法的位阶问题,①但在传统国际法理论中,国际社会的造法主体并无权力上高低差异,所有国际法规范都在同一位阶,相互之间并无上下等级之间的调整。② 但后来国际法的发展逐渐出现了国际强行法、对一切的义务、国际罪行、国际不法行为等相关理论,使得国际法的效力来源可能已经超越国家同意,实际上不同国际法规范的拘束力已经日益层次化。因此,在国际金融法中,多边条约、双边条约、习惯法、软法,以及国际司法机构的裁决、国际法委员会的报告、国际组织的报告、非政府组织的报告等已经形成了层次分明的法律来源。

但是,可能面临的难题是,处理国际法中这种多层次法律之间的关系是否适用于国内法中处理位阶之间的上下、新旧、特殊与一般的理论? 国内法与国际法之间的差异以及对法的效力的认识还是有区别。对于国际金融秩序的治理而言,硬法并不是调整国际金融关系的唯一工具,国际金融硬法的

---

① Wolfgang Friedmann, *The Changing Structure of International Law*, Columbia University Press, 1964, pp.60-90.

② Prosper Weil, "Towards Relative Normativity in International Law?" *American Journal of International Law*, Vol.77(3), 1983, pp.422-423.

来源也是多元的,还没有形成权威的或者作为根本法性质的国际金融硬法;软法也不是国内法上所界定的"法律",所以,也不产生上位法和下位法或一般法与特殊法的位阶关系。部分学者认为国际金融软法应该硬法化,可能深受国内法中法律位阶理论的影响,把国内法的强制力视为法的典范,把软法视为下位法,进而期盼国际金融软法能向条约或习惯法转化。很明显,当下国际机构不仅适用国际软法或国际硬法行使公共权力,而且还用非法律文书如信息等来行使公共权力,我们不能再不加区别地将国际法与公共权力的适用混为一谈,[1]国际金融法是建立在"约定必须遵守"的自愿同意基础之上,国家是否遵守国际法义务主要依靠其自身信念,而不是依赖行使法律强制力的超国家机构。因此,把强制拘束力视为法的效果的判断可能在国际金融法领域存在较大争议。

综上所述,国际金融硬法和软法共同构成了国际金融法的整体,并且,软法有硬法化的趋势。从传统国际法律的发展历程来看,软法硬法化主要有两种途径:一是转化为国际公约和国际习惯;二是转化为国内规则。国际金融硬法因为具有相对"确定"的法律效力,从而在稍显凌乱的国际法体系中为国际金融实践提供了宝贵的"正确性"。这种"正确性"存在于判断国际实践是否与国际法律保持一致性,以及这种法律可否被精确地审查。[2]当然,既然是一种判断,在国际金融实践中就不可避免地出现卢曼所称的"法的实证化"过程,软法规则在认知结构转换中,将被有限的立法经验所替代,最后的结果,就是正确的国际法律的有效性基础,不再是国际规则的预设,而是国际规则的构建。但是,需要指出的是,由于国际金融市场的复杂多变,硬法规则可能不够灵敏,不能有效应对日趋频繁的金融创新和金融波动。相反,软法规则的灵活、协商和妥协特征,能够更快地促使国际社会

---

① Matthias Goldmann, "We Need to Cut Off the Head of the King: Past, Present, and Future Approaches to International Soft Law", *Leiden Journal of International Law*, Vol. 25 (2), 2012, pp.335–368.

② [德]阿图尔·考夫曼、温佛里德·哈斯默尔主编:《当代法哲学和法律理论导论》,郑永流译,法律出版社 2002 年版,第 275 页。

达成相对一致的监管方案,客观上更有助于国际金融市场的安全与稳定。因此,应该冷静看待国际金融软法的硬法化,将审视的目光聚焦在改善软法的弱点和不足上,努力扩大国际金融软法的造法主体范围,强化软法规则的透明性和追责机制,不断提高软法规则在国际金融法治中的效力和作用。

第二节　国际金融治理规则的执行
及其价值嬗变

国际金融治理的规则体系已经初步形成,但无论是条约、习惯法或一般法律原则等硬法规则,还是宣言、监管标准等软法规范,都在不断扩张,相继引起国际金融法体系规模上的持续扩大。但是,治理规则数量上的增加和所涉领域的扩张,并不意味着国际金融治理趋向于更加有效和公正,也不能说明国际金融法体系已经形成自动闭合循环的执行结构。相反,在国际金融实践中,规则制定主体较乱,规则之间缺乏内在联系和协调,条块结合性不强,使得国际金融法体系呈现出严重的"碎片化"倾向,导致国际金融规则在执行中外溢出价值流变和较多执行冲突。因此,基于国际公法语境下的"履行"或"遵守"等执行话语,已经不能真实反映国际金融治理的现状和兼有私法内容的契约执行规律,未来全球金融规则的执行,要构建全球金融规则的法律位阶和执行评估机制,形成与公法的"遵守"相区别的带有主动履行的执行理念。

一、国际金融法上的"执行"

全球金融危机和大大小小的区域性金融危机暴露出现有国际金融管理机制的深层缺陷,过去那种从少数国家或少数集团视角出发倡导的二元分层治理结构,已经不能为国际社会提供有效的公共产品。根据卡尔·波兰尼的说法,"国际金融是人类历史上所曾产生过的最复杂制度之一的核心,它不是作为和平工具而设计出来的,它的目的是图利"。① 因此,"国际金融必须巧妙应付各个大小强权互相冲突的野心与阴谋",②国际金融规则理所当然成为"精心安排的强权之间的妥协"。③ 但是,这种基于少数国家利益甚至少数政党利益而达成的妥协,已经不能为国际社会提供达到共同认识所需要的依据。旧有国际规则的缺陷不可避免地外溢到整个国际社会,④从而导致新的冲突和危机。⑤ 以至于"在国联瘫痪和第二次世界大战爆发之后,国际上的法学家和一般学者都感到幻想破灭,他们强烈反对以法律秩序的方法来控制国际体系,他们不再指望以国家共同体的形式来建立国际关系,而是倾心于一种以各国的相对权力来决定国际关系的无政府体制"。⑥

但从总体人类历史发展经验来看,无论是否自愿,人类都不可避免地生活在一定的秩序中,与人治或乌托邦空想或国际均势理念相比较,法治秩序仍然是相对客观与稳定的治理结构,"一个由法律奠基的稳定的国际社会秩序,也是符合绝大多数人愿望的世界未来的发展前景"。⑦ 因而,国际社会需要规范、指引和约束国家行为,重新界定国家利益,以平等对话、协商合作,共同负责为途径构建新的国际金融治理体系,该体系应该着眼于解决旧有二元治理模式的弊端,并创设相应的国际金融治理规则。

值得思考的是,即使有了一定数量的国际金融治理规则,对于其如何实施,国际经济法理论也是关注较少。如果去回顾,会发现整个国际法理论对

---

① [匈牙利]卡尔·波兰尼:《巨变:当代政治与经济的起源》,黄树民译,社会科学文献出版社会 2013 年版,第 63 页。

② [匈牙利]卡尔·波兰尼:《巨变:当代政治与经济的起源》,黄树民译,社会科学文献出版社会 2013 年版,第 66 页。

③ [匈牙利]卡尔·波兰尼:《巨变:当代政治与经济的起源》,黄树民译,社会科学文献出版社会 2013 年版,第 69 页。

④ Abraham Newman, Elliot Posner, "Transnational Feedback, Soft Law, and Preferences in Global Financial Regulation", *Review of International Political Economy*, Vol. 23 (1), 2016, pp. 123-152.

⑤ Stanley Hoffmann, "Clash of Globalizations", *Foreign Affairs*, Vol.81(4), 2002, p.111.

⑥ [澳]约翰·W.伯顿:《全球冲突:国际危机的国内根源》,马学印、谭朝洁译,中国人民公安大学出版社 1991 年版,第 2 页。

⑦ 何志鹏:《国际法治论》,北京大学出版社 2016 年版,第 150 页。

国际法的实施也是语焉不详,因为"与国内法相比,国际法缺乏强制执行力,如何促使国家遵守国际法便成为国际关系中最为复杂的问题之一"。①在国际法的语境中,对于国际法的实施,通常用"遵守"(Compliance)和"执行"(Enforcement)来表达,但对两者的区分并不明显。在主要研究国际法问题的外文著作中,根据多伦多大学犹塔·布朗妮(Jutta Brunnée)教授的研究,部分学者使用"遵守"一词,部分学者使用"执行"一词,部分学者两者都用,还有一部分学者两者都不用。② 而在中文版本的国际法研究著作中,对"国际法的实施"的使用也是比较凌乱,大致可以归纳为三类:第一类使用"遵守",③主要是在条约及其相关的语境下出现,典型的例子就是"条约的遵守",但是关于条约在缔约国国内的实施,也会使用"履行"或"执行"两个词汇;④第二类使用"执行",⑤主要是在涉及国际条约义务或外国法院、仲裁院的裁判承认问题中,典型的例子就是"域外强制执行";第三类就是混用,有的地方用"遵守",有的地方用"执行",还有的地方用"适用",⑥并

---

① See Markus Burgstaller, "Amenities and Pitfalls of a Reputational Theory of Compliance with International Law", *Nordic Journal of International Law*, Vol.76(1), 2007, p.40.

② See Jutta Brunnée, "Enforcement Mechanisms in International Law and International Environmental Law", in U. Beyerlin et al. (eds.), *Ensuring Compliance with Multilateral Environmental Agreements: A Dialogue between Practitioners and Academia*, Brill Nijhoff, 2006, pp. 1-24, Note 1, Note 2.

③ 参见王铁崖主编:《国际法》,法律出版社1995年版,第427页;参见邵津主编:《国际法(第五版)》,北京大学出版社、高等教育出版社2014年版,第413页;参见陈安主编:《国际经济法学(第五版)》,北京大学出版社2011年版,第153页。另外,部分中文译著在翻译中,也使用"遵守"一词,参见[德]沃尔夫刚·格拉夫·魏智通主编:《国际法》,吴越、毛晓飞译,法律出版社2002年版,第41页。

④ 参见邵津主编:《国际法(第五编)》,北京大学出版社、高等教育出版社2014年版,第417页。

⑤ 参见韩德培主编:《国际私法问题专论》,武汉大学出版社2004年版,第386页;李双元、将新苗主编:《国际产品责任法》,湖南科学技术出版社1999年版,第63页;程晓霞、余敏才主编:《国际法(第二版)》,中国人民大学出版社2005年版,第318页;赵秀文:《国际商事仲裁及其适用法律研究》,北京大学出版社2002年版,第224页。另外,部分中文译著在翻译中,也频繁使用"执行"一词,参见[英]伊恩·布朗利:《国际公法原理》,曾令良、余敏友等译,法律出版社2007年版,第215、335、368页;[日]森下忠:《国际刑法入门》,阮齐林译,中国人民公安大学出版社2004年版,第125、164、214、243、244、247页。

⑥ 参见姚梅镇主编:《国际经济法概论》,武汉大学出版社1999年版,第25页。

没有呈现出明显的规律性。

根据《布莱克法律字典》的解释,"执行"是指"强制遵守法律的行为"①或者"法律、命令等的实施、强制执法,惯用词汇是 Enforcement Power,即执行权"②,强调实施法律的动力来自于外力;"遵守"是指依照、顺从、服从、遵守和履行,③强调实施法律的动力来自于内在。在中文语境中,法的实施包括法律遵守、法律执行和法律适用,法律遵守强调"守法",法律执行强调"执法",法律适用强调"司法"。而在国际法中,国际法的实施主要依靠自愿履行和自我救济,虽然第二次世界大战后建立的联合国体系强调集体执法机制,部分限制了自我救济的范围,但集体执法机制的救济性只是在关涉和平与战争等重大国际事务时才触发,在一般的国际交往中,国家仍然主要依靠自我意志履行国际法上的权利和义务,但也受一些外在因素的影响和制约。因而,中文语境中的"执法"、"司法"和"守法"等词汇不能完全表达国际法中的"实施"内涵。所以,本书中的"实施"主要是指英文中的"Enforcement"和"Compliance"的综合,如果国家履约动机主要源于自我意志,则是"遵守";如果履约动机主要源于外在压力,则是执行。

二、国际金融硬法的执行及其价值嬗变

1. 国际金融硬法的执行机理

现在的国际金融治理规则主要由国际金融硬法和国际金融软法两大法群组成,由于软法和硬法的内容、作用、法源、表现形式等诸多方面存在差异,在国际金融治理规则的执行中,实际上形成不同的动力来源和执行机理。并且,随着执行主体和执行环境的变化,金融规则的执行价值也会发生流变。

国际金融硬法符合一般国际法的特性,其执行动力源自"约定必须遵

---

① See "the Act of Compelling Compliance with a Law", *Black's Law Dictionary*, 8ᵗʰ ed., Thomson West, 2004, p.569.

② 薛波主编:《元照英美法词典(精装重排版)》,北京大学出版社 2017 年版,第 472 页。

③ 彭金瑞编著:《简明实用英汉法律大词典》,中国法制出版社 2017 年版,第 200 页。

守"的国家自愿和国际法强制。一般通过国际法主体间的合意达成相互约束与相互监督的执行体系,该体系可能包括执行的程序事项、执行的具体权利义务、约定机构的监督职责、违反义务的补救措施以及补救失效时的争端解决方法。与一般国际法的执行形式相同,国际金融硬法的执行主要通过"纳入"和"转化"对执行主体产生国际法效力。当然,也可能通过"借用国内法院"来执行国际法。[①] 但根据国际金融硬法的具体来源和内容,不同国际金融硬法在具体执行机理方面可能存在一定差异。

(1)《国际货币基金组织协定》(以下简称"《协定》")。《协定》是目前为数不多的国际金融硬法,也是主要的全球性多边条约,在国际货币和金融领域起着基础性的重要作用,但条约类硬法通常不会制定执行标准。[②]《协定》的执行主要表现在三个方面:

第一,《协定》规定了成员的执行义务。执行义务主要有两项:一项是成员国承担与 IMF 合作的义务;另一项是成员国之间承担相互合作的义务。这两项义务不仅赋予 IMF 一定的监督权,还要求成员国之间相互合作,在制定国家金融政策时避免以不正当的手段获取竞争优势。

第二,监督与磋商。IMF 对成员国的汇率政策有监督权,如果发现任何可能与《协定》义务不符的行为,IMF 可以要求磋商。磋商一般分为定期磋商、不定期磋商和特殊磋商,包括预先议定磋商和加速磋商制度,主要通过资料交换和实地考察,就相关成员的经济情势进行研判,判断成员是否遵守《协定》义务。

---

① "Borrowing the forum of domestic courts",该提法主要来自 Mary Ellen O'Connell 教授。Mary Ellen O'Connell 教授认为国际法一般都是遵守的,国际法的执行是基于遵守(Compliance),而不是"执行"(Enforcement),因此,反对使用国际执法机制(International Enforcement Mechanisms)来执行国际环境法,认为应该借用国内法院的资源来执行国际法。但这种"借用国内法院"的做法仍旧是一种纳入或转化的方式,并不能形成独特的国际法执行分类。详见 Mary Ellen O'Connell, "Enforcement and the Success of International Environmental Law", *Global Legal Studies Journal*, Vol.3, 1995, pp.47-64。

② Antonio Segura-Serrano, "International Economic Law at a Crossroads: Global Governance and Normative Coherence", *Leiden Journal of International Law*, 2014, 27(3), p.689.

第三,干预。如果经过研判,IMF 执行理事会认为成员国实行的金融政策与其应该履行的《协定》义务不相符,则会对成员国进行干预。干预主要有两种措施:一是对成员的金融政策发表看法或建议;二是若成员的金融政策需要 IMF 的批准,例如其是《协定》第 8 条义务国,则 IMF 可以不批准。负面评价和不批准决定对成员会有不利影响,如果 IMF 通过不利决议,决议有法律拘束力,从而迫使成员国遵守约定。

(2)WTO 金融服务贸易规则。WTO《服务贸易总协定》及相关金融附件和金融议定书,构成 WTO 金融服务贸易规则。对于该规则的执行,除了遵循磋商与监督程序之外,在干预方面还需要适用争端解决程序。因为WTO 金融服务贸易规则将国际贸易法的一般原则与国际金融法的特有原则结合在一起,若国家间产生金融服务贸易纠纷,则应该适用 WTO 争端解决机制。如果成员方不履行争端解决机构的裁决,当事方可以依法报复。

(3)习惯国际法和一般国际法原则。对于习惯国际法和一般国际法原则的执行,一般是糅合在具体的案件中,其执行主要反映在两个方面:一方面是作为争议当事国援引的支持或反对相关主张的重要举证材料;另一方面如果习惯国际法或一般国际法原则被法庭认可并据此裁判,则会产生国际法强制效力,当事国必须执行。

2. 国际金融硬法执行中价值的嬗变

国际金融硬法具有法定拘束力,其约定的权利义务关系比较明确,但在具体执行中,因为各种不确定因素的影响,其法的价值可能不完全实现,会发生各种嬗变。

(1)条约的部分修订或变更会使条约制定时的总体价值发生嬗变。例如,《协定》第 4 条规定了成员国的合作义务,①在平价制度下,成员国的这种合作义务是严格的,如果成员国的货币发生浮动,就被视为违反条约义

---

① "Section 1. General obligations of members⋯each member undertakes to collaborate with the Fund and other members to assure orderly exchange arrangements and to promote a stable system of exchange rates",SEE IMF.*Agreement of the International Monetary Fund*.Art.Ⅳ(1).

务。但平价制度取消后,成员国在汇率选择上更加自由,IMF 的作用却相对下降,在实践中很难确定哪些行为违反条约义务。因而,《协定》规定的合作义务及其价值就发生了流变,某种程度上《协定》已经缺乏一般条约所具有的强制性。

（2）条约规定义务的模糊性、原则性和例外性,使得国家在执行条约时,可能出现选择执行或者不完全执行。例如,《协定》规定,如果 IMF 发现成员国以实现国际收支平衡为目标而调整其金融政策,IMF 可以要求磋商;对于成员国而言,磋商是一种法定义务,但如果成员国以相关政策与国际收支平衡无关相抗辩,则 IMF 无权要求磋商。又如,《协定》规定成员国之间应该相互合作,他国金融政策若对本国造成不利影响,可以要求磋商,也可以对该金融政策进行评价或提出建议,并采取有效的合作维持金融秩序的相对稳;但是,成员国并没有接受他国建议的法定义务,如果选择不接受,则磋商不能进行。另外,磋商的范围和合作的范围不一致。从《协定》的规定来看,合作的范围更加广泛,不仅包括磋商的内容,还包括政策协调、联合行动、协同治理等《协定》之外的内容。对于《协定》之外的合作内容,成员国并没有法定的遵守义务,其执行完全取决于成员国间是否有共同的意愿和兴趣。

（3）条约签订时未考虑的情势,可能影响条约的执行效果。例如,《协定》规定的合作义务,是全体成员国之间的合作、部分成员国之间的合作还是特定会员国之间的合作? 因为在不同情形下,执行的内容和成员国承担的合作义务不同。又如,IMF 或成员国在磋商时,判断某项金融政策是否符合特定国家的标准是什么? 因为标准不同,可能决定着成员国是否违反条约义务以及如何执行条约规定。再如,《协定》规定的磋商义务与执行义务是否一致? 就常理而言,磋商义务是法定的,但执行义务可能存在两种情况:一种是在条约的最大范围内严格按照磋商内容进行执行;另一种是在条约的一定范围内按照磋商内容进行执行。两种不同情形下的执行,将会产生不同的执行效果。

（4）一般国际法上的执行困难仍然会困扰国际金融硬法的执行。大国或主要国家是否认真遵守国际法，将决定国际法执行的最终效果或者决定了国际法在何种范围内有价值。在当前的国际金融体系中，发达国家之间的合作和国际组织能否对发达国家进行有效监督决定了国际金融秩序能否保持稳定。从《协定》履行情况来看，发达国家很少从 IMF 筹款，IMF 所设立的磋商和监督义务对发达国家实际产生的拘束力非常有限；与此相反，中小国家由于急需资金，必须严格按照规定执行，故《协定》对中小国家的拘束力很强。因此，《协定》的执行效力存在缺陷。

此外，在执行 WTO 金融服务贸易规则或一般国际法原则时，也存在"大小不同"的现实窘境。争端解决机构或国际法庭作出的裁决，最终仍需回到当事方的自愿执行上。如果不执行，理论上可以采取报复等反制措施，但大国庞大的经济体量和丰富的制裁手段，都使中小国家无法达到实质有效的执行效果。

三、国际金融软法的执行分层及其价值嬗变

1.国际金融软法的执行动因

与国际金融硬法不同，一般认为国际金融软法没有强制执行力。国际金融软法的执行，主要依靠国家和行为体的自愿遵守，如果国家和行为体不执行国际软法，国际社会、媒体舆论或行业评估可能对其负面评价。负面评价能够给国家或行为体带来一定的市场压力或道义负担，[1] 从而促使其纠正不执行行为。国际金融软法的执行途径主要有三种：其一是直接执行；其二是国际金融软法主要精神被国内法所转引或借鉴或吸收，从而间接执行；其三是国际金融软法转化为国际法，从而转化执行。

从一般国际法理论来看，国际金融软法之所以能够在国际货币与金融领域执行，主要存在以下执行动机：

---

① Daniel E. Ho., "Compliance and International Soft Law: Why Do Countries Implement the Basle Accord?" *Journal of International Economic Law*, Vol.5(3), 2002, pp.647-688.

（1）契约精神。执行动机是一种主观的精神状态，代表着行为体在行为时所具有的主观认识。在执行国际金融软法时，成员方基于签订该约定的自愿行为所派生出的自由、平等、守信以及和平救济的善意，认为协商签约行为本身就是一种符合自身利益和顺应自然规律的最佳秩序参与。在国际法上，崇尚自然法理论的学者认为人定法之上存在更为高级的自然规则，如果行为体的合意符合自然规则，应该执行。因而，遵守契约和尊重合意其本身是自我权利的主动限制，代表了行为体自动将自身行为缩限于国际社会共同利益之中的良好意愿。

（2）自利诱因。国家作为国际社会的主要参与者，其本身具有趋利倾向。在国际金融关系博弈中，为了维护自己的国家利益，国家会选择有利于实现或保护自身利益的政策和规则。政策定向学说、均势理论和其他现实主义国际法学说认为，是否遵守国际法关键在于国家实力和国家需求。这些理论认为国际法是一种可选择执行的规范，当执行的获利大于执行的成本或执行带来的收益或潜在收益有利于本国处理国际关系，就会选择执行，反之则不会。现实主义所宣称的这种收益可能是对执行国际法的奖励（Rewards），也可能是对不执行国际法的惩罚，甚至是一种可预期的可逆奖励。[1] 因此，这些理论认为对自身有利是国家执行国际金融软法的主要动机。

（3）符合理性期待。国际金融市场存在大量金融风险，不同国家的市场参与者跨境进行投融资买卖时面临很多不确定性风险，包括规则冲突、选择性监管、制度不透明、法治不完善等非市场风险。这些风险因素不仅影响金融资源的正常流动和全球金融福利的整体增长，而且也影响国家和国际社会对金融风险的有效控制。如果国际金融软法能够为金融市场提供有效的治理手段和可能的预测方法，将会方便市场参与者搜寻有效信息和做出投资决策。软法其内在的合理性和专业性，可能与市场参与者对市场功能

---

① Anu Bradford, Omri Ben-Shahar, "Efficient Enforcement in International Law", *Chicago Journal of International Law*, Vol.12（2），2012，pp.375-431.

的期待理性相吻合,进而引导国家在制定规则或参与国际规则时关心市场反映出的共同理性需求。按照社会连带主义法学派的观点来看,这种"共同理性需求"来自于国际社会的相互连带关系,因此,符合国际社会的群体理性期待,具有相应的约束效果。

2. 国际金融软法的执行分层

对国际金融软法的执行没有统一的认识,一般把履行没有强制约束力、但能够调整国际金融关系规范的行为全部纳入国际金融软法执行的范畴。从形式上来看,国际金融软法的执行也是遵循一般国际法的执行特点,即直接执行、纳入和转化,但认真审视现有国际金融软法规则,会发现规则之间还是存在执行方式和执行效力上的差异。

(1)G20峰会相关决定的执行——第一层次的执行。

G20峰会是国际社会对传统的G7治理机制存在缺陷的反思产物,是当下国际金融治理的核心机制。G20峰会决定代表着国际社会中最强大的20个经济体的共同国家意志,因而,其承担的功能定位类似于"立法"。G20峰会决定的执行是整个国际金融软法执行的核心或者驱动源,在执行效力上处于第一层次。在国际实践中,对G20峰会决定的执行主要分为四种方式:

第一,G20集团中的20个国家自动执行。因为国家首脑在国内政治中具有重要影响力,20个国家会在国内尽最大可能落实峰会达成的共识。

第二,FSB的协调和监督执行。FSB的设计功能就是协调和监督各国监管机构之间的合作,在当前的国际金融治理结构中,FSB负责监督G20峰会决定的执行和落实,在软法执行中起到"上下转承"的作用。

第三,专业机构或组织的具体转化执行。根据峰会决定和FSB的协调,专业机构制定具体的执行规则和方案,以供国际社会参考或适用。

第四,其他国家或国际组织的跟随执行。虽然有些国家和国际组织未能参与G20峰会,但因为G20国家在国际社会的强大影响力,可能代表着国际金融市场与国际金融治理的发展方向和未来趋势,未参会国家和国际组织也会跟随潮流,在国内或相关的领域进行相应的改变和调整。

(2)FSB 的执行——第二层次的执行。

FSB 的前身是 FSF,其承袭了 FSF 的主要职能,即评估影响国际金融体系的脆弱性因素、辨别和监督解决这些问题的行动以及加强监管机构的合作和信息交流。[①] 在国际金融软法的执行中,FSB 起到"上下转承"的协调和监督执行功能,属于第二层次的执行。FSB 的执行主要分为四个方面:

第一,汇编国际金融标准。FSB 根据峰会的倡议或远景,为解决监管标准混乱繁杂、难于执行的困难,负责汇编比较统一的全球金融监管标准手册。[②] 其制定了众多的执行标准和主要执行原则,为专业机构制定详细的监管细则提供了重要指引。

第二,发布专业性报告。FSB 还针对影响国际金融体系脆弱性的风险因素发布了相关的专业报告,如《当前和近期有关稳健金融体系的工作报告》《解决金融系统顺周期性报告》等,为专业机构和市场参与者的实际履行提供了重要帮助。

第三,监督各国的执行情况。根据 FSB 发布的《加强遵守国际准则框架》和《促进全球遵守国际合作和信息交换标准》,FSB 的监督执行措施主要包括成员国承诺执行国际金融标准;接受 IMF 或 WBG 的 FSAP 评估;举行专题评估和国别评估;对不合作地区的区分识别和督促等等。

第四,区域协调。FSB 根据《金融稳定理事会宪章》[③]设置了 6 个区域协调小组,分别为美洲组、亚洲组、独联体组、欧洲组、中东及北非组和撒哈拉以南非洲组。[④] FSB 通过区域协调小组将成员国与非成员国联系起来,

---

① 韩龙:《国际金融法》,法律出版社 2007 年版,第 560—561 页。

② George Alexander Walker,"International Banking Regulation:Law,Police and Practice",*Kluwer Law International*,2001,p.331.

③ *Charter of the Financial Stability Board.*

④ FSB."FSB RCG for the MENA Discusses SME Financing,the Use of SupTech and Reg Tech,and Implementation of the Net Stable Funding Ratio".*https://www.fsb.org/wp-content/uploads/R051118-2.pdf,lastvisited on May* 14,2020.

实际上将 FSB 的规则扩散到非成员区域内。每个区域协调小组一般每年举行 2 次会议,就影响金融体系的脆弱性和促进金融稳定的措施进行协商。从执行效果上来看,通过 6 个协商小组将成员与其他的 70 多个地区联系起来,有助于金融监管政策的全球执行。

(3)专业机构或组织的执行——第三层次的执行。

专业机构或组织,如 BCBS、IOSCO、IAIS 等,主要制定具体的金融监管与金融合作细则,是国际金融软法的主要创造者,也是 G20 峰会决定和 FSB 规定的主要执行者。在整个国际金融治理结构中,专业机构的执行对国际金融治理的效果具有举足轻重的作用。这里将专业机构的执行划分为国际金融软法执行的第三层次执行,主要为了区分软法来源的执行顺序,并不也无意界定不同执行主体在国际金融治理中的身份关系。BCBS、IOSCO、IAIS 等专业机构制定了大量的国际金融标准以及相关领域的国际法规则,并设置专门的研究组、委员会,通过集体讨论、会议协商等方式鼓励、督促、协调和监督各国的具体执行。当然,BCBS、IOSCO、IAIS 等组织或机构在具体的执行方式或执行内容方面并不相同,甚至差别很大,在国际金融治理中的执行影响力也不尽相同,但这并不妨碍它们共同组成国际金融软法第三层次执行的客观属性。

(4)国内法上的执行——第四层次的执行。

各国对国际金融软法的执行在国际法意义上是最后一级执行,关涉具体的金融交易权利义务关系。从商事交易规则的确定性而言,以上三层次执行都是间接执行,唯有国内法上的执行是直接执行,也就是说,以上三层次的执行最终都会转化为确定的国内法规范,并对商事个体产生法律拘束力。国际金融软法在国内法上的执行主要通过直接适用、纳入和转化而具体执行,不同国家会有不同的执行实践。从法律属性来看,国内法的执行主要属于国内法,部分具有涉外因素,可能产生一定的国际法效力。

3. 国际金融软法执行中价值的嬗变

与国际金融硬法相比,国际金融软法的执行没有固定程序,对执行效果的评估也存在诸多相异看法,①这些因素使得原本多元化的软法价值变得更加凌乱。行为体在执行国际金融软法时,对执行动机、执行方式、执行效果、执行标准等存在不同理解,导致实际执行中的国际金融软法与制定时的规范存在价值上的变化。

(1)执行过程中缩限了软法的价值。

部分国际金融软法基于国际政治的角力而形成,具有高度的概括性、策略性和倡议性,内容上伸缩空间较大,可包含议题较多。诸如联大的决定,G20峰会的宣言、原则或共识等软法规范,用词模糊、适用的途径不清晰,因而,执行比较困难。在国际金融实践中,该类软法的执行可能存在以下操作方法:其一,执行主体如果是FSB、BCBS或IOSCO等专业机构,会根据软法规定,将内容缩小、限制在某个或某几个特定领域,进而在该领域制定详细的实施细则;其二,执行主体如果是国家或国内法主体,其可能根据本国或本机构的实际情况选择执行部分有利于本国金融情势的内容,或者对软法做最小化解释,采取比较保守的执行策略。无论哪种执行方式,其实质都是软法内容的缩限。当然,对于这种缩限是否正当或是否属于宏观性金融软法的必要执行手段,则是另外的论题。

(2)执行过程中扩张了软法的价值。

国际金融软法的执行也可能出现价值的扩张,即在执行过程中产生制定规范时未考虑或者未明确标注的内容。从法的执行效果而言,在执行过程中外溢出新的价值问题。例如,G20主要关注全球经济稳定和国际金融监管议题,②但在执行中,出现对G20决定代表性不足的质疑,后来扩大到

---

① 关于国际金融软法的执行效果,理论上存在不同的看法,有研究者认为国际金融软法没有强制执行力,其执行效果是难以评估的;也有研究者认为尽管国际金融法可能与传统的国际公法概念不同,但它在实际生活中发生的作用可能比理论上对软法效力的界定更加有效,因此,有必要对软法的实施方式进行制度性评估。相关内容可以参见 Chris Brummer, "Why Soft Law Dominates International Finance and not Trade", *Journal of International Economic Law*, Vol.13(3), 2010, pp.623–643。

② Edwin M.Truman, "The G-20 and International Financial Institution Governance, Peterson Institute for International Economics", *Working Paper* 10-13, September 2010, p.3.

金融民主与金融效率争执,并上升到金融"民主赤字"的政治话语权斗争。又如,在执行 G20 峰会议题时,出现社会参与价值问题,认为国际金融治理与普通民众的生活息息相关,大众有权参与,因此,G20 峰会机制在议题设置时增加了社会参与程序,提供两种渠道供大众选择。再如,IOSCO 的技术委员会的会议内容一般不公开,但在执行过程中出现对技术标准制定透明性的质疑,2010 年之后,IOSCO 采取一系列改革措施,开始提高透明度。

(3)执行过程中扭曲了软法的价值。

国际金融软法的部分执行可能会产生扭曲软法价值的流变。国际金融治理的目标是努力建构一个公正、公平的国际金融体系,维持经济的平稳发展,加强金融监管的国际合作,防止国际金融危机的发生。但是,在具体执行中,因政治因素的影响,部分行为体的执行可能偏离国际金融治理的总体目标。例如,FSB 在编制金融标准时,存在不客观的选择习惯和倾向,可能将那些对国际金融体系有重要影响的规则未纳入监管标准,进而影响金融体系的安全和稳定。又如,BCBS、IOSCO 等机构在制定监管标准时,容易受大国的影响甚至被操纵,偏重于关注发达工业国家的金融实践,对发展中国家的经济和金融结构考虑不多,所以,第二层次执行或第三层次执行行为本身具有先天的缺陷,偏向性的监管执行无法有效防止金融风险的跨境转移。再如,由于国际金融软法没有强制执行力,国家可以选择是否执行以及可以决定在多大程度和范围内执行,如果部分国家选择不执行或较小范围的执行,就会形成监管套利和监管冲突,进行形成监管漏洞,影响金融体系的稳健性。

综上所述,对于国际金融治理规则的执行,国际经济法理论关注较少。在国际贸易实践中,通常使用国际公法中的"履行"或"遵守"来替代。但是,由于国际法缺乏强制执行力,"履行"或"遵守"本身面临很多来自主权国家的挑战。而作为兼有私法内容的国际金融规则,更加强调市场参与者之间的主动执行和契约自治,因而,基于国际公法语境下的履行或遵守等执行便面临着履约过程中的价值流变。其中,硬法性金融规则由于执行机理的公法化和条约本身的原则性,使得国家在执行条约时,可能出现选择性执行或者不完全执行,进而影响条约的执行效果。而软法性金融规则无论源于契约、自利或理性的执行动机,在金融实践中都可以界分为不同的执行层次,但由于软法的执行没有固定程序,对执行效果的评估也存在诸多相异看法,这些因素使得原本多元化的软法价值变得更加凌乱,执行本身可能已经缩限、扩张甚至扭曲了软法制定时的价值选择。

无论如何,国际金融治理规则目前仍处于以主权国家为基础构建的国际关系中,大国或主要国家是否认真遵守国际金融规则,将决定国际金融法执行的最终效果或者决定了国际金融法在何种范围内有价值。而在当前的国际金融治理体系中,发达国家之间的合作和国际组织能否对发达国家进行有效监督决定了国际金融秩序能否保持稳定。未来国际金融治理规则的执行,要有相应的变革,要努力构建国际金融治理规则的法律位阶和执行评估机制,形成与公法的"遵守"相区别的带有主动履行的执行理念。

因此,国际金融治理本质上是一种国际金融合作,无论是国家中心主义、世界主义,还是世界政府治理论、全球公民治理论,都无法回避各国金融系统的相互依赖性。相互依赖必定产生共同利益,从而需要国际合作。但促使国际合作并不容易,因为"现代国家政治和国际政治日益复杂","无论是否喜欢,实际上都不能完全置身于某种政治体系之外",[1]不同政治话语中的国家利益不同,需要在耗费时日的讨价还价中寻找共同利益的维护方式,[2]进而形成国际硬法、国际软法等国际金融治理规则。然而,仅由国际金融规则明显是不够的,还需国际社会对国际金融规则认真执行和良好遵守。现实的问题是,国家间的各种冲突总是在减损国际金融规则的执行效力,一方面"许多发端于国内的冲突外溢到了国际社会,……列强和大国……为了自身的战略利益,它们可以利用别国的国内冲突使局部地区的

---

① ［美］罗伯特·A.达尔:《现代政治分析》,王沪宁、陈峰译,上海译文出版社 1987 年版,第 9、5 页。

② Valerio Novembre, "The bargaining process as a variable to explain implementation choices of international soft-law agreements:The Basel case study", *Journal of Banking Regulation*, Vol.10 (2), 2009, pp.128–129.

局势变得更加动荡不安",①尤其是美国等发达国家,在寻求自己的国家利益时,总试图把这些利益置于其他国家的价值和目标之上;另一方面,国际金融规则在可执行性、执行标准、执行效果评估等客观方面确实有待进一步完善。所以,我们强调要从国际金融治理的困境出发,从国际政治和国际法律的混合视角,倡议构建全球金融稳定与金融利益共享的新型全球金融执行模式。

第三节　国际金融治理规则的现代化构想

一、国际金融治理规则应该包容现代科技的新发展

19 世纪中期,科学技术的发展使得机械式计算机、电话、电报相继产生。伴随着新科学理念的出现,这些发明相继更新了产品性能,并相继应用于金融市场,改变了金融交易方式。而基于人工传播的传统金融秩序,受到了前所未有的挑战。特别是 20 世纪中期以后,随着计算机信息技术和网络技术的日趋成熟,越来越多的金融交易参与者开始使用计算机辅助管理,并根据计算机技术和网络技术的特点,对金融市场进行改造。不仅产生了许多新的金融交易模式,如网上交易、在线电子支付、移动支付等;也开发出许多新的金融产品,如电子货币,虚拟银行、网络借贷、自动数据收集等;两者的结合形成新的金融市场,如电子交易市场、网络营销市场、网购配送市场、虚拟金融市场、网络媒体、网络教育、远程医疗、物联网等。这些新产品、新市场都要依据自身的规则而运作,因而,勾连出一个金融电子化的新秩序。这个新秩序主要依靠现代科学技术,特别是电子通讯技术,力促在不断降低投融资成本的同时,大幅度提高投融资质量和投融资效率,从而实现金融服务的现代化和科学化。与传统金融市场相比较,这些新兴的市场不仅表现

---

① ［澳］约翰·W.伯顿:《全球冲突:国际危机的国内根源》,马学印、谭朝洁译,中国人民公安大学出版社 1991 年版,第 72 页。

在市场运营模式、交易通道和市场营销方式的变化，更重要的是该新兴市场对整个金融市场长期以来形成的相对稳定的市场结构带来冲击，可能会重塑市场结构和重构交易规则，我们把这个时代称之为电子化时代或互联网时代。

但是这个时代，也有自己的难题。中世纪的货币难题仍然会影响各国实践，国家对于法定货币的供应以及国内各阶层对于货币的需求，仍然受到古典学派强调的利息、贷款和成本的困扰。而金融业经过漫长的发展，由最初的简单借贷，逐步扩展为包括资金的筹集、分配、流通、运用和管理等多种因素结合而又相互作用的庞大系统，在这个过程中，金融行业的专业性和集中度已经远远超过它在17、18世纪的情形，超大型金融机构的不断形成，导致金融权利的日渐集中。这种金融资源的集聚化不仅影响国内金融秩序的稳定，同样影响国际金融秩序的稳定。从全球金融市场来看，金融资源逐渐汇聚在少数发达国家手中，发达国家的金融产品非常丰富，金融市场急剧膨胀，虚拟经济大幅推升并超越实体经济，累积了巨大的系统性风险，[1]并把风险向全球范围扩散。[2] 而欠发达国家的基本金融需求却得不到满足，加上本国金融系统的抗风险能力差，有限的外汇资金无法在本国市场得到较好的回报，只能到发达国家购买国债或机构债券等金融资产，不但削弱了本国金融资源，抑制了本国的金融需求，而且分担了发达国家的金融风险。[3]因此，国际金融秩序出现失衡，并随着全球化的发展而加速倾斜。

金融资源高度集中和金融秩序严重失衡，产生了大量的金融问题和潜在的社会问题。首先，金融资源的高度集中，增加了金融垄断的风险，重创

---

① 对"系统性风险"有不同的理解，这里是指严重损害一个由各种参与者以及相互间的交易与管制安排构建的全球系统稳定运作的一系列破坏因素。Hewitt, *Systemic Risk in International Securities Market*, *Regulating International Financial Market: Issues and Policies*. kluwer Academic Publisher, 1992. pp.243-255.

② 张幼文、周建明等:《经济安全:金融全球化的挑战》，高等教育出版社1999年版，第132—138页。

③ 李国安:《金融自由化的危机本源性及其法律矫正》，载《国际经济法学刊》2012年第3期，第103—108页。

了金融市场赖以生存的金融资源流动自由,将迫使金融服务向少数人和少数行业倾斜,造成金融资源在行业间、地区间、区域间和国家间的严重失衡。尤为重要的是,金融资源的集中,将导致金融中介更加乐于向能够获取高额利润的行业或领域提供服务,而不愿意向普通大众提供普惠金融服务,直接影响到大众获取金融资源的平等权利,也影响到创新型企业和中小企业的发展和成长,从而从根本上动摇了经济增长的动力。①

其次,金融资源的高度集中,将影响金融中介提供金融服务的效率和方式。高度集中的金融资源,将使金融中介热心于封锁金融信息,依靠自身获取较多的金融信息来谋取利润,扩大了投融资双方的信息不对称差距,进而影响金融交易市场的服务质量和服务水平。

再次,金融资源的高度集中,增加了金融市场发生道德风险的概率。金融资源过于集中,将会导致市场有效竞争减弱,容易形成金融寡头或庞大金融机构。由于金融寡头或庞大金融机构对市场的主导性影响力,将自身利益与市场安危,甚至国家经济的发展稳定捆绑在一起,不可避免地出现"大而不能倒"的危局。因而,当垄断形成时,金融寡头便会有恃无恐,在其自身经营情况顺利时,便会放肆攫取超额利润,而当自身经营出现困难或宏观经济不景气时,便会毫无顾忌地向投资者、社会,甚至国家转嫁其不良资产,增加了市场出现较大波动的风险,对安全、稳定的市场运行带来潜在隐患。

最后,金融资源高度集中挫伤了市场经济赖以为生的竞争自由。由于金融资源的高度集中,助推了金融市场和金融行业的高准入门槛,进入金融市场有着较高的要求和严格的限制性条件,变相将新成立企业和创新型企业排除在竞争之外。由于缺乏竞争,金融市场日趋保守、固化,缺乏创新动力,既有的参与者为了固守其既得利益,又反过来极力排斥市场创新,故意阻隔市场竞争,进而陷入"市场竞争乏力"的恶性循环。长此以往,将会剥

---

① EUROPEAN COMMISSION. Entrepreneurship 2020 Action Plan—Reigniting the Entrepreneurial Spirit in Europe. http://www.unescochair.uns.ac.rs/sr/docs/enterpreneurship2020ActionPlan.pdf. 2013 – 01–09.

离金融市场与实体经济的密切联系,导致虚拟经济脱离实体经济,①从而累积大量的系统性风险。

互联网时代上述现象的全球出现,具有普遍性,也有历史必然性。但是,鉴于当前各国金融资源的严重不平衡,以及当下国际金融秩序及其规则调整都深受发达国家国内金融规则的国际化影响,②发展中国家在金融全球化所引起的上述"自然竞争"格局中处于一种更加艰难的被动地位。来自国内金融市场和国际金融市场的双重压力,迫使发展中国家自愿或不自愿地加速向发达国家主导的国际规则靠拢,③这促使个人、国家和国际社会开始集体反思,是否应该"尊崇"单一的规则导向?④ 是否应该顾及发展中国家的具体国情?⑤ 是否应该追求安全、民主、自由、多元化、去中心化的金融价值理念? 基于以上反思,国际社会普遍认为全球金融秩序需要一个更加安全、合理、健康的新局面,一个更加强劲、更有韧性的全球金融体系。⑥

因而,当国际社会迫切地为构建更加安全、合理、健康的金融秩序寻找途径和方向时,互联网信息技术与金融深入结合,带来了第三轮金融变革浪潮。⑦ 这次变革,不仅是一场技术变革,或者说对社会的影响不仅局限在技术层面,更重要的是由于互联网对信息传递、呈现和处理方式的改造,使得互联网的影响逐步深入到经济、社会、思维等层面。通过互联网的传播,将

---

① 韩龙:《国际金融法前沿问题》,清华大学出版社 2010 年版,序言。

② 李国安主编:《金融服务国际化法律问题研究》,北京大学出版社 2011 年版,第 8—10 页。

③ 高鸿钧:《美国法全球化:典型例证与法理反思》,载《中国法学》2011 年第 1 期,第 5—44 页。

④ ［葡］博温托·迪·苏萨·桑托斯:《迈向新的法律常识——法律、全球化和解放》,刘坤轮、叶传星译,中国人民大学出版社 2009 年版,第 320—362 页。

⑤ 李国安主编:《金融服务国际化法律问题研究》,北京大学出版社 2011 年版,第 7 页。

⑥ 《茂物及后茂物时代的横滨愿景——亚太经合组织第十八次领导人非正式会议宣言》,载宫占奎主编:《2011 亚太区域经济合作发展报告》,高等教育出版社 2011 年版,第 323—329 页。

⑦ 有观点认为是第三波金融革命或互联网金融革命,载余丰慧:《互联网金融革命:中国金融的颠覆与重建》,中华工商联合出版 2014 年版;汤浔芳:《众筹模式兴起:互联网金融掀第三波热潮》,http://tech.sina.com.cn/i/2013-11-30/06198963524.shtml,2014-11-16。

分享、协作、民主、普惠、自由、平等等互联网理念向外扩散,形成互联网金融向整个社会贡献的精神价值,[1]并引领金融市场朝着民主、普惠的方向发展,激励并推动金融参与者向大众服务,关注个性化需求,重视长尾市场和创新,重视用户体验和开放性,重视平民群体和自由价值。所以,互联网时代的金融秩序仍然是持续变动的,并且,这种持续变动与以往相比,将更加频繁、更加迅速、更加广泛。

二、国际金融治理规则应该夯实全球治理的人类共同体价值理念

1. 全球治理是一种体系,也是一种思维,更是一种方法

世界经济与国际社会都逐步向纵深一体方向发展,无论是发展形式还是发展程度都远远超越了已有国际法规则的调整范畴。逐渐蔓延的世界经济变动与国际社会大变革,引起了一连串具有全球意义的各类风险甚至威胁。诚然,单独的国家或国家集团已经无力应付来源于世界各地并且又游走于世界各地的各种问题,因为"在这个日益相互联系的世界上,这些全球性问题的解决不能单靠某一个国家来完成,无论国家擅长与否,充分解决这些紧迫的问题,需要国家之间进行集体协作,采取共同行动"。[2] 因而,对传统国际法理论所假设的全球社会是一个无政府性国际体系,进而诠释出的一整套处理无政府性国际体系的国际社会、国际组织、国际制度、国际法等系统性概念和方法,需要重新审视。因此,20 世纪 90 年代国际发展委员会主席勃兰特提出了全球治理的理念,此后,在联合国成立五十周年时,全球治理委员会发布了标题为《我们的全球伙伴关系》的研究报告。在该报告中,首次比较全面地阐述了全球治理的理念与价值。根据《我们的全球伙

---

① 王曙光:《互联网金融的哲学》,载《中共中央党校学报》2013 年第 12 期,第 53—59 页。

② [英]戴维·赫尔德、凯文·扬:《有效全球治理的原则》,载《南开学报(哲学社会科学版)》2012 年第 5 期,第 1 页。

伴关系》报告中的定义,全球治理是指个人、组织、公共机构与私人机构共同管理事务的多种方式的集合,是协调各方利益来采取共同行动的持续过程。因而,其合法性既来源于成文规则,也来源于业已得到当事方首肯的非成文规则。①

所以,全球治理是一种体系,也是一种思维,更是一种方法。该体系存在的理论假设基点是国际社会处于一种无政府状态,但是在这种无政府状态下仍然存在管理全球事务的某种隐形决策机制,这些决策机制不是处于一个恒定的稳定状态,而是在诸多国际社会行为体基于不同的利益诉求而相互作用的过程中不断变动。因而,全球治理的主体是多元的、诉求是多元的、治理手段是多元的、对于治理效果的评价也是多元的。从另一个方面来讲,全球治理否定核心论或者单一价值,但承认引领作用。所以,全球治理的方法首先应该是鼓励多元主体积极参与全球事务的管理,然后才是在多元的主体和不同的利益、价值之间进行协调、中和、谈判和取舍。这种取舍并不是抛弃,而是有条件的选择,或者更简洁地说应该是"求同存异",因而,这种理念的本质就是相互包容与妥协,反对强加与豪夺,旨在追求一个多元一体的全球秩序。

2. 国际金融治理规则应该体现人类共同体的价值理念

全球治理是一种体系,也是一种治理实践,需要相应的治理规则。因而,对于国际金融治理现代化而言,金融治理规则再造也是一个重要问题,如同全球治理委员会的白皮书所言:"治理的核心不是组织或机构,而是制度,或者更形象地说是游戏规则"。② 因此,当面临全球性金融风险威胁时,国际社会开始从不同层面对国际金融治理结构与国际金融治理制度进行反思,在许多议题方面也尝试进行相应的规则改造和规则再造工作,但这引起

---

① *The Commission on Global Governance*, *Our Global Neighborhood*, Oxford: Oxford University Press, 1995, pp.2-3.

② "White Paper on Governance: An EU Contribution to Better Governance Beyond Our Borders", *Working Group* No.5.

了众多的争论。

鉴于第二次世界大战以来的全球治理主要由雅尔塔政治治理体系、布雷顿森林金融治理体系以及关贸总协定贸易治理体系构成,[①]虽然历经几次变革,迫使以美国和美元为单一核心的治理体系转向为以 SDR 一篮子货币为核心的 G20 治理体系,但是美国及其美元主导下的国际金融机构和相应的国际金融治理规则仍然是当下主要的治理手段。虽然全球治理理念已经提出,并且全球治理主体也从 G7 形式上扩展到 G20,但是 G20 作为一个非正式的对话机制,新兴经济体国家并没有取得实质上的治理权力。因而,随着国际经济金融格局发生重大变化,传统的国际金融治理机制和机构在价值理念、合法性和行动能力上都遭遇了困境,治理的有效性越来越受到影响。[②]

2008 年美国的次贷危机引发了国际金融危机,威胁到世界经济的平稳发展,国际社会对现有的以 G8 为核心的国际金融治理结构愈加不满,要求深度改革国际金融治理体制的声音越来越多。于是,2008 年的国际金融危机成了《牙买加协定》之后,后布雷顿森林体系进行重大改革的导火索,也是第二次世界大战后国际金融治理体制第一次真正意义上的深度变革,在某种程度上而言,也是国际金融治理结构逐渐开始分裂的分水岭。

首先,2008 年全球金融危机起源于美国。美国是第二次世界大战后国际金融体系的主要设计者,也是最大的得利者,由于美国长期以来以"霸主"姿态主事,议事风格过于独断专行,加之美国多次利用美国及其美元的特殊地位,向国外转嫁美国国内风险,其不负责任的态度引起国际社会的诸多不快,甚至不满。而 2008 年的全球金融危机起源于美国,成了诸多冲突爆发的突破点,国际社会各种力量对美国展开广泛的批评,并乘机开始挑战

---

① 郭树勇、史明涛:《建设新型国际关系体系的可能》,载《国际观察》2015 年第 2 期,第 16 页。

② 郭树勇、史明涛:《建设新型国际关系体系的可能》,载《国际观察》2015 年第 2 期,第 15—29 页。

僵化的既有金融治理机制,寻求在机制重塑中重新整合与分配国际金融治理权。正是在这种背景下,美国及 G7 集团才允许过去十年间作为权宜之计而成立的 G20 财长会议转型升级。2008 年 11 月,举行了首次 G20 首脑会议;次年,G20 首脑会议正式制度化,取代 G7\G8 集团成为治理国际金融体系的新的决策机制。时至今日,G20 首脑会议已经举行了十二届,陆续达成了一系列改革国际金融体系的方法、理念和措施,有力地保障了国际金融治理秩序的有序渐变。但是,权力的斗争永不停息,随着 2008 年全球金融危机造成的危险境遇逐渐减弱,发达经济体的经济开始复苏,美国等国家开始重新图谋金融霸权,有意阻碍国际金融体系的改革,G20 集团及国际金融治理体制变革下的暗流依旧涌动。

其次,2008 年全球金融危机,导致国际金融治理结构开始分裂化。该分裂主要表现为五个方面:其一,G7 集团内部成员国之间旧有的分歧开始显性化,以欧盟为代表的欧洲国家集团开始再一次向美国主导的国际金融秩序提出挑战。其二,因为国际金融危机的影响,希腊、葡萄牙、西班牙等国家爆发了主权债务危机,欧盟内部成员国之间对如何处置危机产生较大争论,影响了欧元区金融秩序的稳定。其三,因为国际金融危机和叙利亚战争的影响,大量难民涌向欧洲,导致欧盟成员国在接受难民问题上产生巨大分歧,进而引起英国的脱欧公投和脱欧谈判,严重影响了欧盟的一体化进程,并且对伦敦国际金融中心的地位和欧盟在国际金融治理机构中的地位带来负面影响。其四,因为全球金融危机和美国转嫁风险,新兴经济体国家遭受到很大损失,成为旧秩序下的受害者,因而,金砖四国为了应对共同面临的金融风险,于 2009 年成立了金砖国家合作机制,成为第二次世界大战结束以来,在国际金融治理领域首个主要由发展中国家组成的国际合作机制。金砖国家合作机制建立后,提出一系列合作渠道和合作构想,并成立了新兴的开发银行,表明金砖国家朝着金融领域的深度国际合作迈进,有力地刺激并推动着传统国际金融秩序的改革。其五,中国牵头倡议成立了亚洲基础设施投资银行,在区域基础设施领域提供了新的金融供给渠道,与发达国家主导的 WBG、IMF、ADB 形成了相互补充、相互竞争的状态,有利于从外部"倒逼"传统金融秩序的改革。因而,国际金融治理结构已经呈现分裂状,预示着国际金融秩序已经进入了全球治理的新动荡周期。

再次,2008 年全球金融危机,也引发了一系列金融规则的修改和再造。国内金融法律和国际金融规则的变动,直接决定了全球金融监管实践的发展方向。就国内法层面而言,世界上主要的发达国家和发达国家集团,都积极修改和制定新的金融监管规则,努力构建更加富有活力但更加安全的监管体系。例如,美国、英国、意大利、法国、德国、欧盟等都出台了新的监管措施和监管方案,各国都从金融业的分业监管转向混业监管。从国际法层面而言,主要的国际金融治理机构都出台了大量的金融监管建议和方法,IMF、G20、国际清算银行、BCBS、IOSCO、IAIS 等国际组织和国际金融监管机构都发布了相应的改革方案,整体上体现出从过去注重微观审慎监管,开始转向以宏观审慎监管与微观审慎监管相结合的全方位、立体化监管趋势。这种转向代表着国际金融治理实践走向了更加复杂的时代。

最后,2008 年全球金融危机发生后,国际贸易金融治理实践也步入一个更加凌乱的局面。经过国际社会的不懈努力,20 世纪末终于达成了 WTO 法律体系下以 GATS、《金融服务附件》、《金融服务第二附件》为核心的国际贸易金融治理机制。进入 21 世纪后,随着国际贸易市场的不断深化,国内市场和国际市场的联系空前紧密,但是在国际贸易市场急速全球化的同时,以贸易投资审查、国家安全审查为主要借口的国际金融贸易壁垒却越来越多,WTO 争端解决机制也在裁决各种贸易政策纠纷中逐渐沦陷。于是,WTO 贸易金融体系发生了两个重要转向:一方面不断扩大贸易谈判议题,相继将国内政策议题、竞争政策议题、政府采购透明度议题等事项纳入越来越庞大的 WTO 系统中,谈判涉及的因素越来越多,遇见的阻力越来越大,致使 WTO 陷入进退两难的境地;另一方面是各种种类繁多、层次不齐的区域性贸易谈判兴起,形成"大圈套小圈,圈圈重叠相交"的贸易金融体系碎片化状态。

值得注意的是,目前的区域贸易协定,可能更多地体现的是贸易保护主义。与原来单个关税区或单个国家的贸易保护主义相比较,区域贸易协定下的保护主义将保护范围扩大到特定区域或特定的国家集团,形成国家集团与国家集团、本区域与他区域之间的整体较量。所以,无论单个成员实力多么强大,当其不足以与其他集团或区域在讨价还价中获得优势时,它也会主动寻求与区域成员或其他国家"抱团",进而谋取团体利益。于是,国际社会逐渐在 WTO 的统一框架下分裂成若干个区域集团,开始逐步探索小范围的深度区域一体化措施,这必将引起国际社会对贸易金融政策是否继续开放的担忧。

因此,基于金融全球化有助于人类共同体整体金融福利增长的基本判断,我们提出了全球金融稳定与金融利益共享的国际金融治理理念,倡议在国际金融治理规则的构建中体现人类共同体价值理念。凝聚全球金融稳定与金融利益共享的价值共识,一方面可以打破长期以来禁锢国际金融治理的国家利益与全球利益、政府组织与非政府组织、公共机构与私人机构的二元分立思维,尝试建构一套超越民族意识、国家观念和区域思维的全球金融合作价值观;另一方面,在国际金融治理规则的构建中体现人类共同体价值理念,将为全球治理的其他方面,如环境保护、信息安全、国际空间开发、公共卫生、跨国刑事犯罪、极地资源开发等事务的共同治理提供有益的指引。①

三、国际金融治理规则的执行机制亟待改革

国际金融法的体系已经初步形成,但无论是条约、习惯法或一般法律原则等硬法规则,还是宣言、监管标准等软法规范,都在不断扩张,进而引起国际金融体系在规模上的持续扩大。但是,治理规则数量上的增加和所涉领

---

① Alastair Brown,"Climate Adaptation:International Governance",*Nature Climate Change*,Vol.7(11),2017,p.760;Kjell Grip,"InternationalMarine Environmental Governance:A Review",*AMBIO:A Journal of the Human Environment*,Vol.46(4),2017,pp.413-427.

域的扩张,并不意味着国际金融治理趋向于更加有效和公正,也不能说明国际金融法体系已经形成自动闭合循环的执行结构。相反,在国际金融实践中,规则制定主体较乱,规则之间缺乏内在联系和协调,条块结合性不强,国际金融法体系呈现出严重的"碎片化"倾向,导致国际金融规则的执行出现价值流变和较多执行冲突。从宏观视角来看,造成国际金融执行障碍的原因主要有以下几项:其一,国际金融治理规则的制定不客观,制定程序不民主、不透明,未能真实反映国际社会的现状和国际金融治理的规律性;其二,国际金融治理规则本身存在缺陷,包括内容不科学、规则过于原则化、条文欠缺操作性等;其三,制定主体之间缺乏沟通与协调,规则相互重叠或相互冲突,立、改、废工作滞后,导致执行成本过高,影响执行的积极性。因此,未来国际社会对国际金融规则的执行,应该有相应的变革。

1. 执行观念要更新,要改变重立法,轻执行的思维

思想是行为的向导,要改变行为,首先要改变思想。现有国际金融治理秩序主要是在第二次世界大战后逐渐建立的,鉴于历史原因,第二次世界大战后的国际社会和国际法处于高速成长阶段,百废待兴的现实急需大量国际规则以支持国际社会的蓬勃发展。因而,搭建框架、制定规则是过去一段时间内国际社会的主要任务。但是,半个多世纪后的今天,国际社会的情势已经发生很大变化,过去那种重立法、轻执行的思维也应该做出改变。

一方面,国际法的价值取向出现新变化。传统国际法围绕国家而创设,国际规则的主要价值在于维护国家之间的利益平衡。国际法的制定体现国家利益或民族利益之间的斗争,具有浓厚的强权政治色彩。但当下随着经济全球化的蔓延,国际法对个人的关注逐渐提升,国际社会试图从规则的制定中寻找更多的个人权益,并尝试在实现个人价值的基础上,构建基于行为规则而非意识形态之上的治理结构和治理体系。因而,国际规则应该重视规范的可操作性和执行性。

另一方面,国际经济立法模式发生新变化。经济、物质、文化甚至价值观的全球化,要求更加多元的全球治理规则。过去那种完全依靠主权国家

的单一立法模式已经难以应对日趋复杂的全球经济问题。国际经济的全球
治理需要多元的治理主体、多元的治理方法和多元的立法模式,因而,客观
现实迫使主权国家不得不将原来专属于国家的立法权让渡一部分给国际组
织或非政府组织,并或明或暗地承认这些非国家行为体制定的"国际软法"
的效力。国际软法和国际硬法的共存和相互促进,[1]事实上改变了国际经
济法的立法方式和执行方式,立法方式从倾向于赋权立法转变为倾向救济
管理立法,而执行方式从强制执行正在向遵守管理执行转化。[2]

2. 要建立国际金融规则的执行评估机制

国际社会"重立法、轻执行",没有相应的执行评估机制,无法客观衡量
国际金融规则的有效性。因而,出现规则未能发挥作用、缺乏操作性、缺乏
协调配合机制、法律实效不明显、法律效益较低等执行问题。但在当下的全
球治理时代,强调从民主和权利本位出发创设金融治理规则,对金融治理规
则和金融治理效果提出了较高要求。因此,国际金融法领域应该创设国际
金融规则的执行评估制度,通过对国际金融规则体系和国际金融规则执行
的客观评估,"摸清行动中的法律法规的整体情况",[3]围绕评估标准构建执
行评估机制。

(1)确立执行评估标准。

创设国际金融规则的执行评估机制,首先要确立国际金融规则的执行
评估标准。法律执行的评估标准主要分为两大类,定性标准和定量标准。
定性标准主要是从法律执行的社会效应和社会影响来设立,往往聚焦于法
律的公平性、正当性、民主性和社会性;而定量标准是从实证的角度来比较
法律制定目标与法律执行结果之间的关联性,常用的比较公式是效率、效能

---

① 余锋:《软法与硬法的冲突和对抗:重塑国际贸易体制的新路径选择》,载《当代亚
太》2011 年第 4 期,第 33—45 页。

② 潘德勇:《未来国际法的实施:从强制执行到遵守管理》,载《行政与法》2012 年第 4
期,第 115—119 页。

③ 冯玉军:《中国法律规范体系与立法效果评估》,载《中国社会科学》2017 年第 12 期,
第 139 页。

和效益。国内法上法律执行的定性评估标准比较容易确立,但因标准伸缩空间很大,较难适用。例如,河北省司法厅在调查影响法律执行效果的因素时,使用了五个标准,立法问题(立法的权威性不够)、社会习惯问题(教育、传统以及社会习惯使人对法律不够尊重)、执法问题(执法不严)、人的问题(一些领导干部不守法)、宣传问题(法律宣传不及时,法律普及度低)。[1]又如,学者在确立国内立法评估标准时使用立法完备性、科学性、民主性和受监督性四大指标。[2] 上述这些标准属于定性标准,在实践操作中具有较大随意性,其准确性和客观性不高。如果适用定量标准,评估的严谨性、科学性、准确性和客观性指数会上升,但存在的问题是法律执行的效果、效益和效能可能很难量化。即使可以量化,量化的成本也很高。因此,在国际金融规则的执行评估机制中,要将定性和定量结合起来,对于货币政策、金融监管合作、贸易金融等宏观部分,可以确立定性标准,如民主性、科学性、执行环境、政治影响等标准;对于银行支付风险防范、证券的发行监管、保险的理赔等微观部分,可以设计定量标准。

(2)要确立执行评估方法。

在国际金融规则的执行评估中,评估方法的选择也很重要。一般来说,不同的评估标准类型会使用不同的评估方法。定性标准主要采用社会科学研究中的评估方法,如文本分析法、立意调查法、随机抽样法、实地访问法、数据分析法、国别比较法等,而定量标准主要采用博弈论协调模型、[3]假设检验法、回归分析法、干预分析法等。[4] 最近,还有学者倡议使用神经网络

---

[1]　河北省司法厅:《调查征集,您觉得影响法律执行效果的因素是什么?》,http://www.hebsft.gov.cn/System/2017/08/31/011659432. shtml,2017 年 3 月 14 日,2020 年 10 月 10 日访问。

[2]　冯玉军:《中国法律规范体系与立法效果评估》,载《中国社会科学》2017 年第 12 期,第 140 页。

[3]　Valerio Novembre, "The Bargaining Process as a Variable to Explain Implementation Choices of International Soft‐Law Agreements: The Basel Case Study", *Journal of Banking Regulation*, Vol.10(2), 2009, pp.128–152.

[4]　张晓斌:《法律实施效果的定量评价方法》,载《法商研究》2006 年第 2 期,第 154 页。

建模技术,采用多层感知人工神经网络来评估软法执行的效果。①　在国际金融规则执行评估中,要根据评估对象的特点和主要的执行问题选择相应的评估方法。譬如,对《巴塞尔协议 III》的执行评估,针对其对资本充足率的规定,可以采用定量分析中的假设检验法,具体评估《巴塞尔协议 III》关于资本充足率的规定是否科学,进而反思其制定时的意图和动机。再如,针对《巴塞尔协议 III》规定的监管内容和成员的合规义务,可以进行定性分析和定量分析相结合的方法,通过调查法和文本分析法评估该规定对成员合规能力的影响,通过效益和效率的计算,分析成员的合规成本和遵约收益,进而判断该规定是否适合。

(3)要确立执行评估主体。

任何机制的评估中,评估主体是最重要的。评估主体的经验、知识和价值观,直接影响评估结果。国际金融治理规则具有很强的专业性,涉及成员国的核心国家利益,如果制定或执行不当,可能诱发金融风险,给国家和公民造成经济损失。因此,在国际金融规则的执行评估中,要高度重视评估主体的筛选。

首先,评估主体要多元化。国际金融规则涉及面广,需要多方位、多角度、全过程进行评估,才能保证评估的客观性。在执行评估时,不仅规则的起草者、制定者,如 IMF、FBS、BCBS、IOSCO 等机构要参与评估,还需要成员国、相关的国际组织和非政府组织,市场交易中的个人和公司,甚至在该领域有所建树的专家学者也要参与。

其次,有效区分评估主体的主观立场。不同主体对评估对象所持的立场和价值观不同,要根据其客观背景综合分析评估结果,防止少数主体的意志影响评估趋势。譬如,《巴塞尔协议 III》公布后,瑞士、英国认为标准太低,而新西兰决定不执行其中的某些规定,因此,如果对《巴塞尔协议 III》进

---

①　Michael D'Rosario, John Zeleznikow, "Compliance with International Soft Law: Is the Adoption of Soft Law Predictable?" *International Journal of Strategic Decision Sciences* (*IJSDS*) , Vol.9 (3) ,2018,pp.1–15.

行执行评估,这三个国家的判断基础各不相同。

最后,要正确识别国家利益。对国际金融规制中国家利益的衡量,不能简单地将某个或某些国家对外政策的目标是否实现作为判断其是否有效的标准,不同国家在不同发展阶段,其国家利益会发生变化。"国家利益实现的满足度不是一个绝对量的概念,而是一个比例的概念,所以判断国家利益实现的标准也不是绝对量,而是比例","确定国家利益的限度,除了比较政策目标和利益实现之间的差之外,判断国家利益实现的满足度还需比较成本和效应;不计成本地实现国家利益只是表面上满足国家的需要,而实际上可能损害国家利益。"①

3. 要建立国际金融规则的法律位阶

法律位阶是国内法上的概念,是指同一法域中不同法律渊源之间的等级关系。国内法上设置法律位阶的主要目的是为了解决法律效力的冲突问题。国际法理论中对国际法位阶关注较少,主要原因在于国际社会是一个平权社会,无法区分国际法律之间的效力等级。然而,国际强行法、国际犯罪、对一切的义务等新型国际法规范的出现,客观上已经产生了国际法分层。在国际实践中,根据 1969 年《维也纳条约法公约》第 53 条规定,其他国际法规范一般不能和国际强行法相冲突,而国际犯罪和对一切的义务其效力也高于一般条约义务。

另外,随着国际法规范的日趋增多,国际法不仅呈现出严重的"碎片化"趋势,而且在执行中也面临大量执行冲突,包括规则冲突、管辖冲突、监管冲突、效果冲突、目标冲突、方法冲突等。因而,国际法领域应该借鉴国内立法经验,建立国际法的效力位阶制度。鉴于国际公法领域存在较多政治考量,可能很难达成国际法位阶的共识,国际社会可以首先在以技术性规范为主的国际金融法领域,尝试构建国际金融规则的效力位阶制度,为国际法的法律位阶理论积累经验。

---

① 阎学通:《国际政治与中国》,北京大学出版社 2005 年版,第 42—43 页。

（1）国际强行法效力优于国际金融硬法。

和一般国际法理论相同,国际金融硬法主要包括多边性条约、双边性条约、习惯国际法和一般国际法原则。因而,根据《维也纳条约法公约》第53条和64条的规定,国际金融硬法不得"损抑"国际强行法的效力。当国际金融硬法与国际强行法冲突时,国际金融硬法无效。

（2）国际金融硬法效力优于国际金融软法。

尽管对于金融硬法与金融软法的区分以及金融软法是否是"法"存在争论,但从法律强制力方面来看,国际金融硬法具有强制执行的效力来源,而国际金融软法则缺乏强制执行的"共同意志"。理论上,当国际金融硬法与国际金融软法出现执行冲突时,国际金融硬法的效力应该高于国际金融软法。但在国际实践中,根据佛朗西斯·施耐德讲述的欧盟经验,硬法与软法的区分并不总是有用,具体的规范会随着责任性、明确性与授权性三个维度变化,[①]所以,从法律治理的社会效果而言,对国际金融硬法和国际金融软法的效力等级划分并不是很清晰。当然,基于法律执行的明确性和可执行性要求,当硬法与软法规范出现冲突时,应该尊重硬法的共同意志性。

（3）全球性的多边国际金融软法效力优于区域性国际金融软法。

由于目前的国际金融法主要由国际金融软法构成,因此有必要划分国际金融软法之间的效力等级。一般而言,全球性多边国际金融软法效力优于区域性国际软法,区域性国际软法效力优于双边性国际软法,双边性国际金融软法效力高于国内软法。因为"软法的作用取决于政治和法律制度",[②]按照国际软法的形成规律,自动执行的国家越多,越能体现出该规则的合理性,在某种程度上也就越能体现出该规则的国际法价值。

---

① 佛朗西斯·施耐德:《软法与治理——欧盟组织机构和工作流程的经验》,徐维译,载罗豪才主编:《软法的理论与实践》,北京大学出版社2010年版,第408—409页。

② 佛朗西斯·施耐德:《软法与治理——欧盟组织机构和工作流程的经验》,徐维译,载罗豪才主编:《软法的理论与实践》,北京大学出版社2010年版,第410页。

归根结底,国际金融软法的执行,还是体现出参与国的默示同意,深受各国"软实力"的影响,①因而,接受国家越多,越能体现出该规则的正当性。②

(4)国际金融软法与国内金融法之间的效力关系。

如何判断国际金融软法与国内金融法之间的效力关系?这个问题可能比较复杂。首先,从一般国际法理论来看,该问题不仅涉及国际法与国内法关系问题,还涉及国际软法是不是"法"的问题。其次,从国内法角度来看,由于国内法可以分为国内硬法和国内软法,进而涉及国际软法与国内硬法、国际软法与国内软法之间的效力关系问题。如果我们认为国际软法是"法",具有可执行性,则可以适用一般国际法理论中调整国际法与国内法关系的规则,根据"一元论"或"二元论"进行解释。据此,国际软法与国内硬法的效力关系可能是不确定的,但无论哪种选择,国际软法的效力应该高于国内软法。

总之,硬法和软法是一种学理划分,强调了社会治理中不同样态的治理规范,其关键区别在于法律的不同效力。回溯既往的国际金融法制实践,旨在追求具有强制力的硬法规范,因而,相对分散、效力等级不太明确的软法规则,逐渐通过转化为国际条约、国际习惯和国内法,启动硬法化的行程。但是,从硬法和软法的发展背景及特征而言,国际金融硬法不仅无法及时应对国际金融市场的复杂多变,也不能为日趋频繁的金融创新提供具有前瞻性的有效指引。因此,国际金融法理论应该认真思考软法在国际金融治理体制中的作用。建议冷静看待软法的硬法化趋势,因为软法硬化将不可避

---

① 王海峰:《论国际软法与国家"软实力"》,《政治与法律》2007年第4期,第101—105页。

② 对于正当性的理解,徐崇利教授认为,"在跨国法律体系中,认定国家共同制定的国际硬法位居中心地位至少源于以下两方面的依据:一是为了维持国家间合作的稳定性,有时需要具有强制效力的国际硬法介入,此乃建立国际社会秩序所必需;二是较之各种非国家行为体制订的国际软法,国家共同制定的硬法具有更大的正当性"。参见徐崇利:《全球治理与跨国法律体系:硬法与软法的"中心—外围"之构造》,《国外理论动态》2013年第8期,第22页。

免地提高全球金融监管的标准,毫无疑问,现在还没有这方面的国际共识。① 国际社会应该采取必要措施增扩国际金融软法的造法主体范围,强化软法规则的透明性和追责机制,使其体现出更多的国际正义而非特定国家的利益,不断提高软法规则在国际金融法治中的效力和作用。

① See Douglas W. Arner, Michael William Taylor, "The Global Financial Crisis and the Financial Stability Board: Hardening the Soft Law of International Financial Regulation?" *Social Science Electronic Publishing*, Vol.32(2),2009,pp.615-616.

第六章　中国参与国际金融治理
现代化的实践

第一节　中国参与国际金融治理现代化的向度

一、19 世纪之前的参与

中华民族与世界其他国家、民族之间的友好往来,源远流长。根据于沛先生的研究,早在秦汉时期,中西文化已经开始交流;在中国,人们一般会认为战国时期的齐人邹衍将世界分为九大洲,这是中国古代史家对外国最初的认识。① 秦汉之后,随着"丝绸之路"和"茶马古道"上的商贸交流,中国与亚洲、欧洲甚至非洲的国家和民族有了具体而直接的接触。而后,到宋明时期,中国与世界各国之间的商贸交往达到了古代史上前所未有的高度。但是,尽管在经济贸易领域,中国与世界有着比较紧密的联系,但中国常以天朝上国的姿态俯视世界,对世界各国长期以来却缺乏正确的认识,也缺乏与世界各国相互沟通的机制。直到清末,中国在西方列强的围攻下,从闭关锁国到被迫开放,中国对世界各国,尤其是西方大国的认识才有了根本的转变,"中国与世界之间的联系交流和交融同以往相比已经发生了质的变化,

---

① 参见于沛:《近代早期中国对世界历史的认识》,载《北方论丛》2008 年第 1 期,第 67 页。

这是和资本主义在世界范围内的迅速发展,极力要建立起自己统一的世界市场,要在全球建立自己的政治统治联系在一起的。正是在这样特定的历史条件下,中国对世界的认识进入了一个新的发展阶段。"①其中,最具代表性的是,中国清政府于 1861 年设立了总管外国事务的外交机构——全国总理各国事务衙门,并于 1875 年派遣郭嵩焘为英国公使,随后,清政府陆续派遣人员到德、美、日、俄等国担任公使,并在中国侨民聚集地设立领事馆,学习西方的驻外使领馆制度开始设立,与西方各国的交流有了正式的途径和渠道。这代表着中国开始尝试以平等者的视角审视自己与世界的关系,开启了中国融入世界的全新历程。

对于中国金融业与世界其他国家的最早互动历史,史料上很难查证。根据沈大年先生的研究,早期中国的金融行业主要是指银钱业,按出现时间的顺序,可以分为四大类:票号钱庄(1797 年)、外商银行(1845 年)、本国银行(1897 年)和人民银行(1927 年)。② 据此,至少在 1814 年前后,天津的山西票庄不仅将银钱业务扩展为融汇兑、存放款于一体的综合金融业务,而且将业务范围延展到日本、新加坡、莫斯科等地,形成了一个庞大的国内外商业汇兑体系,③这可能是中国金融史上较早的有组织的跨国金融活动。1840 年鸦片战争之后,外国金融机构逐渐来华建立银行,据沈大年先生的考据,"外国最早来中国设立银行的是英商东方银行(即丽如银行)于 1845 年在香港、广州设立分行,1848 年在上海、福州设立分行。"④之后,英国的麦加利银行、汇丰银行相继在上海设立分行。1894 年中日甲午战争后,外国银行在中国的机构大大增加,活动能力也大大加强。⑤ 直到 1897 年,中国才创办了第一家由外国人经营管理的属于中国自己的新式银行——中国

---

① 参见于沛:《近代早期中国对世界历史的认识》,载《北方论丛》2008 年第 1 期,第 67 页。
② 参见沈大年:《中国金融史概略(上)》,《华北金融》1984 年第 2 期,第 30—34 页。
③ 参见沈大年:《中国金融史概略(上)》,《华北金融》1984 年第 2 期,第 30 页。
④ 参见沈大年:《中国金融史概略(上)》,《华北金融》1984 年第 2 期,第 30 页。
⑤ 参见沈大年:《中国金融史概略(上)》,《华北金融》1984 年第 2 期,第 30 页。

通商银行,随后,户部银行①、交通银行、浙江兴业银行等相继成立。②

因此,19世纪之前,中国与世界其他国家在金融业务方面的交流可能是间接的,主要是货物贸易过程中的汇兑结算。但是,这中间也有了融信贷、借款、储蓄为一体的综合金融实践。直到1870年,随着苏伊士运河的开通和电讯信息网络的建立,外国洋行逐渐控制了中国商品的出口价格,进而通过外国银行涉足中国的金融市场。到了19世纪末期,外国银行开始在中国急速抢夺市场,发行债券甚至货币,直接影响了中国国民经济的发展。概括而言,这个时期的中国处于一种被动参与外国金融业务的状态中,在某种程度上,这个时期的中国其身份主要是西方现代金融业或现代银行业的学习者和模仿者。中国与外国在金融领域的交流,这个时期主要体现在外国金融业务对中国的单向影响。具体而言,外国金融业务在中国的发展,对中国主要产生了以下影响:

首先,外国金融业务成为帝国主义向中国扩张的有力工具。在19世纪晚期,由于自由竞争转向垄断,资本主义国家出现大量过剩资本,为了追求市场和利润,过剩资本开始向包括中国在内的其他国家扩张,外国金融业务成为帝国主义国家向外扩张的具体工具之一。一方面,外国银行为本国的商人提供信贷和资金支持,鼓励其向中国扩张,还为外国商人提供结算业务和汇兑,帮助其把获取的高额利润从中国转回国内;另一方面,外国银行在中国发行外国公司债券和货币,代理帝国主义办理中国国债的收付,吸收中国的社会零散资金,逐渐开始深度介入或者公然操纵中国国内的经济建设和金融服务事项。

其次,外国银行垄断了中国的国际汇兑业务,控制了中国的进出口业务。中国的进出口贸易结算主要通过外国银行进行,并且结汇汇率也以外国银行的挂牌利率为准。中国侨胞的汇款也是通过外国银行进行,汇率也

---

① 户部银行,于1908年改为大清银行,即中国银行前身。
② 参见沈大年:《中国金融史概略(下)》,《华北金融》1984年第3期,第27页。

以外国银行的挂牌利率为准。更甚者,当时国内金融市场上的内部结算,部分也以外国银行的利率和票据为准。

最后,外国银行深度介入中国国内金融市场。外国银行自由输出和输入白银,自主调解汇价,未经中国政府同意,便在中国发行公司债券和其他金融工具。部分外国银行在中国公然发行货币,公开吸收中国社会的闲散资金。除此之外,外国银行还承揽了中国国家的关税、盐税代收职能,部分控制了中国的国家财政。

二、20 世纪的参与

1. 间接参与国际金融治理

19 世纪的中国面临西方列强的侵略和国内秩序变革的双重压力,在遭遇"亡国灭种"的危机下,中国先贤志士被迫思索"救亡图存"的办法,开始"睁眼看世界",学习和效仿西方的经验知识,开始主动融入世界。1899 年,清政府派遣杨儒代表中国出席海牙和会,是中国第一次以主权国家的身份参加国际会议,一方面展现了中国主动参与国际事务的愿望;另一方面,也是为了在乱世中有效展示国家形象,避免被他国迫害和瓜分。① 从后来的历史发展来看,19 世纪末 20 世纪初的中国清政府已经认识到融入西方为主体的世界秩序中的重要性,这种认识的转变对中国而言有着痛苦而又重要的意义。

自鸦片战争爆发之后的很长一段时间内,中国对西方的认识处于一种矛盾的心理状态,从文明传承或文化的角度,当时中国的达官显贵还是瞧不起西方世界,但是,这些人也不得不承认西方军事力量的强大。于是,清政府对西方世界处于一种被动的、不得不承认的心理认知。随着西方国家相继以坚船利炮威逼清政府签订一系列丧权辱国的条约,清政府在与西方国家不对等的交往过程中,也在中国仁人志士的呼吁下,逐渐开始正视西方世

---

① 参见田涛:《海牙和会在中国的反响》,载《天津师范大学学报(社会科学版)》2015 年第 3 期,第 11—16 页。

界,在被动交往的同时,也利用各种机会开始主动了解和利用西方国家。

在金融领域,除了按照西方帝国主义国家的银行制度被动偿还战争赔偿款项之外,中国也开始积极利用西方的银行和金融工具进行各种筹款,包括财政筹款、铁路筹款、企业筹款等,以弥补国内财政开支的不足。最典型的例子就是清政府发行的"湖广铁路债券"和北洋政府的"善后五国借款"。1911 年清政府以修筑湖南、湖北、四川和广东等地的铁路为由,与英国汇丰银行、法国东方汇理银行、德国德华银行、美国的银行签订了《湖广铁路借款合同》,融资 600 万金英镑,年利率为 5%,期限为 40 年,利息每半年支付一次,期满还本。清政府为了顺利融资,同意了四国银行要求的贷款条件,即以铁路收入和湖南、湖北两省的厘金、盐税做抵押,并且同意四国银行团拥有上述铁路的修筑权和继续修筑的优先权。1912 年,北洋政府与英、法、德、俄、日等五国银行团①签署了总额为 2500 万英镑的《中国政府善后借款合同》,中国政府以国家盐税、海关税和山东等四省应缴纳的中央政府税收作为贷款担保条件。暂且不分析清政府和北洋政府的融资目的和融资用途,仅从业务技术上来看,无论是清政府在穷途末路的时候,还是北洋政府在财政空虚的组阁之初,都不约而同地选择向外国寻找金融资源。无论是从政府的债务人身份上,还是国家的金融制度建设方面,这都代表着一种重大的观念转变。当然,外国银行团和中国政府直接发生借贷金融关系,对于清末民初的国家币值改革都有着复杂而微妙的影响,至少显示出中国在金融市场现代化的早期,就曾与西方国家发生过激烈的角力和博弈。

第一次世界大战的爆发,为中国国内金融市场的建设提供了一次重整旗鼓的机会。因为西方主要国家把主要精力都聚焦在欧洲的战事上,暂时放缓了对中国的压迫和侵略。中国的资本主义工商业得到了宝贵的发展空间,以国内新式银行为主体的民族金融业在这段时期内有了长足的发展。据统计,"从 1912 年到 1927 年,中国民族资本银行共增加 186 家(包括分支

---

① 即汇丰、东方汇理、德华、华俄道胜和横滨正金。

机构),我国比较大的商业银行如北四行等都是在这个时期设立的"。① 除此之外,这个时期中国的金融市场,如股票市场、基金市场、债券市场、票据市场等都有了长足的发展,还设立了黄金交易所和证券交易所,中国金融市场的雏形初步形成。

但在中国开始主动转向并尝试积极融入西方主导的世界秩序时,中国在与西方世界的交往中,再次感受到西方帝国主义国家的虚伪和不友好。1918 年,中国第一次以战胜国的身份参与西方国家主导的国际会议——巴黎和会,期望在战后世界秩序的安排中发挥应有的作用,但以顾维钧为代表的中国代表团再次体会到"弱国无外交"的残酷现实。尽管在此后 1921 年的华盛顿会议上,中国积极利用外交手段解决了领土主权问题,但对"门户开放"政策的承认,使得中国再次成为西方列强侵略的对象。值得注意的是,在华盛顿会议中关于胶济铁路的谈判中,关于金融工具的选择成为谈判的焦点问题,这应该是中国在与西方国家的国际会议交往中,首次在金融领域进行直接的平等交锋。鉴于国弱民穷的现状,中国代表团坚决反对"贷款赎路"方案,坚持"证券赎路",最终用国库券支付赎金。

民国时期,中国金融市场与西方世界的交流,仍然体现的是单向的影响,即西方国家的金融资源对中国金融市场的建设有着重要影响。最典型的表现就在于对中国国家币值改革和建立平准基金的影响,尤其是中美英平准基金会的建立,直接影响到中国的货币制度、外汇政策和金融市场的建设。当然,站在现在的视角去审视过去的这段历史,会发现当时中国的金融市场已经比较开放,不仅伦敦白银市场与上海标金市场之间存在较为紧密的互动关系,美国的白银政策也与中国的银本位制之间有直接的关联。对于中国金融市场而言,由于北洋政府逐渐丧失了中央政府的权威,中国金融市场在一段时期内根据市场的需求自由发展,政府对金融市场的干预非常有限。因而,以西方金融市场建设为模仿对象的中国金融业相关行业公会,

---

① 参见沈大年:《中国金融史概略(下)》,载《华北金融》1984 年第 3 期,第 28 页。

自然在西方金融公司和西方银行的影响下,具有较大的社会影响力。中国金融市场俨然是西方金融市场的延伸。但是,到了国民政府时,这种情况发生了较大变化,尽管西方国家仍旧在法币汇率问题上对中国有间接的影响,但由于国民政府对金融市场进行了强制干预,再加上世界主要国家普遍放弃了黄金本位制,导致中国的国内金融市场与西方国家的金融市场分离开来,形成相对比较独立的单一市场。

第二次世界大战结束后,中国作为创始成员国(29 个)参与了联合国及其附随机构的建立,尤其是参与了《联合国家货币金融会议的最后议定书》及其附件《国际货币基金组织协定》和《国际复兴开发银行协定》。当时中国在 IMF 中的份额占据第三。但此后中国爆发内战,无暇顾及国际金融治理,与国际金融领域的交流主要体现在对外双边关系中涉及的国际金融援助事宜,譬如 1945 年《中苏友好同盟条约》和 1948 年的美国《援华法案》。新中国成立后,国务院总理周恩来曾致电 IMF,声明中华人民共和国是代表中国的唯一合法政府,要求恢复中国在 IMF 的合法席位。由于美国的阻挠,该主张未能落实。因而,台湾当局在一段时期内占据了国际金融组织中的相关席位,但由于其经济实力有限,在 30 年间的数次增资扩股中,无法增加份额,使得中国在国际金融组织中的地位下降,例如,中国在 IMF 中的份额从 1945 年的第 3 位下降到 1980 年的第 16 位。

虽然受限于当时的国际政治环境,无法直接有效参与国际金融治理,但中国在双边关系和其他国际交流平台上,仍然发挥积极作用。譬如,1950 年,中苏签署了《关于苏联贷款给中华人民共和国的协定》,该协定贷款总额为 3 万万美元,年利 1%,10 年期,每年还本 10%,利息按实际使用半年交付一次。[①] 这是新中国成立后接受的首笔大额国际融资。再如,1955 年,中国在亚非会议上,团结发展中国家,提出了"亚非各国应该首先根据共同的

---

① 中华人民共和国条约集,第一集,第 45—46;转引自方连庆等:《战后国际关系史(上)》,北京大学出版社 1999 年版,第 168 页。

利益谋求相互间的亲善和合作,建立友好和睦的关系",①并积极斡旋协调,帮助会议达成《亚非会议最后公报》,显示了中国积极融入世界的努力。

1972 年,中国在联合国恢复了合法席位,为直接参与国际金融治理创造了条件。经过几番考察、谈判,中国于 1980 年正式恢复了在 WBG 和 IMF 中的合法席位。1980 年 9 月,IMF 将中国的基金份额从 5.5 亿 SDR 增加到 12 亿 SDR;不久,又增资到 18 亿 SDR,排名第 8。并且,IMF 决定中国享有单独选区的地位,有权向 IMF 推选中国籍的执行董事。随后,中国在 WBG 中的股本和执行董事问题也得到解决,占股 1.2 万股,占比 3.77%,位居世界第六。中国逐渐开始加入更多的国际金融组织和专业金融机构(见下表),这标志着中国真正作为一个参与者,开始直接参与国际金融事务的治理工作。

国际金融机构或经贸相关机构	中国加入时间
国际货币基金组织	1980 年
世界银行	1980 年
国际刑事警察组织	1984 年
亚太经合组织	1991 年
国际展览局	1993 年
国际证券会组织	1995 年
国际清算银行	1996 年
国际会计准则委员会	1997 年
国际会计师联合会	1997 年
国际掉期与衍生工具协会	1999 年
国际审计实务委员会	2000 年
国际保险监督官协会	2000 年

(本表是作者根据相关资料制作而成)

2. 直接参与国际金融治理

中国恢复在国际金融组织中的合法身份后,积极主动地参与国际金融

---

① 方连庆等:《战后国际关系史(上)》,北京大学出版社 1999 年版,第 279 页。

治理事务。在早期,这种参与主要表现在对国际金融治理机制的学习,并大力支持国际金融组织的管理理念和治理标准,通过国际金融组织的帮助,深化国内货币与金融体制改革,不断提升国家的金融建设能力。[①] 一方面,中国先后向 IMF 和 WBG 借款[②],用于国内经济结构的调整和货币金融体制的改革;并且中国根据 IMF 的政策磋商和技术援助平台,在 IMF 的帮助下完成了一系列事关国计民生的货币与金融体制改革,[③]夯实了中国的金融现代化基础。另一方面,中国开始加入更多的国际金融组织或专业机构,通过与 IMF 等国际金融机构的培训、交流、合作,派遣大量财经人士参加 IMF 等国际金融组织和专业机构的培训和学习,为中国参与国际金融治理培养了大量专业人才。

纵观这一时期的中国参与,尽管西方金融理论和国际金融组织对中国的影响仍然很大,但由于中国综合国力和金融实践的加强,已经不同于 20 世纪那样的单向影响。即在国际金融组织对中国产生影响的同时,中国也用实际行动在影响国际金融组织。也就是说与 19 世纪世界对中国的单向

---

① 经过 40 多年的发展,我国金融业已经取得了历史性成就。根据最新发布的数据,"截至 2018 年末,我国银行业金融机构本外币资产 268 万亿元,同比增长 6.3%,本外币负债 247 万亿元,同比增长 5.9%。商业银行不良贷款余额 2.03 万亿元,较上季末减少 68 亿元,不良贷款率 1.83%,较上季末下降 0.04 个百分点。银行业发展日趋稳定,资产质量下行压力趋缓。同时,机构体系日趋完善,中小银行业金融机构数量及市场份额继续上升,市场集中度下降,竞争程度进一步提高。证券期货方面,上市公司数量稳步增长。截止到去年底,沪深两市上市公司总数达 3567 家,沪深两市总市值为 48.67 万亿元,比上年数量增加 82 家。新三板、区域性股权市场挂牌公司和证券期货经营机构数量保持较快增速。中国债券市场的余额是 86 万亿元,约合 12.6 万亿美元,在全球大概排在第三位,2018 年在全球绿色债券发行量 309 亿美元,仅次于美国占第二位。保险业方面,资产规模扩大,保费收入快速增长。截至 2018 年底,保险业资产总量 18.3 万亿元,较 2018 年初增加 9.5%。除此之外,信托公司、基金公司、资产管理公司等不同类型的金融机构也有了蓬勃发展,我国目前已经建立起了种类比较齐全的金融机构体系"。详见卞永祖:《金融重在供给侧结构性改革和防控风险》,载《证券日报》2019 年 3 月 2 日。

② 向 IMF 先后主要借了 7.59 亿 SDR 和 5.98 亿 SDR。

③ 这些金融体制改革包括中央银行体制改革、财税体制改革、外汇管理体制改革、人民币经常项目可兑换措施改革、货币银行统计体系改革、国际收支统计体系改革、国民账户统计体系改革、外债监测体系改革、货币政策与财政政策的制订与操作、修改和完善银行法规及会计与审计制度、加强金融监管以及发展金融市场工具等。

影响不同,20世纪的中国与世界处于一种双向的作用和影响中。

首先,中国为国际金融组织提供了大量资金支持,辅助国际金融组织维护国际金融秩序。1994年,中国向IMF提供了1亿SDR的贷款和1200万SDR的捐款,帮助IMF调整弱小国家的债务规模;1997年,中国响应IMF的号召,向处于亚洲金融危机旋涡中的泰国提供了10亿美元的紧急贷款,向印度尼西亚提供了3亿美元的资金支持;1999年,中国向IMF捐款1313万SDR,支持IMF的穷国减债计划。另外,在亚洲金融危机爆发,各国货币竞相贬值时,中国承担极大的金融风险坚守人民币汇率的相对稳定,为维护国际金融秩序的安全与稳定做出了重要贡献。

其次,中国针对国际金融组织的治理缺陷提出了相应的改革建议,有力推进了国际金融治理的改革速度。1997年亚洲金融危机发生后,中国指出了国际金融治理中存在的若干问题,包括IMF存在被少数发达国家垄断的风险;IMF在处理金融危机时,缺乏对危机国家具体国情的考量;国际社会在跨国金融贸易方面缺乏相互协调的机制;发达国家对离岸金融中心和高杠杆投资基金缺乏有效的监管;等等。为此,中国提出了相应的改革建议,包括IMF要进行份额改革,要适当增加发展中国家的投票权重;国际社会要注意协调各国之间的金融政策,防止金融政策冲突;发达国家要强化对自身金融安全和金融稳定的监管,防范金融风险外溢;发达国家和国际金融机构要尊重发展中国家的国情和具体需求,选择多样性的金融政策和金融工具;等等。中国的这些建议和解决方案在国际社会引起很大反响,对IMF后续的改革政策产生了直接的影响。

最后,中国积极参与国际金融治理体制的改革,为全球金融体制的稳定做出了积极的贡献。1994年墨西哥金融危机之后,国际社会深感国际金融治理体制存在固有缺陷,进而新设了"金融稳定论坛",中国积极支持"金融稳定论坛"的改革,参加了制订标准小组的活动,对国际金融体制的改革建言献策。尤其是1997年亚洲金融危机之后,中国与亚洲区域的国家共同思考如何防范金融危机和如何推进国际金融体制改革等问题,在域内主要国家的共同努力下,借鉴欧洲货币合作的成功经验,开始推进亚洲区域的货币合作事宜。2000 年,中国签署了《清迈协议》,为亚洲区域货币合作和国际金融体制的改革做出了重要的探索。

三、21 世纪的参与

进入 21 世纪后,随着中国经济的快速发展以及国家综合国力的不断提升,中国参与国际金融治理体系的经验逐渐增多。与 20 世纪末期的"摸着石头过河"或"物质性需求"等有限参与不同,进入 21 世纪后,中国越来越看重在国际金融治理体系中的"身份性需求"和"影响力需求",开始重视国际金融治理平台的沟通、交流功能,并对国际金融治理中的平等权和话语权提出了自己的主张。[1]

1. 全面参与阶段

(1)中国加入更多的国际金融机构。

首先,中国加入更多的国际金融组织和专业的国际金融机构,寻找各种国际交流平台,强化与世界各国和国际组织在金融领域各方面的交流与合作,向外充分阐明中国的主张。据统计,2000 年到 2015 年间,一些在国际社会有影响力的主要国际金融机构,中国都加入了(详见下表)。

国际组织或金融机构	中国加入时间
世界贸易组织	2001 年
上海合作组织	2001 年
世界交易所联合会	2002 年
国际审计与鉴证准则理事会	2002 年

---

① "物质性需求"是戴相龙提出的,即指出中国参与国际金融组织的目标经历了从最初的获得贷款、拥有国际金融体系的身份,转为重视在金融领域的平等地位和对话平台,进而扩大在国际金融领域的影响的发展过程。换言之,从物质性需求(贷款)到身份性需求(国际金融体系的认同)再到影响力需求(份额和代表权)。详见戴相龙:《曲折的历程　有效的合作——中国重返国际货币基金组织 21 年回顾与展望》,载《人民日报》2001 年 2 月 19 日。

续表

国际组织或金融机构	中国加入时间
国际金融理财标准委员会	2006 年
国际养老金监督官协会	2005 年
欧文费舍尔中央银行统计委员会	2007 年
金融行动特别工作组	2007 年
国际证监会组织技术委员会	2009 年
巴塞尔委员会	2009 年
支付结算体系委员会	2009 年
全球金融体系委员会	2009 年
市场委员会	2009 年
泛美开发银行集团	2009 年
金融稳定论坛	2009 年
金融稳定理事会	2009 年
全球金融市场协会	2012 年
经济合作与发展组织	2015 年

（本表是作者根据相关资料制作而成）

其次，中国加入了 WTO。加入 WTO 标志着中国全面融入国际金融治理体系，是中国与世界双向交流的典型成果。中国需要学习和遵守 WTO 中关于金融服务贸易的规定，[1]包括 GATS、《金融服务附录》、《关于金融服务承诺的谅解》、《金融服务协定》等。国际社会也需要理解中国的发展中国家身份，并根据 WTO 的相关规定，给予中国在金融服务方面相应的待遇。因此，在加入 WTO 的互动中，中国根据本国国情对金融服务业的开放，采取了分类、分步开放原则，[2]体现了中国在希望融入世界金融秩序的同时，并不盲从西方的游说，始终基于本国的需求选择适当的国际合作。

最后，中国积极参加 G20 部长会议。1999 年加入 G20 后，中国积极参

---

①　参见戴相龙：《加入 WTO 与金融部门对策》，载《国家行政学院学报》2002 年第 1 期，第 10—14 页。

②　详见李国安主编：《金融服务国际化法律问题研究》，北京大学出版社 2011 年版，第 78—87 页。

加历届 G20 财长和央行行长会议,围绕全球经济形势、国际金融体制改革、应对全球化危机、打击恐怖主义融资、解决全球金融危机等议题,提出了相应的建议,并根据中国的实践提出了一些中国方案。尽管 G7 集团仍然把持着国际金融治理的主导权,中国还是缺少制度性的话语权,在中国早期的建议或方案对国际金融治理决策产生的影响比较有限,但中国主动参与国际金融治理的态度和动向,以及在国际金融治理中发挥力所能及的作用,增强了世界对全球经济发展的信心,引领了发展中国家的积极参与。2005 年之后,中国多次承办了 G20 部长会议,逐渐体现出对国际社会的影响力。尤其是 2008 年全球金融危机发生后,中国与世界各国的交流更加主动和频繁,并团结其他新兴国家在 2009 年的匹兹堡会议上,就推动国际金融机制改革达成共识,[①]为中国之后深度参与国际金融治理打下了坚实的基础,也为国际金融治理提供了新的发展方向。

（2）中国在国际金融治理体系中的话语权得到提升。

首先,中国在 IMF 中的份额逐渐提高。1980 年中国恢复 IMF 中的合法席位时,中国的份额仅排第 16 位,后来经过两轮增资,排位第 8。但在上世纪 80 年代,因为沙特的特别增资和东欧独联体国家的加入,中国的排名下降到第 11 位。2001 年,中国增资约 17 亿 SDR,占总份额的 3%,排位第 8,这与中国的经济实力不匹配,中国多次在会议上呼吁 IMF 要进行内部改革,增加发展中国家的投票权。2006 年,IMF 回应了这种呼吁,增加了中国等发展中国家的份额,并提出相应改革计划。[②] 后经过 2008 年、2009 年、2015 年的几轮改革,中国在 IMF 中的份额增至 6.394%,排位第三,投票权增至 6.07%。但是,尽管中国在 IMF 中的份额得到逐步提高,与美国相比,

---

① 王文、王鹏:《G20 机制 20 年:演进、困境与中国应对》,载《现代国际关系》2019 年第 5 期,第 1—9 页。

② 2006 年 IMF 的回应主要有两方面内容,一方面增加了中国、韩国、墨西哥和土耳其的投票份额;另一方面提出了 IMF 综合改革计划,包括按成员在国际经济中的比重调整在 IMF 中的份额,要增加低收入国家的参与,还要修改计算份额的公式,使其能够直接反映成员在国际经济体系中的地位。

中国的份额和投票权仍然不能反映其在全球经济中所占的比重。因此，IMF 应该"继续推动份额和治理改革，增强新兴市场经济体和发展中国家的发言权和代表性"，"这是 IMF 履行其职责的先决条件"，也是维护其在全球金融安全网中发挥核心作用的基石。[①]

其次，中国籍公民在国际金融机构中的任职数量增多。随着中国与世界的联系越来越紧密，以及中国培育出了大量国际金融领域的人才，中国籍公民在国际金融组织和专业金融机构中任职的人数越来越多，[②]中国的话语权有更多的渠道得以表达。一方面，在国际金融机构任职的中国籍员工增多，能够更好地传播中国的理念和主张，能够有效地促进中国与世界的交流，让世界其他国家和人民能够有更广泛的机会了解中国，有助于破解西方媒体在新闻传播时的舆论控制和意识形态偏见。另一方面，中国籍公民在国际金融机构担任重要管理职位，能够经常身处最前沿的国际金融管理实战中，有利于学习相关的国际金融治理知识，有助于国家积累相应的国际金融治理经验。这对未来中国的发展是非常重要的。当然，更多的中国籍公民在国际金融机构任职，也有助于其站在相对独立的环境中回顾和思考中国国内的金融发展问题，对国内的金融改革提供更加独立和精准的判断。

再次，人民币被纳入 SDR 篮子。经过中国多年的奔走呼吁，2016 年 10 月，人民币被纳入 SDR 篮子，正式成为国际储备货币。人民币在 SDR 篮子中占比 10.92%，超越英镑和日元，排位第三。这是人民币国际化的重要成果，是中国在国际金融治理体系中话语权得到提升的最显著体现，也是中国

---

① 参见高攀、熊茂伶：《易纲敦促 IMF 继续推动份额和治理改革》，载中华人民共和国中央人民政府网站，http://www.gov.cn/xinwen/2019-10/20/content_5442499.htm，2021 年 4 月 7 日。

② 2008 年周小川、刘明康主席和李勇出任 FSB 指导委员会和脆弱性评估、监管合作和标准执行三个常设委员会的委员；2006 年周小川担任 BIS 董事会成员；2010 年 5 月，朱民副就任 IMF"总裁特别顾问"，这是 IMF 历史上首次由中国人担任高级管理层职务；1998 年，赵厚麟被国际电信联盟电信标准化局局长；2002 年国际电信联盟副秘书长；2016 年 1 月，杨少林被任命为世界银行的副行长；2008 年 2 月，林毅夫被任命为世行首席经济学家兼高级副行长；2007 年 11 月，张月姣被世贸组织选为七名大法官之一；2013 年 8 月，易小准被任职世贸组织副总干事；2018 年 2 月，陈文辉当选为国际保险监督官协会执委会副主席。

推进国际货币体系改革的重大进步。溯其本源,SDR 的产生就是为了解决在国际金融体系中美元独大的弊端,是国际社会改革国际货币金融体系的关键抓手,也是稳定国际金融秩序的重要因素。因此,自 SDR 创设以来,国际社会对其寄予厚望,但由于 SDR 的创设对美元的国际储备货币地位会产生不利影响,美国对 SDR 的发展一直秉持消极态度,导致 SDR 原有的创设理念未能实现。因此,人民币"入围"SDR,有助于促进国际货币的多元化,适当消解国际货币体系过度依赖单一主权货币的不稳定性,体现了新兴市场经济体在全球经济中的重要作用,是新兴市场国家国际地位提升的典型表现。人民币被纳入 SDR 一篮子货币,不仅有助于 SDR 增强作为国际储备货币的功能,还有助于进一步完善国际货币金融体系。

最后,中国在 WTO 机制中的话语权增强。在加入 WTO 伊始,鉴于中国对 WTO 规则不熟悉,对国际贸易秩序的治理缺乏经验,不仅被发达国家多次推向被告席,还因为在 WTO 中没有发挥领导作用,备受西方国家指责。[①] 2006 年中国对欧洲纺织品反倾销案提起诉讼之后,中国逐渐开始利用 WTO 中的争端解决机制保护自身的贸易利益,维护世贸规则权威,并且在相关的贸易谈判中表现的越来越活跃。中国"不断完善社会主义市场经济体制,全面加强同多边贸易规则的对接,切实履行货物和服务开放承诺,强化知识产权保护,对外开放政策的稳定性、透明度、可预见性显著提高,为多边贸易体制有效运转作出了积极贡献",中国"坚定支持多边贸易体制,积极推动多国完成《贸易便利化协定》的国内批准程序",依据"《信息技术协定》推动各方就取消 201 项信息技术产品的关税达成协议";中国积极"推动世贸组织积极回应投资便利化、中小微企业、电子商务等世贸组织成员普遍关注的新议题并开展相关讨论,发起成立投资便利化之友",引导 70

---

① Marcia Don Harpaz, "China's Coherence in International Economic Governance", *Journal of Chinese Political Science*, Vol.21 (2), 2016, pp.123 - 127; Bhala R., "Resurrecting the Doha Round: Devilish Detail, Grand Themes, and China too", *Texas International Law Journal*, Vol.45(1), 2009, pp.1-125.

多个成员达成《关于投资便利化的部长联合声明》；中国加入"'中小微企业之友'，推介中国在世贸组织相关提案中关于支持中小微企业的内容；中国加入'电子商务发展之友'，积极推动世贸组织电子商务议题多边讨论，分享经验做法，帮助发展中成员从发展电子商务中受益"；中国"积极参与改进争端解决程序的谈判，支持世贸组织上诉机构独立公正开展上诉审议工作；针对个别成员阻挠上诉机构成员遴选，中国与 60 多个成员联署提案，努力推动尽快启动遴选程序"；中国"参与世贸组织对其他成员审议近 300次，向被审议成员提交书面问题和贸易关注数千项，敦促其他成员遵守世贸组织规则和有关承诺，为维护和强化审议机制功能发挥了积极作用"。① 此外，中国"设立'最不发达国家及加入世贸组织中国项目'，已帮助 6 个最不发达国家加入世贸组织；2017 年起，中国在南南合作援助基金项下与世贸组织等国际组织加强合作，在'促贸援助'领域实施合作项目，帮助其他发展中成员提高从全球价值链中获益的能力"。②

2. 深度参与阶段

(1)中国开始为国际社会提供新的国际金融公共产品。

首先，中国提出共建"一带一路"倡议和建立丝路基金。因为传统的国际金融治理机制已经不能有效应对国际社会日渐广泛的金融贸易需求，中国倡导建立沟通欧亚各国经贸交流的综合型治理机制——"一带一路"合作机制。"一带一路"合作机制主要聚焦于欧亚地区各国间的经贸政策沟通、基础设施互联互通、金融资金融通和人文相互交流，是一种创新型的区域经济治理机制。该机制倡导建立以来，有力推动了"一带一路"沿线地区的贸易和投资规模，增强了"一带一路"沿线国家间的互联互通，尤其是将

①　以上内容来自中华人民共和国国务院新闻办公室：《中国与世界贸易组织》白皮书，中华人民共和国中央人民政府网站，http://www. gov. cn/zhengce/2018 – 06/28/content_5301884. htm,2021 年 3 月 28 日。

②　以上内容来自中华人民共和国国务院新闻办公室：《中国与世界贸易组织》白皮书，中华人民共和国中央人民政府网站，http://www. gov. cn/zhengce/2018 – 06/28/content_5301884. htm,2021 年 3 月 28 日。

主要的国际金融机构聚合在一起,为"一带一路"沿线国家的发展提供金融支持。① 并且,"一带一路"合作机制的设立,为国际经贸合作提供了一种全新的民主合作范式,"一带一路"沿线国家遵循平等开放、合作包容、互利共赢的新发展理念,坚持共商共建共享精神,抛弃了旧有治理机制固守的零和博弈思维,是一种先进的文明成果,"有助于改善全球治理体系,防止全球经济破碎化趋势"②。此外,为了支持"一带一路"沿线国家的基础设施建设金融需求,中国以独家金融资源为基础建立了丝路基金,灵活运用多种融资工具,服务于"一带一路"建设中的国内外多元化投融资需求。因此,中国倡导建立的"一带一路"合作机制和独家创建的丝路基金,体现了中国积极、全面、深入地参与全球经济治理的态度,在提供国际公共产品方面做出了中国贡献,也为全球经济治理中的国际决策提供了中国方案。

其次,建立亚投行。亚洲各国在经济发展过程中,往往比较关注基础设施建设在国民经济发展中的基础作用,因此,在亚洲地区存在广泛的基础设施投资需求。但是,鉴于政治角力、投资回报和资金不足等原因,传统的国际金融机构如 WBG 或 ADB 等对亚洲地区的基础设施关注度不高、投资不足。因此,为了解决亚洲地区国家迫切需求的基础设施建设资金,中国带头倡议创建 AIIB,力争将其培育成为一家开放性的,集精简、清洁和绿色于一体的高标准国际多边金融机构。中国联合新兴市场国家和大部分发达国家,③以"一带一路"沿线国家的基础设施投资作为 AIIB 的主要业务方向,为国际金融机构业务的精准化提供了新的发展模式。另外,AIIB 的创立,为国际金融治理提供了新的治理思路。AIIB 更加注重发展中国家和欠发

① 在"一带一路"的合作机制下,世界银行、亚投行、亚洲开发银行、欧洲投资银行、欧洲复兴开发银行和金砖国家新开发银行签署了相互合作的备忘录,为沿线国家的发展提供金融服务。详见《"一带一路"国际合作高峰论坛成果清单》,载《"一带一路"国际合作高峰论坛重要文辑》,人民出版社 2017 年版,第 38—52 页。

② 王晨笛:《俄专家:"一带一路"有助于改善全球治理体系》,新华网,http://www.xinhuanet.com/2017-05/22/c_1121013791.htm,2021 年 4 月 6 日。

③ 参见刘东民:《亚投行的愿景与治理》,外文出版社 2016 年版,第 16 页。

达国家的金融需求,在金融制度设计上既考虑金融投资的效率和效益水平,也更加关注中小国家的基本国情和发展诉求,为中小国家提供了更加多元、民主、平等的协商参与渠道,有助于构建一个共同的利益共同体,也有助于建设一个具有包容精神的多元金融合作机制,共同应对人类发展面临的全新挑战。AIIB 的筹建,一定程度上打破了西方发达国家垄断国际金融治理话语权的现状,体现了中国向国际社会提供国际金融公共产品的意愿和能力,也彰显了中国积极参与国际金融治理事务的担当。

再次,建立新开发银行。为了防范国际金融危机蔓延,完善国际金融治理秩序,深化南南合作,新兴经济体国家之间多次磋商,建立了金砖国家新开发银行(NDB)。NDB 的创建,从背景来看,是对美元政策的担忧,也是对国际金融风险传导机制的提防。因此,与传统的国际金融机构相比较,NDB 更加注重非传统安全,[1]是有效缓解现存国际金融治理机制过度依赖美元的初步策略。NDB 的建立,将有力推动新兴经济体之间的金融合作,简化金砖国家之间的结算流程和贷款业务,引领发展中国家之间建立良好的金融合作机制,减少对美元的依赖,有助于革除发达国家把持国际金融治理的弊端。因此,NDB 的建立,也是中国深入参与国际金融治理的重要表现。

最后,举办中国国际进口博览会。2016 年以来,国际社会弥漫着浓厚的反全球化和贸易保护主义情绪,许多国家纷纷筑起贸易保护的壁垒,严重影响了国际金融市场的稳定性。因而,为了维护全球化来之不易的成果,坚决反对逆全球化行为,中国发起举办了中国国际进口博览会,邀请 100 多个国家和国际组织参与。中国国际进口博览会的举办,是中国在新时期对国际形势研判后做出的重大决策,表明中国进一步推进高水平对外开放的信心,也是中国向全球各国开放国内市场、继续推动全球化的主动表现。未来15 年,中国预计将进口 24 万亿美元商品,中国国际进口博览会将为各国出口提供新机遇,为各国共享中国发展红利搭建新平台,为世界经济增长注入

---

[1]　参见徐秀军等:《金砖国家研究:理论与议题》,中国社会科学出版社 2016 年版,第106 页。

新动力,是推动全球包容互惠发展的国际公共产品。[1]

(2)推动国际金融治理制度创新。

首先,推动区域货币合作机制。鉴于目前的国际金融治理权主要控制在发达国家手中,发展中国家推动国际金融治理机制的改革通常会面临发达国家的有意阻挠,国际金融机制的治理创新非常艰难。因此,中国联合其他亚洲国家,在区域内寻找区域货币合作的新方法,避免僵化的国际金融机制对亚洲区域的负面影响。中国积极推动东盟与中日韩签署了多边货币互换协议,并尝试建立亚洲债券市场和亚洲货币单位。[2] 此外,中国与区域外多家央行达成双边本币互换协议,积极建立人民币离岸结算中心,不断促进区域货币体系的改革。

其次,积极推动国际金融治理机制改革。中国在不同场合多次呼吁要大力推进国际金融治理机制改革,要提高发展中国家的话语权。中国提出主要依靠 SDR 为全球储备货币的改革建议,[3]并倡议建立公平、公正、包容、有序的国际金融新秩序。中国创建了世界信用评级集团、AIIB、NDB 和人民币跨境支付系统,加快人民币国际化进程,有力推动了国际货币体系的多元化改革。中国继续推动金砖国家金融合作项目,准备发行新的债券基金,扩大本币证券市场和本币支付合作。[4] 此外,中国人民银行准备培育人民币利率、外汇衍生品市场,研究发行人民币利率期权,发布金融行业区块链标准,并推进法定数字货币的发行工作。这些新机制的创新性安排,体现了中国深度参与国际金融治理体系的愿望和有效参与国际金融治理机制改革的发展能力。

---

① 中华人民共和国国务院新闻办公室:《〈中国与世界贸易组织〉白皮书》,新华网,2018年6月28日,http://www.xinhuanet.com/2018-06/28/c_1123050189.htm,2020年9月5日。

② 梁艳芬:《亚洲货币单位的编制及其意义》,载《国际贸易》2006年第6期,第45—47页。

③ 周小川:《关于改革国际货币体系的思考》,载《中国金融》2009年第7期,第8—9页。

④ 《金砖国家领导人第十一次会晤巴西利亚宣言(全文)》,http://www.scio.gov.cn/tt/zdgz/Document/1668270/1668270.htm,2020年3月6日。

最后,引领国际金融治理议题的拟定。2008年全球金融危机发生后,中国在国际金融治理领域的参与逐渐主动起来,其中,最突出的表现就是积极参与国际金融治理议题的拟定。2016年G20峰会,中国提出构建"创新、活力、联动、包容的世界经济"议题,①将具有中国特色的治理理念,如加强宏观政策调控,优化创新增长方式、不断推动包容和联动式发展等理念带到峰会中,产生了重要的影响。2017年,中国提出G20要坚持建设开放型世界经济大方向,为世界经济增长发掘新动力,要推动联动增长,促进共同繁荣,向着构建人类命运共同体的目标迈进。② 2018年,中国提出要坚持开放合作,维护多边贸易体制,要坚持财政、货币、结构性改革"三位一体"的政策工具,努力推动世界经济强劲、平衡、可持续、包容增长、要鼓励创新,促进数字经济和实体经济深度融合,共同营造自由、开放、包容、有序的国际经济大环境。③ 2019年,中国提出要坚持与时俱进,完善全球治理,要确保金融安全网资源充足,也要让国际金融架构的代表性更加合理,更好反映世界经济现实格局。④ 2020年,中国提出要遵循共商共建共享原则,要继续改革国际金融体系,扩大特别提款权作用,筑牢全球金融安全网,提高发展中国家代表性和发言、要直面经济全球化遇到的挑战,使经济全球化朝着更加开放、包容、普惠、平衡、共赢的方向发展。⑤ 这些建议,是中国深度参与国际金融治理的体现,也展示了中国为全球金融发展指引方向的领导力,体现了中国对国际金融治理的战略规划。

---

① 习近平:《构建创新、活力、联动、包容的世界经济》,新华网,http://www.xinhuanet.com//world/2016-09/04/c_129268987.htm,2021年4月12日。

② 习近平:《坚持开放包容　推动联动增长》,新华网 http://www.xinhuanet.com//world/2017-07/08/c_1121284462.htm,2021年4月12日。

③ 习近平:《登高望远,牢牢把握世界经济正确方向》,新华网,http://www.xinhuanet.com/politics/leaders/2018-12/01/c_1123792388.htm,2021年4月12日。

④ 习近平:《携手共进,合力打造高质量世界经济》,新华网,http://www.xinhuanet.com/politics/leaders/2019-06/28/c_1124684186.htm,2021年4月12日。

⑤ 习近平:《勤力战疫　共创未来》,新华网,http://www.xinhuanet.com/politics/2020-11/21/c_1126770364.htm,2021年4月13日。

第二节 中国参与国际金融治理现代化面临的
困难与挑战

中国作为一个后发追赶型现代化的发展中国家,由于国家寻求现代化的时间较短,中国人口基数庞大,再加上中国寻找的发展道路与西方国家不同,因而,与西方发达工业国家的现代化进程相比较,中国的现代化过程注定会面临很多困难与挑战。

从现有资料来看,中国国内讨论国家的现代化问题最早可能出现在民国时期。1933 年 7 月上海的《申报月刊》曾专题讨论过国家的现代化问题,①民国时期的这些讨论对国家的现代化进程产生了一定的影响,譬如,促使国家的政体从总统制进化到委员制等。尽管部分学者认为这些变化属于表面的变化,并没有使国家成为一个真正的现代化国家,但是,国家的整体转型和变革是一项极为复杂的工程,也是一个长期的发展过程,一种思潮对社会发展的影响,其结果可能是无法评估的,也可能不是短期内可以评估的。尤其作为一种社会启蒙思想,其对国家和社会的影响往往是"润物无声"般的,因此,民国时期的这种国家现代化的讨论,它不仅为现代化的发展提供了思想资源,②实际上也推动了国家的现代化改革。至于改革的成败或者改革的成效,要在历史的大环境中去深入分析。

同理,中国参与国际金融治理的实践,是国家在过去很长一段时期内与世界互动的结果,也是基于国家在现代化改革中不断摸索的经验基础上。过去的成功经验或失败教训,都是现在继续追寻现代化的基本动因。因此,

---

① 编者:《中国现代化问题》(特辑申报月刊)1933 年第 7 期;转引自赵文:《1933 年〈申报月刊〉关于中国现代化问题的讨论》,载《黑龙江史志》2012 年第 19 期,第 51—52 页。

② 张树军:《20 世纪 30 年代关于中国现代化的讨论》,载《辽宁师范大学学报》2011 年第 2 期,第 109 页。

理解中国的现代化是世界现代化的一个组成部分就显得至关重要,理论上在看待中国的现代化时,要放在世界现代化的框架下去思考,要关注到世界的普遍动态。当然,每个国家都有自己的特殊性,国家之间的这种特殊性差异从本质上来看,不应该影响世界整体的现代化进程,也不是影响世界整体现代化的主要因素。人类的进化历史就是从差异逐渐走向相似,最终形成人类文明的过程。因此,过度强调特殊性或差异性,在固定的时期内可能形成有效的抗辩或识别,但从长周期来看,坚守这些特殊性可能意义不大。所以,就中国参与国际金融治理的实践而言,世界的现代化和中国的现代化成为其共同的历史背景,也就是说,中国参与国际金融治理现代化,既要遵循客观规律,又要考虑中国国情和国际环境。① 由此可见,中国在参与国际金融治理现代化过程中面临的困难和挑战,可能来自于国内,也可能来自于国外。

一、中国参与国际金融治理现代化面临的国内挑战

1. 中国的经济发展水平问题

国家的经济发展水平是建设国内金融市场和参与国际金融治理的基础,如果国家整体的经济发展状况出现了问题,国内金融市场的建设和国际金融治理的参与能力就受到直接影响。因而,中国的经济发展水平问题是国家参与国际金融治理现代化过程中面临的最大挑战,直接决定着中国在国际金融治理中的角色扮演以及参与能力的大小。但是,就当前的中国经济现代化过程而言,我们面临着很多困难。最直接的困难可能就是缺乏支持国家经济良性发展的现代化理论。一方面,由于西方经验或者基于西方经验的国际理论,不足以解决中国当前面临的现代化问题;另一方面,如果没有契合中国实情的创新性现代化理论,中国的现代化可能难以实现。②

---

① 何传启:《中国现代化面临的挑战与未来前景》,载《理论与现代化》2010 年第 6 期,第 5 页。

② 何传启:《中国现代化面临的挑战与未来前景》,载《理论与现代化》2010 年第 6 期,第 7 页。

因此,我们应该思考中国经济可能面临的下列严峻挑战:

首先,国家经济增速趋缓问题。经过过去40多年的高速发展,中国经济发展已经到了一个关键的闸口。随着后发追赶的优势日趋缩小,中国目前制造业的产能严重过剩,国内外市场比较疲软,中国经济发展可能面临一个长期的低速增长风险。如果国家经济发展长期处于一种低速增长阶段,由于人口基数庞大、产业结构调整不到位、地方政府累计的债务风险倍增、房地产市场存在巨大泡沫、金融市场建设不完善等因素,可能直接影响国家现代化的进程。

其次,国家经济转型和结构调整问题。当前,国家提出双循环发展思路,要求扩大内需、扩大消费,就是要解决过去以高投资、高出口为主导的出口导向型经济发展问题。但是,目前我国经济的结构问题很多,譬如,传统产业发展艰难、第三产业无序发展、高新技术产业存在陷入"低附加值陷阱"的风险、中小企业创新性不强、出口投资和消费之间的比例失衡等问题。这些经济转型和结构调整问题,可能牵涉国家管理思路、管理方式和管理制度的调整,以及在较长的时间内优化良好的市场环境,尊重并培育企业的自主创新能力,等等。毫无疑问,如果国家经济转型和结构调整出现任何问题,都会影响国家的现代化进程。

最后,国家经济发展面临陷入"初等发达国家陷阱"问题。国家的经济结构从制造业、投资转向服务业和消费时,由于服务业和消费所形成的劳动生产率和拉动作用要低于制造业和投资,所以经济增速趋缓不可避免。但问题是,国家的工业化速度过快,创新能力不足,工业化红利过早耗尽,但创新驱动型发展模式尚未建立,可能影响中国经济增速难以保持在适中水平,甚至可能会导致中国经济增长失速,从而形成"未富先衰"的困境。所以,从长远来看,我国在跨越"中等收入陷阱"之后,勉强进入高收入国家行列,但由于人口基数庞大、区域差异明显、创新能力乏力等问题,可能面临陷入"初等发达国家陷阱"而不能达到"中等发达国家水平"的风险。

2. 国家治理能力问题

国家治理能力是影响中国参与国际金融治理现代化的另外一个重要因素。如果没有一个有效的国家治理机制、如果缺乏高效的政府运作体系、如果不能合理区分政府与市场之间的权力边界、如果公权力出现缺位或错位配置，那么国家治理能力可能就比较低，国家整体的持续发展水平可能比较有限，综合国力就会羸弱，在国际舞台上的话语权就会削弱，相应地，国家参与国际金融治理事务的能力自然就会下降。严格意义上来说，一个国家在国际舞台上的地位直接体现了该国的综合国力，国家在国际事务中的话语权主要来自于国内建设的成就。任何一个国际关系中的大国，其话语权的增加或减少，究其本源还在于国内建设的繁荣与颓败。对于我国而言，我们在国家治理方面可能要面对以下问题：

首先，执政党执政能力问题。鉴于我国的国家制度安排，中国共产党作为推进国家治理现代化的核心主体，其执政能力直接关系到现阶段国家现代化的成败。因此，执政党的执政能力建设问题也是国内建设中首当其冲的问题。现阶段执政党的组织建设和管理机制还存在一些亟待完善的问题，譬如，部分基层党组织比较涣散、部分党员干部党性不高、思想落后，党内监督和民主制度还不完善等等。这些问题影响了执政党的公信力，进而影响到国家的现代化进程。

其次，政府治理能力问题。鉴于我国的政治制度建设，我国的政府是在执政党的领导下管理国家行政事务，因此，对于政府治理体系的设计和政府角色的定位而言，政府与执政党、人大、政协的关系还需要科学、清晰地界定。现阶段，政府治理能力还存在很多薄弱环节，譬如，政府的角色定位不清晰，导致出现错位、缺位、越位的现象；政府机构改革陷于往复循环的怪圈，影响政府的行政效率和社会服务水平；政府与市场之间的权力边界界定不清晰，导致政府的职能界定比较模糊，进而影响了市场机制的有效形成；等等。

最后，社会治理形式问题。随着国家市场经济体制的深入改革，国家进行了较大规模的财富重新分配。一方面,市场经济体制的深入改革,解放了生产力,促进了国家经济社会的快速发展;另一方面,由于财富分配的不公平,累计了较大的贫富差距,导致社会治理存在较多问题。另外,由于国家治理的对象是特定的社会群体和社会关系,很长一段时期内,我国主要依靠行政权力来治理社会关系,迫使社会治理过度依赖行政权力的行使,从而导致社会治理出现较多弊病,譬如,社会治理手段单一、资源依附于行政体系、社会自我治理功能弱化、形成权力与利益纠葛的不正当潜规则等。当然,随着科学技术的进步,如网络社会关系等大量新的社会关系逐渐形成,过去那种主要依靠行政权力治理社会的单一模式已经力不从心,无法提供有效的治理经验。因此,需要重新梳理社会的治理形式问题。

3. 金融市场建设问题

中国国内金融市场的建设是国家参与国际金融治理体系的重要基础,良好的国内金融市场,不仅能为国家参与国际金融治理提供优质的金融资源和高层次的金融平台,而且还能为国家参与国际金融治理提供有效的治理经验,有助于国家为全球社会提供有效的金融公共产品。相反,如果国内金融市场建设比较落后,存在较多的金融治理缺陷,不仅为他国在国际金融治理事务中留下责难的话柄,影响国家的国际金融治理参与能力,而且极容易为外国金融势力发动金融攻击提供契机,进而影响国家的金融稳定与金融安全。因此,从技术角度而言,国内金融市场建设是国家参与国际金融治理现代化中面临的最主要挑战。

首先,中国金融行业发展过快,存在脱离实体经济的危险。当前,随着国内外金融市场发生深刻变化,中国金融市场的发展面临比较严峻的内外部挑战。首当其冲的就是中国金融行业过快膨胀,存在"脱实向虚"的危险。从数据来看,中国金融行业的自身发展速度要高于宏观经济的增长速度,这种快速膨胀,其主要原因并不是金融行业的技术创新,而是得益于国家产业结构的调整和国家金融监管政策的疏漏。中国金融市场推出的金融工具已经呈现出日趋远离制造业的兆头,因为制造业盈利比较艰难,中国的金融从业者开始普遍追求金融流转速度更快的虚拟金融项目,大规模无节制地推出金融衍生产品抢占金融市场,形成金融资源不断在金融系统内往复循环的空转假象,推高金融泡沫的累计程度,促成金融行业的虚假繁荣。

其次,中国金融市场存在较多潜在的金融风险。第一,从要素来看,虽然我国已经建立了种类比较齐全的国内金融市场,但由于我国金融行业已经全面对外开放,国内金融企业的风险防范能力还不足,存在识别国际金融风险能力较弱的甄别风险。第二,由于现阶段我国主要金融机构的国际化程度和综合服务能力远低于世界上其他大型金融机构,[①]因此,我国金融机构的风险防控水平和金融危机的阻断能力还比较有限,存在多方面的金融业务管理风险。第三,现阶段我国金融行业的市场结构、服务能力、创新水平等存在较多薄弱环节,譬如,大部分金融资产集中在银行业,多层次的资本市场和直接融资渠道还不完善;城乡金融发展和区域金融发展不均衡;金融体系存在金融结构性风险等,导致金融市场存在较多潜在的市场风险。第四,当前我国金融资源的配置存在配置不当问题,一方面,有限的金融资源流向房地产、政府融资平台、僵尸企业等国家不鼓励的领域,导致金融市场存在严峻的房地产企业债务风险和地方政府隐形债务风险;另一方面,高新技术企业、中小企业和民营企业缺乏紧缺的金融资源,无法支撑企业的自主创新能力建设。第五,当下,我国金融行业中长期隐藏的影子银行风险、外部冲击风险、高杠杆和流动性风险、信用风险等问题逐渐暴露,如果处置不当,可能引发系统性的金融危机。

最后,货币政策可能导致金融短期化问题。货币理论认为,M2 = 基础货币×货币乘数,通常情况下,M2 的增加,要么通过基础货币的投放,要么通过货币乘数的增加。有关研究显示,从"2014 之后,中国央行基本停止了基础货币投放,而 M2 增长完全依赖货币乘数的不断增长。这实际是'单一

---

① 戴相龙:《防患于未然——读〈中国金融安全与风险通论〉》,载《中国金融》2020 年第 22 期,第 98 页。

利率调节'所希望达到的效果",①也就是说,我国的货币政策已经从数量型调节转向价格型调节。因此,在"单一利率调节"的货币政策指导下,基础货币不增加,货币乘数越高,对基础货币的稀释就越大,国家对货币流通的管理就越弱。相应地,货币乘数越高,货币的周转速度就越快,最终导致货币的流通周期缩短,出现金融短期化问题。一般而言,金融短期化符合资本运转的规律和金融效率所追求的预期,但是金融短期化对于依赖中长期投资的制造业、创新周期较长的基础工业和高新技术产业是极其不利的。另外,如果滑入金融短期化周期,金融市场的短期行为倍增可能让国家面临债务危机风险。当然,金融市场滑入金融短期化周期,如果外部条件诱发区域性金融危机,将为外国金融资本提供收购国家重要资产和冲击金融体系的机会,严重威胁国家金融体系的安全。

4. 人才和经验问题

人才和经验是国家参与国际金融治理的微观因素,也是根本因素,因为"金融的竞争从根本上讲是科技的竞争,人才的竞争"。② 从中国参与国际金融治理的时间来看,我们从治理边缘到治理中心的发展历程只有不到 20 年的时间,因此,我们在国际金融治理的人才培养和国际金融治理的经验积累方面,还存在很多的不足。这些不足也是制约中国参与国际金融治理现代化所面临的重要国内挑战。

首先,国内对国际金融治理人才的培养还存在很多不足。国内高校对金融专业学生或者金融法学专业学生的培养,普遍倾向于"重理论、轻实践"式的培养模式,学生的实践技巧和实践经验比较有限。另外,即使是重点围绕理论学习,但是对于理论知识的讲解和分析,很多高校的培养也限于浅尝辄止或者非常宽泛意义上的解读,缺乏深入的理论构想和理论创新。

---

① 钮文新:《谨防金融堡垒从内部攻破——深入探究中国金融乱象的根源》,载《经济导刊》2021 年第 1 期,第 48—49 页。

② 戴相龙:《加入 WTO 与金融部门对策》,载《国家行政学院学报》2002 年第 1 期,第 14 页。

其次,国内高校的金融学专业和金融法学专业之间的交叉培养模式存在不足。金融学专业的学生倾向于学习金融技术知识,而金融法学专业的学生倾向于学习金融风险管理知识,因此,金融法学专业的学生缺乏金融技术的支持,而金融学专业的学生缺乏金融风险管理方面的视野。另外,学生从高校毕业后,金融学专业的毕业生由于高薪酬的吸引乐于去大型的金融机构从事金融技术方面的工作,而金融法学专业的毕业生由于专业特点倾向于去法院和律师事务所从事法律实务,所以,国家缺乏既懂技术、又懂金融治理知识的综合性金融管理人才。

最后,由于国内的国际金融治理人才比较匮乏,再加上国内金融相关专业的毕业生很少有兴趣远涉重洋到海外的国际金融组织或国际金融机构参加实习或工作,导致我们在参与国际事务管理或者参与具体的国际金融治理事项时,其视角相对比较单一,除了可能遗留基于国内情势的固定喜好之外,还缺乏全球的视野以及整合全球金融资源的综合思维。所以,以现阶段国内的国际金融人才储备队伍和国际金融治理经验而言,我国可能还缺乏有效应对国际金融治理复杂问题的专业能力。

二、中国参与国际金融治理现代化面临的国际挑战

任何国家都生活在既定的国际环境中。国家与国际社会的互动,一方面体现为国家对国际社会的独特贡献,另一方面也体现为国际社会对国家的整体影响。鉴于我们与西方国家之间客观存在政治制度选择上的差异,在与以资本主义制度国家为主的西方世界打交道时,自然因为政治意识形态的不同而产生更多的阻隔。因此,我们要吸取苏联的经验教训,不能谋求独立于全球资本主义体系,[①]要继续强化与西方国家和国际社会的交流合作。从这个基点来审视,中国参与国际金融治理就是中国与国际社会互动交流的典型体现,当然深受国际环境,尤其是国际金融环境的直接影响。就

---

① 石中:《中国现代化面临的挑战》,载《战略与管理》1994 年第 1 期,第 7 页。

当前而言,中国参与国际金融治理可能面临以下外部挑战:

首先,全球面临经济整体衰退和"逆全球化"的风险。2016 年美国政府换届之后,由于政治意识形态的角力和美国综合国力衰退的影响,美国政府在极端焦虑的政治环境中,不断推行极端的"逆全球化"政策,企图以孤立、威胁、报复的手段通过打压或阻碍其他国家或地区的发展,来维持美国的霸权地位。但是,这种侵染着冷战思维的保护主义思潮,并未给美国的经济、科技发展带来优势,反而在全球渲染极端的利己主义政策,促使全球范围内出现较多数量的"反全球化运动"。一些国家和政府在美国的鼓动下,相继启动各自为政的保护主义政策,严重影响了全球金融贸易的自由流通。另外,2020 年新冠肺炎疫情爆发后,由于疫情的全球蔓延,迫使各国加强了人员、货物的跨境监管。"逆全球化"和疫情扩散共同加剧了全球经济的衰退速度,据 IMF 的预测,2021 年全球经济仍有继续萎缩的趋势。所以,在未来一段时期内,全球经济的衰退和逆全球化,将对中国参与国际金融治理的具体计划和工作带来较大影响。

其次,全球面临突发性金融冲突和全球债务危机的风险。由于"逆全球化"和新冠肺炎疫情的双重影响,全球经济整体下滑,各国都面临较重的债务压力。据 IIF 的数据,"2020 年全球债务达到创纪录的 281 万亿美元",其中,"新冠肺炎疫情令全球债务增加了 24 万亿美元"①。因此,世界各国如何在经济低迷的情形下适当化解可能面临的债务危机,将是国际金融治理面临的最大风险,尤其是拉美和非洲的部分国家,可能面临较大的违约风险。另外,各国债务高企,经济下行,可能诱发一些潜在的地区冲突,譬如,中亚、中东、高加索地区等区域冲突,或者诱发美伊、美俄等双边冲突,进而形成局部的或区域的金融冲突事件,影响全球金融的稳定。

最后,国际金融治理机制存在重大缺陷,但难以改正。如前面章节所述,由于国际金融治理机制存在体系性建构问题,导致国际金融治理存在很

---

① 王婧:《IIF:2020 年全球债务达 281 万亿美元》,载《经济参考报》2021 年 2 月 19 日。

多问题。但由于主要发达国家基于既得利益者的利益维系,反对或阻碍国际金融治理机制的变革和完善,使得国际金融治理在实践层面存在很多缺陷。譬如,金融资源在全球分配不均衡,出现资源错配、效率不高的问题;全球金融风险的预警和防范机制不健全,对潜在金融风险的识别不及时;发生金融危机后,国际金融救济机制不完善,各个国际金融治理机构之间的协作救助能力不强;发达国家和发展中国家在国际金融治理中对彼此所期待的角色定位出现偏差,等等。这些都是中国在逐渐走向国际金融治理中心舞台时所要思考和回应的问题。

结　　语

　　国际金融治理现代化是一项复杂的系统工程,需要科学规范的治理方法,也需要开放包容的全球金融合作。在目前到可预期的一段较长时间内,国际社会仍然是以主权国家为主体的松散国家间联盟,国际社会没有统一的"世界政府",所谓的国际法治依然是主权国家协调一致后的国家间协作关系,与狭义上的国内法律秩序或国内法治仍然存在很大差异。因此,鉴于国际社会的这种特性,在国际金融治理现代化过程中,国际社会要避免部分大国在过去的国际关系中,试图用国内法代替国际法的霸权行径。国际金融治理要强化国家间的协作关系,要凸显国际社会的通力合作和共同利益,要平等地尊重每一个参与者。当然,国际社会中的国家成员,因国土面积、综合国力的差异而呈现出不同的发展水平,其在全球治理与国际事务参与中的角色定位会有不同,要尊重各国的差异性。

　　对于中国而言,深度参与国际金融治理是一种全新的角色扮演,将面临很多未知的挑战。选择全面参与全球金融竞争,意味着国家要继续开放国内金融市场,认真遵守国际金融治理规则,并努力承担各种金融市场风险。但我们要深刻认识到,无论是国际金融治理经验、金融市场操作技巧,还是国际金融管理人才、全球治理规则设计等方面,我们还存在很多薄弱环节。对于深度参与国际金融治理,国内社会可能欣喜于国家逐渐走向全球治理的核心层面,对国家在国际关系中的话语权和实际地位的不断提升感到自豪,但是国内社会可能对国家深度参与国际金融治理的现实困难和存在的大国利益冲突估计不足。在理论层面,我们可能低估了国际社会对西方主导的国际金融秩序的依赖性,也可能对美国综合国力的衰退以及大国关系的变更存在过于乐观的估计。相应地,我们对国家在国际规则方面承担与自身实力相适应的国际责任可能存在认识风险,对于自身的软硬实力和介入国际争端的能力可能存在过于乐观的评估,对于国际社会赋予我们的角色期待也可能存在判断偏差。

因而,中国要深度参与国际金融治理,首先要有一个冷静、客观的战略判断。无论是对国家的综合国力,还是对国际关系的变迁,都要有一个务实、冷静、客观的认识。在这个基础上,我们可能还要对未来国家深度参与全球治理,制订一个全面的、具有前瞻性的战略规划,详细谋划国家在不同时期、不同阶段的国际金融战略。除此之外,国家要继续夯实国内金融市场建设,要在不断强化自身金融实力的基础上,追求国际协同和全球治理。

一、我国的金融实力还不强,金融制度设计能力比较有限

首先,国内金融市场的建设还不完善,开放层次还不高,金融创新还不发达。资本市场过于依赖间接融资,直接融资非常有限,证券市场也存在很多结构性问题,多层次资本市场建设比较缓慢。利率市场化水平较低,汇率市场化干扰因素太多,人民币国际化水平不高。其次,国内金融机构的影响力不大。尽管中国大量的金融机构正在向海外扩张业务,但除了少数几家银行类的金融机构在业界排名比较靠前外,其他金融机构如投资银行、私募基金、信用评级机构等,在全球的影响力较小,与美国等国家的金融机构的差距非常明显。最后,我国的很多金融机构,尤其是银行类金融机构,股份结构比较特殊,经常引起外国金融机构和国际金融监管组织的关注。西方国家不断利用我国金融机构的股份构成特点,在金融、贸易等规则的制定中,针对我国金融机构设置特殊的条款,故意阻挠中国金融机构的业务拓展。如何破解这个难题,关系到中国金融机构在全球的影响力。

二、国内社会对国际金融治理的发展趋势可能存在认识分歧

首先,要客观认识西方国家在国际金融治理中的主导地位。对国际金融治理发展趋势的预判,国内社会的主要分歧在于如何评估美国及西方国家在国际金融治理中地位的变化。随着中国综合国力的提升,国内社会对国家在全球治理中的角色认定有了新的、更高的期待,这是一种正常的社会反应。但如果由此断言"霸权的终结"和"西方的没落",这是非常危险的。国内社会要客观认识当前全球治理的复杂性,要正视美国和西方国家在国际金融治理中发挥的主导作用。

其次,要客观分析当前出现的国际金融治理问题。对当前国际金融秩序面临的困境,我们应该客观分析,不能简单归咎为"美国问题"或"西方问题",或者不应该把当前国际金融秩序的渐变视为"资本主义失败"的表现。我们要正确认识资本主义国家的综合国力和资本主义制度的制度弹性,不能把社会问题有意拔高为政治问题,否则认识可能会丧失客观性,进而影响自身战略的选择。

最后,西方国家可能因为国际秩序的渐变而发起"集体挽救"和"集体抗争",对此我们应该有充分的评估。从过去的历史发展来看,西方国家并没有它们宣传的那样"文质彬彬",部分西方"文明"只是西方社会的自我贴现,其"文明"的标签下隐藏着许多不道德甚至"反人类"的勾当。当国际秩序的发展超出其预想轨道时,西方国家习惯用"双重标准"来掩饰其本质上的贪婪和疯狂。因此,如何认识西方国家,就是准备如何与它们打交道,深度思考我们如何与西方相处,可能是一个重要而艰难的命题。

三、我国要积极为国际社会提供国际金融公共产品

根据历史经验,处于国际金融治理核心层面的国家,要承担为国际社会提供金融公共产品的职责,这也是金融大国话语权和领导力的主要体现。因此,我国能否有效地为国际社会提供国际金融公共产品,在某种程度上影

响着中国在国际金融治理中的实际地位。但是,向国际社会提供金融公共产品,是一个比较复杂的任务,复杂的原因不在于是否有能力提供金融公共产品,关键在于国际社会是否信任或者是否接受所提供的金融公共产品。

从理论角度来看,是否有能力提供金融公共产品本质上是一个技术问题,而国际社会是否信任和接受则是一个社会问题,甚至是一个政治问题。就当前我国的金融能力和国家所处的国际环境而言,这两个方面可能都存在各种挑战。如何应对这种挑战,将是我国在未来一段较长的时期内必须要面对的问题。基于普通人的经济理性,关于国际金融公共产品的供给技术问题,是比较容易解决的,只要认真分析问题和需求,预先评估好风险和救济办法,本着国际合作的精神去磋商,最终定会设计出相对满意的金融公共产品。但是,国际金融公共产品要被国际社会接受和信任,可能要面临更多技术之外的考量因素,而这些考量因素大部分可能与国际金融无关,可能涉及更为虚拟的价值判断。这可能是我们面临的最大挑战。

综上所述,中国全面参与国际金融治理的征程才刚刚开始,对于这个熟悉而又陌生的全球治理领域,我们可能面临预想到的各种挑战,也要做好遭遇各种意料之外风险的准备。尽管在探索未知金融世界的过程中,民族歧视、国家相残的悲剧正渐渐退向灰色而蒙昧的远方,但国际金融市场是不确定的,国际秩序的变迁也存在大量未知风险,我们还是要谨慎面对国内外环境的复杂性,也需要保持一定的战略定力与战略耐心,因为良好的国际金融秩序不是短期内能够建立起来的。当然,我们也需要保持一定的战略信心,因为我们的国家正行走在民族复兴的道路上。

参 考 文 献

一、中文著作

（一）中文专著

曹建明、陈治东主编:《国际经济法专论(第四卷)》,北京:法律出版社,
2000 年。

陈安:《国际经济法学刍言(上下卷)》,北京:北京大学出版社,
2005 年。

陈安、李国安主编:《国际货币金融法学》,北京:北京大学出版社,
1999 年。

陈伟光:《"一带一路"建设与提升中国全球经济治理话语权》,北京:人
民出版社,2017 年。

陈伟光、王燕等:《全球经济治理与制度性话语权》,北京:人民出版社,
2017 年。

陈德铭等:《经济危机与规则重构》,北京:商务印书馆,2014 年。

陈家刚:《全球治理:概念与理论》,北京:中央编译出版社,2017 年。

楚树龙:《国际关系基本理论》,北京:清华大学出版社,2003 年。

董安生:《国际货币金融法》,北京:中国人民大学出版社,1999 年。

方连庆、刘金质、王炳元:《国际关系史》(上、下),北京:北京大学出版
社,1999 年。

高海红等:《国际金融体系:改革与重建》,北京:中国社会科学出版社,

2013 年。

葛华勇:《国际金融组织治理现状与改革》,北京:中国金融出版社,2013 年。

公丕祥:《东方法律文化的历史逻辑》,北京:法律出版社,1999 年。

韩龙主编:《国际金融法》,北京:法律出版社,2007 年。

韩龙:《国际金融法前沿问题》,北京:清华大学出版社,2010 年。

何勤华主编:《美国法律发达史》,上海:上海人民出版社,1998 年。

何亚非:《选择:中国与全球治理》,北京:中国人民大学出版社,2015 年。

何志鹏:《国际法治论》,北京:北京大学出版社,2016 年。

胡鞍钢主编:《中国战略构想》,杭州:浙江人民出版社,2002 年。

胡连生、杨玲:《当代资本主义双重发展趋向研究》,北京:人民出版社,2008 年。

黄梅波、陈燕鸿:《国际货币基金组织改革研究》,北京:经济科学出版社,2014 年。

江晓美:《开国的苦斗——美国金融战役史》,北京:中国科学技术出版社,2009 年。

李扬、张晓晶:《失衡与再平衡——重造全球治理新框架》,北京:中国社会科学出版社,2013 年。

李国安主编:《金融服务国际化法律问题研究》,北京:北京大学出版社,2011 年。

李巍:《制度之战:战略竞争时代的中美关系》,北京:社会科学文献出版社,2017 年。

李巍:《制衡美元:政治领导与货币崛起》,上海:上海人民出版社,2015 年。

厉以宁主编:《中国资本市场发展的理论与实践》,北京:北京大学出版社,1998 年。

林毅夫:《新结构经济学》,北京:北京大学出版社,2012 年。

刘东民:《亚投行的愿景与治理》,北京:外文出版社,2016 年。

刘丰名:《国际金融法》,北京:中国政法大学出版社,1996 年。

罗豪才主编:《软法的理论与实践》,北京:北京大学出版社,2010 年。

刘鸣:《21 世纪的全球治理:制度变迁和战略选择》,北京:社会科学文献出版社,2016 年。

刘志云:《当代国际法的发展:一种从国际关系理论视角的分析》,北京:法律出版社,2010 年。

刘贞烨:《全球公民社会研究:国际政治的视角》,北京:中国政法大学出版社,2015 年。

卢静等:《全球治理:困境与改革》,北京:社会科学文献出版社,2016 年。

马克思、恩格斯:《马克思恩格斯选集》第 1 卷,北京:人民出版社,2012 年。

宁敏:《国际金融衍生品交易法律问题研究》,北京:中国政法大学出版社,2002 年。

庞中英:《全球治理的中国角色》,北京:人民出版社,2016 年。

庞中英:《亚投行:全球治理的中国智慧》,北京:人民出版社,2016 年。

庞中英:《重构世界秩序:关于全球治理的理论与实践》,北京:中国经济出版社,2015 年。

秦亚青等:《实践与变革:中国参与国际体系进程研究》,北京:世界知识出版社,2016 年。

瞿同祖:《中国法律与中国社会》,北京:中华书局,2003 年。

上海金融与法律研究院主编:《大国金融崛起:国际挑战与本土策略》,上海:上海三联书店,2013 年。

苏长和:《全球公共问题与国际合作:一种制度的分析》,上海:上海人民出版社,2009 年。

苏宁等：《全球经济治理：议题、挑战与中国的选择》，上海：上海社会科学院出版社，2014年。

宋鸿兵编著：《货币战争》，北京：中信出版社，2011年。

陶坚：《全球经济治理与中国对外经济关系（全球治理与发展战略丛书）》，北京：知识产权出版社，2016年。

檀有志：《国际话语权视角下中国公共外交建设方略》，北京：中国社会科学出版社，2016年。

王继祖主编：《国际经济金融若干前沿理论问题研究》，天津：南开大学出版社，2005年。

王洛林、李扬：《金融结构与金融危机》，北京：经济管理出版社，2002年。

王铁崖：《国际法》，北京：法律出版社，1995年。

王志军：《欧洲金融体系变革与发展研究》，天津：南开大学出版社，2009年。

王正毅：《世界体系与国家兴衰》，北京：北京大学出版社，2006年。

王明国：《全球治理机制与东亚一体化进程》，北京：世界知识出版社，2015年。

王逸舟：《当代国际政治析论》，上海：上海人民出版社，1995年。

王逸舟：《全球政治和中国外交》，北京：世界知识出版社，2003年。

王义桅：《"一带一路"：机遇与挑战》，北京：人民出版社，2015年。

吴敬琏、俞可平等：《中国未来30年》，北京：中央编译出版社，2017年。

吴贤军：《中国国际话语权构建：理论、现状和路径》，上海：复旦大学出版社有限公司，2017年。

辛本健：《全球治理的中国贡献》，北京：机械工业出版社，2016年。

徐冬根、薛桂芳主编：《国际法律秩序的不确定与风险》，上海：上海三联书店，2017年。

徐秀军等：《金砖国家研究：理论与议题》，北京：中国社会科学出版社，

2016 年。

阎学通：《国际政治与中国》，北京：北京大学出版社，2005 年。

叶江：《全球治理与中国的大国战略转型（第二版）》，北京：时事出版社，2010 年。

曾华群：《国际经济法导论》，北京：法律出版社，2007 年。

周俊：《全球公民社会引论》，杭州：浙江大学出版社，2010 年。

赵龙跃：《制度性权力：国际规则重构与中国策略》，北京：人民出版社，2016 年。

张定河：《美国政治制度的起源与演变》，北京：中国社会科学出版社，1998 年。

张晋藩：《中国法律的传统与近代转型（第二版）》，北京：法律出版社，2005 年。

张幼文、周建明：《经济安全：金融全球化的挑战》，北京：高等教育出版社，1999 年。

张国元：《博弈与协调：WTO 的实质内涵与全球贸易治理机制》，北京：法律出版社，2012 年。

郑永年：《中国模式经验与困局》，杭州：浙江出版联合集团，浙江人民出版社，2010 年。

中国社会科学院世界经济与政治研究所编译：《二十国集团与金砖国家财经合作文献：全球经济治理重要文献汇编（2008—2013）》，北京：中国金融出版社，2014 年。

中国人民大学重阳金融研究院：《谁来治理新世界：关于 G20 的现状和未来》，北京：社会科学文献出版社，2014 年。

朱民：《改变未来的金融危机》，北京：中国金融出版社，2009 年。

（二）中文译著

［英］阿德诺·汤因比：《历史研究（下）》，郭小凌等译，上海：上海人民出版社，2016 年。

［德］阿图尔·考夫曼、温佛里德·哈斯默尔主编：《当代法哲学和法律

理论导论》,郑永流翻译,北京:法律出版社,2002 年。

［英］艾利斯·费伦等:《后金融危机时代的监管变革》,罗培新、赵渊译,北京:法律出版社.2016 年。

［美］E.博登海默:《法理学:法律哲学与法律方法》,邓正来译,北京:中国政法大学出版社,1999 年。

［葡］博温托·迪·苏萨·桑托斯:《迈向新的法律常识——法律、全球化和解放》,刘坤轮、叶传星译,北京:中国人民大学出版社,2009 年。

［美］查尔斯·金德尔伯格:《西欧金融史》,徐子健、何建雄、朱忠译,北京:中国金融出版社,2010 年。

［英］施米托夫:《国际贸易法文选》,程家瑞编,赵秀文选译,北京:中国大百科全书出版社,1993 年。

［英］戴维·赫尔德:《全球盟约:华盛顿共识与社会民主》,周军华译,北京:社会科学文献出版社,2005 年。

［美］德博拉·斯通:《政策悖论:政治决策中的艺术(修订版)》,顾建光译,北京:中国人民大学出版社,2006 年。

［英］哈特:《法律的概念》,张文显等译,北京:中国大百科全书出版社,1996 年。

［德］黑格尔:《法哲学原理》,张企泰、范扬译,北京:商务印书馆,1997 年。

［比］亨利·皮朗:《中世纪欧洲经济社会史》,乐文译,上海:上海世纪出版集团、上海人民出版社,2001 年。

［美］弗雷德雷克·L.努斯鲍姆:《现代欧洲经济制度史》,罗礼平、秦传安译,上海:上海财经大学出版社,2012 年。

［德］费希特:《自然法权基础》,谢地坤、程志民译,北京:商务印书馆,2004 年。

［美］费正清:《美国与中国》,张理京译,北京:世界知识出版社,2002 年。

［美］弗朗西斯·福山:《政治秩序的起源:从前人类时代到法国大革命》,毛俊杰译,桂林:广西师范大学出版社,2012年。

［挪威］盖尔·伦德斯塔德:《大国博弈》(第六版),张云雷译,北京:中国人民大学出版社,2015年。

［英］弗里德里希·冯·哈耶克:《自由秩序原理(上)》,生活·读书·新知三联书店,1997年。

［美］汉斯·J.摩根索:《国家间政治:寻求权力于和平的斗争》,肯尼斯·W.汤普森修订,徐昕、郝望、李保平译,王辑思校,北京:中国人民公安大学出版社,1990年。

［美］汉斯·凯尔森:《法与国家的一般理论》,沈宗灵译,北京:中国大百科全书出版社,1996年。

［英］卡尔·波兰尼:《巨变——当代政治与经济的起源》,黄树民译,北京:社会科学文献出版社,2013年。

［美］莉萨·马丁、贝思·西蒙斯编:《国际制度》,黄仁伟、蔡鹏鸿译,上海:上海世纪出版集团,2006年。

［美］理查德·布克斯塔伯:《我们自己制造的魔鬼——市场、对冲基金以及金融创新的危险性》,黄芳译,北京:中信出版社,2008年。

［美］理查德·斯考特·卡内尔、乔纳森·R.梅西、杰佛里·P.米勒:《美国金融机构法》(上),高华军译,北京:商务印书馆,2016年。

［美］伦德尔·卡尔德:《融资美国梦》,严忠志译,上海:上海世纪出版集团、上海人民出版社,2007年。

［奥］路德维希·冯·米塞斯:《自由与繁荣的国度》,韩光明、潘琪昌、李百吉等译,北京:中国社会科学出版社,1995年。

［美］路易斯·亨金:《国际法:政治与价值》,张乃根等译,北京:中国政法大学出版社,2001年。

［美］罗伯特·A.达尔:《现代政治分析》,王沪宁、陈峰译,上海:上海译文出版社,1987年。

[美]罗伯特·基欧汉:《霸权之后——世界政治经济中的合作与纷争》,苏长和等译,上海:上海人民出版社,2001年。

[美]罗伯特·O.基欧汉:《局部全球化世界中的自由主义、权力与治理》,门洪华译,北京:北京大学出版社,2004年。

[美]罗伯特·D.卡普兰:《无政府时代的来临》,骆伟阳译,太原:山西出版传媒集团、山西人民出版社,2015年。

[美]罗伯特·蒙代尔:《蒙代尔经济学文集(第六卷):国际货币过去现在和未来》,向松祚译,北京:中国金融出版社,2003年。

[英]罗杰·E.巴克豪斯:《西方经济学史》,莫竹芩、袁野译,海口:海南出版社,2007年。

[美]迈克尔·赫德森:《金融帝国,美国金融霸权的来源和基础》,嵇飞、林小芳译,北京:中央编译出版社,2008年。

[英]迈克·费恩塔克:《规制中的公共利益》,戴昕译,北京:中国人民大学出版社,2014年。

[美]美国金融危机调查委员会:《美国金融危机调查报告》,俞利军等译,北京:中信出版社,2012年。

[美]曼纽尔·卡斯特:《认同的力量》,曹荣湘译,北京:社会科学文献出版社,2006年。

[美]米尔顿·弗里德曼、安娜·J.施瓦兹:《美国货币史(1867—1960)》,巴曙松、王劲松等译,北京:北京大学出版社,2009年。

[法]米海伊尔·戴尔玛斯-马蒂:《世界法的三个挑战》,罗结珍等译,法律出版社,2001年。

欧威廉、马国南、罗祥国:《人民币的崛起:全球货币新体系的兴起》,李巍、苏哈译.上海:格致出版社,2016年。

[美]帕拉格·卡纳:《第二世界》,赵广成、林明旺译,北京:中信出版社,2009年。

[法]让-马克·夸克:《迈向国际法治——联合国对人道主义危机的回

应》,周景兴译,北京:三联书店,2008年。

[美]塞缪尔·亨廷顿:《变化社会中的政治秩序》,王冠华、刘为译,上海:上海人民出版社,2008年。

[美]斯科特·巴雷特:《合作的动力:为何提供全球公共产品》,黄智虎译,上海:上海人民出版社,2012年。

[英]托马斯·孟:《英国得自对外贸易的财富》,李琼译,北京:华夏出版社,2006年。

[德]尤尔根·哈贝马斯、[法]雅克·德里达等:《旧欧洲、新欧洲、核心欧洲》,邓伯宸译,北京:中央编译出版社,2010年。

[德]乌贝克、哈贝马斯等:《全球化与政治》,王学东、柴方国等译,北京:中央编译出版社,2000年。

[澳]约翰·W.伯顿:《全球冲突:国际危机的国内根源》,马学印、谭朝洁译,北京:中国人民公安大学出版社,1991年。

[美]约瑟夫·S.奈、[美]约翰·D.唐纳胡:《全球化世界的治理》,王勇等译,北京:世界知识出版社,2003年版。

[日]伊藤宪一:《国家与战略》,军事科学院外军部译,北京:军事科学出版社,1989年。

[法]伊夫-夏尔·扎尔卡:《重建世界主义》,福州:福建教育出版社,2015年。

[美]詹姆斯·多尔蒂、小罗伯特·普法尔次格拉芙:《争论中的国际关系理论(第5版)》,阎学通、陈寒溪等译,北京:世界知识出版社,2003年。

[美]詹姆斯·M.布坎南:《自由、市场与国家》,平新乔、莫扶民译,上海:上海三联书店,1989年。

(三)中文论文

陈欣:《论国际投资条约中的金融审慎例外安排》,《现代法学》2013年第4期。

陈雨露:《金融发展中的政府与市场关系》,《经济研究》2014年第1期。

陈雨露:《大金融的内涵和实践途径》,《中国金融》2013 年第 12 期。

陈正良、周婕、李包庚:《国际话语权本质析论——兼论中国在提升国际话语权上的应有作为》,《浙江社会科学》2014 年第 7 期。

程炼:《中国金融战略:在不确定中拓展未来的选择空间》,《国际经济评论》2011 年第 2 期。

[英]戴维赫尔德、凯文扬:《有效全球治理的原则》,《南开学报(哲学社会科学版)》2012 年第 5 期。

丁灿:《全球金融危机:成因、特点和反思》,《中央财经大学学报》2001 年第 6 期。

方彦量:《第三世界在经济领域中反帝反霸斗争的新回合——关于第四届联合国贸易和发展会议》,《国际贸易问题》1976 年第 1 期。

冯玉军:《中国法律规范体系与立法效果评估》,《中国社会科学》2017 年第 12 期。

[法]弗朗索瓦·沙奈:《金融全球化的历史与现状》,李其庆译,《马克思主义与现实》1999 年第 4 期。

高鸿钧:《美国法全球化:典型例证与法理反思》,《中国法学》2011 年第 1 期。

郭树勇、史明涛:《建设新型国际关系体系的可能——从金砖国家开发银行和应急储备安排设立看世界秩序变革》,《国际观察》2015 年第 2 期。

姜洪:《关于国家金融战略的若干问题思考》,《国家行政学院学报》2007 年第 3 期。

姜明安:《软法的兴起与软法之治》,《中国法学》2006 年第 2 期。

江小涓:《中国开放三十年的回顾与展望》,《中国社会科学》2008 年第 6 期。

江海平:《国际习惯法规范构成机制》,《厦门大学法律评论》2006 年第 2 期。

金应忠:《试论人类命运共同体意识——兼论国际社会共生性》,《国际观察》2014 年第 1 期。

何传启:《中国现代化面临的挑战与未来前景》,《理论与现代化》2010 年第 6 期。

何志鹏:《"WTO 法是模范国际法"的语义分析与现实观察》,《国际经济法学刊》2015 年第 3 期。

何帆、冯维江、徐进:《全球治理机制面临的挑成及中国的对策》,《世界经济与政治》2013 年第 4 期。

胡海峰、爱萍:《中国参与国际金融治理体系改革的思路和策略——基于存量改革和增量改革的视角》,《天津社会科学》2017 年第 3 期。

黄仁伟:《全球经济治理机制变革与金砖国家崛起的新机遇》,《国际关系研究》2013 年第 1 期。

黄薇:《全球经济治理变迁与中国应对战略》,《当代世界》2016 年第 2 期。

李国安:《全球金融服务自由化与金融监管法律问题研究》,《法商研究》2002 年第 4 期。

李国安:《金融自由化的危机本源性及其法律矫正》,《国际经济法学刊》2012 第 3 期。

李其庆:《金融全球化的成因与特征》,《马克思主义与现实》2002 年第 4 期。

李万强:《论全球化趋势下国际法的新发展》,《法学评论》2006 年第 6 期。

李巍:《金砖机制与国际金融治理改革》,《国际观察》2013 年第 1 期。

李杨、黄金老:《金融全球化概说》,《中国城市金融》2000 年第 1 期。

李杨:《国际货币体系改革及中国的机遇》,《中国金融》2008 年 13 期。

廖岷:《中国参与国际金融治理:背景、路径与建议》,《新金融评论》2015 年第 4 期。

梁艳芬:《亚洲货币单位的编制及其意义》,《国际贸易》2006 年第 6 期。

刘宏松：《中国在全球治理中的改革倡议：基于 WTO 多哈回合谈判和 G20 进程的分析》，《国际展望》2012 年第 5 期。

罗豪才、宋功德：《认真对待软法——公域软法的一般理论及其中国实践》，《中国法学》2006 年第 2 期。

[美]莫里斯·奥伯斯法尔德：《国际货币体系与全球化》，王旭译，《金融市场研究》2012 年第 12 期。

马新民：《和平共处互相原则的利益观：兼顾国家与国际社会的利益》，载《中国国际法年刊（2014）》，法律出版社 2015 年版。

耐格尔·伍兹、安瑞·塔纳利卡：《治理与责任的限度：世贸组织，国际货币基金组织与世界银行》，祝东力译，《国际社会科学杂志》2002 年第 4 期。

潘德勇：《未来国际法的实施：从强制执行到遵守管理》，《行政与法》2012 年第 4 期。

庞中英：《全球治理的中国角色：复杂但清晰》，《人民论坛（学术前沿）》2015 年第 6 期。

羌建新：《金融全球化、金融全球治理改革与国际金融安全——基于信息科技革命的视角》，《国际安全研究》2015 年第 6 期。

任建涛：《在一致与歧见之间，全球治理的价值共识问题》，《厦门大学学报（哲社版）》2004 年第 4 期。

宋国友：《后金融危机时代的全球经济治理：困境及超越》，《社会科学》2015 年第 1 期。

孙伊然：《后危机时代全球经济治理的观念融合与竞争》，《欧洲研究》2013 年第 5 期。

沈大年：《中国金融史概略（上）》，《华北金融》1984 年第 2 期。

沈大年：《中国金融史概略（下）》，《华北金融》1984 年第 3 期。

唐小松：《现实主义国际法观的转变：对共生现实主义的一种解读》，《世界经济与政治》2008 年第 8 期。

王达、项卫星:《亚投行的国际金融治理意义、挑战与中国的应对》,《国际观察》2015 年第 5 期。

王国兴、成靖:《G20 机制化与全球经济治理改革》,《国际展望》2010 年第 3 期。

王海峰:《论国际软法与国家"软实力"》,《政治与法律》2007 年第 4 期。

王兰军:《经济金融战略新思想——习近平关于经济金融工作的新思想新观点新举措》,《中国金融》2014 年第 2 期。

王曙光:《互联网金融的哲学》,《中共中央党校学报》2013 年第 12 期。

王文、王鹏:《G20 机制 20 年:演进、困境与中国应对》,《现代国际关系》2019 年第 5 期。

王志洋:《第一次金融全球化的失败及其历史功过》,《江苏市场经济》2001 年第 3 期。

王浩:《国际金融治理与金砖国家合作研究》,《金融监管研究》2014 年第 2 期。

王厚双、关昊、黄金宇:《金砖国家合作机制对全球经济治理体系与机制创新的影响》,《亚太经济》2015 年第 3 期。

王金波:《亚投行与全球经济治理体系的完善》,《国外理论动态》2015 年第 12 期。

王毅:《试论新型全球治理体系的构建及制度建设》,《国外理论动态》2013 年第 8 期。

王元龙:《金融全球化有关问题的探讨》,《经济研究参考》2003 年第 80 期。

王勇:《亚投行与全球经济治理的改革》,《WTO 经济导刊》2015 年第 6 期。

吴涧生:《"一带一路"的全球经济治理价值》,《中国法律评论》2016 年第 2 期。

夏斌:《2020:中国金融战略的主要思考》,《国际经济评论》2011 年第 2 期。

夏斌:《中国发展与国际金融秩序》,《理论视野》2011 年第 1 期。

谢晖:《论民间法结构于正式秩序的方式》,《政法论坛》2016 年第 1 期。

邢广程:《提高全球经济治理制度性话语权的思考》,《中共贵州省委党校学报》2015 年第 6 期。

徐崇利:《全球治理与跨国法律体系:硬法与软法的"中心—外围"之构造》,《国外理论动态》2013 年第 8 期。

薛荣久、杨凤鸣:《全球金融危机下贸易保护主义的特点、危害与应对》,《国际经贸探索》2009 年 11 期。

杨松:《国际货币新秩序与国际法的发展》,《法学论坛》2007 年第 2 期。

杨紫烜:《论当前危机的性质、根源和经济法对策》,《法学论坛》2010 年第 2 期。

杨其广:《全力构建大国"大金融"战略》,《中国金融家》2014 年第 1 期。

余锋:《软法与硬法的冲突和对抗:重塑国际贸易体制的新路径选择》,《当代亚太》2011 年第 4 期。

于沛:《近代早期中国对世界历史的认识》,《北方论丛》2008 年第 1 期。

仲其庄:《新欧亚大陆桥安全走廊国际执法合作论坛召开》,《大陆桥视野》2015 年第 10 期。

周月秋:《建设中国特色新型金融智库》,《中国金融》2015 年第 11 期。

周宇:《全球经济治理与中国的参与战略》,《世界经济研究》2011 年第 11 期。

赵丽芳、杨国华:《WTO 是国际法治的典范》,《WTO 经济导刊》2015 年第 1 期。

张发林:《国际金融治理体系的政治经济学分析》,《国际政治研究》2016 年第 4 期。

张发林:《国际金融治理体系的演进:美国霸权与中国方案》,《国际政治研究》2018 年第 4 期,

张尔升:《亚投行启动与中国国际金融话语权构建》,《财政研究》2015 年第 10 期。

张恒龙、赵一帆:《多边开发银行与全球经济治理:从世界银行到金砖银行》,《上海大学学报(社会科学版)》2016 年第 3 期。

张树军:《20 世纪 30 年代关于中国现代化的讨论》,《辽宁师范大学学报》2011 年第 2 期。

张晓斌:《法律实施效果的定量评价方法》,《法商研究》2006 年第 2 期。

张谊浩、裴平、方先明:《国际金融话语权及中国方略》,《世界经济与政治》2012 年第 1 期。

二、外文文献

(一)外文专著

Alexander Cooley, Jack Snyder. *Ranking the World:Grading States As A Tool of Global Governance*. United Kingdom:Cambridge University Press,2015.

Allison Carnegie, *Power plays:How International Institutions Reshape Coercive Diplomacy*. NY:Cambridge University Press,2015.

André Broome, *The Currency of Power:the IMF and Monetary Reform In Central Asia*. NewYork:Palgrave Macmillan,2010.

David Vines, Christopher L. Gilbert. *The IMF and Its Critics:Reform of Global Financial Architecture*. New York:Cambridge University Press,2004.

Edwin M.Truman. *Reforming the IMF for the 21st Century*. Washington,DC:

Institute for International Economics, 2006.

Emilios Avgouleas, *Governance of Global Financial Markets*, New York: Cambridge University Press, 2012.

Hewitt, *Systemic Risk in International Securities Market*, *Regulating International Financial Market: Issues and Policies*. kluwer Academic Publisher, 1992.

John Kirton, Marina Larionova, Paolo Savona. *Making Global Economic Governance Effective: Hard and Soft Law Institutions In A Crowded World*. Burlington: Ashgate, 2010.

Peter J. Hammer, *Change and Continuity at the WBG: Reforming Paradoxes of Economic Development. Northampton*, MA: Edward Elgar, 2013.

The Commission on Global Governance, *Our Global Neighborhood*, Oxford: Oxford University Press, 1995.

Marci Hoffman, Mary Rumsey, *International and Foreign Legal Research Basic Concept: A Course book*, Martinus Nijhoff Publishers, 2007.

Mark E. Schaefer、John G. Poffenbarger, *The Formation of the BRICS and Its Implication for the United States: Emerging Together*. New York: Palgrave Macmillan, 2014.

Wolfgang Friedmann, *The Changing Structure of International Law*, Columbia University Press, 1964.

(二)外文论文

Abraham Newman, Elliot Posner, "Transnational Feedback, Soft Law, and Preferences in Global Financial Regulation", *Review of International Political Economy*, Vol.23(1), 2016.

Alastair Brown, "Climate Adaptation: International Governance", *Nature Climate Change*, Vol.7(11), 2017.

Alastairl Johnston. "ls China a Status Quo Power?", *International Security*,

Vol.27(4),2003.

Antonio Segura – Serrano, "International Economic Law at a Crossroads: Global Governance and Normative Coherence", *Leiden Journal of International Law*, Vol.27(3),2014.

Angotti, Thomas, "The Political Implications of Dependency Theory", *Latin American Perspectives*, Vol.8(3/4),1981.

Anu Bradford, Omri Ben – Shahar, "Efficient Enforcement in International Law", *Chicago Journal of International Law*, Vol.12(2),2012.

Bhala R., "Resurrecting the Doha Round: Devilish Detail, Grand Themes, and China too", *Texas InternationalLaw Journal*, Vol.45(1),2009.

Chris Brummer, "Why Soft Law Dominates International Finance – and not Trade", *Journal of International Economic Law*, Vol.13(3),2010.

Carla Norrlof. "Dollar Hegemony: A Power Analysis", *Review of International Political Economy*, Vol.1(21),2014.

David, "Studies in the Theory of Unequal Exchange between Nations", *Journal of Economic Abstracts*, Vol.16(3),1978.

Daniel Mugge, "The European presence in global financial governance: a principal – agent perspective", *Journal of European Public Policy*, Vol. 18(3),2011.

Daniel E.Ho., "Compliance and International Soft Law: Why Do Countries Implement the Basle Accord?" *Journal of International Economic Law*, Vol. 5(3),2002.

Douglas W Arner, Cyn – Young Park, "Developing Asia and the global financial regulatory agenda". *Journal of Banking Regulation*, Vol.12(2),2011.

Dirk. A. Zetzsche, Douglas. W. Arner, Ross. P. Buckley, "ecentralized Finance". *Journal of Financial Regulation*, Vol.6(2),2020.

Edwin M. Truman, "The G – 20 and International Financial Institution

Governance, Peterson Institute for International Economics", *Working Paper10-13*, September 2010.

Eric Tong, "US Monetary Policy and Global Financial Stability", *Research in International Business and Finance*, Vol.39(Part A), 2017.

Edwin M. Truman, "The G - 20 and International Financial Institution Governance, Peterson Institute For International Economics", *Working Paper10-13*, September 2010.

Elena V. Helmer, "International Commercial Arbitration: Americanized, 'Civilized', or Harmonized?" *Ohio State Journal on Dispute Resolution*, Vol. 19 (1), 2003.

Eleni Tsingou, "The Club Rules in Global Financial Governance", *The Political Quarterly*, Vol.85(4), 2014.

Eric Helleiner, "Special Forum: Crisis and the Future of Global Financial Governance, introduction", *Global Governance: A Review of Multilateralism and International Organizations*, Vol.15(1), 2009.

F. Gulcin Ozkan, D. Filiz Unsal, "It Is Not Your Fault, But It Is Your Problem: Global Financial Crisis and Emerging Markets", *Oxford Economic Papers*, Vol.69(3), 2017.

Francis Snyder, "Soft law and Institutional Practice in the European Community", in Steve Martin (ed.), *The Construction of Europe - Essays in Honour of Emile Noel*, Kluwer Academic Publishers, 1994.

G. L. Lugten, "Soft Law with Hidden Teeth: The Case for a FAO International Plan of Action on Sea Turtles", *Journal of International Wildlife Law & Policy*, Vol.9(2), 2006,

Gary E. Marchant, Brad Allenby, "Soft law: New Tools for Governing Emerging Technologies", *Bulletin of the Atomic Scientists*, Vol.73(2), 2017.

George Alexander Walker, "International Banking Regulation: Law, Police and Practice", *Kluwer Law International*, *Chapters*, Vol.30(5),2001.

Geoffrey Garrett."G2 in G20:China,the United States and the World after the Global Financial Crisis", *Global Policy*, Vol.1(1),2009.

Henning, C. Randall, "Avoiding Fragmentation of Global Financial Governance", *Global Policy*, Vol.8(1),2017.

Hilary J. Allen, "Regulatory Sandboxes". *George Washington Law Review*, Vol.87(3),2019.

Jaye Ellis, "Shades of Grey: Soft Law and the Validity of Public International Law", *Leiden Journal of International Law*, Vol.25(2),2012.

Joachim Betz, "Emerging Powers and Global Financial Governance", *Strategic Analysis*, Vol.38(3),2014.

John Kirton, "The G20: Representativeness, Effectiveness, and Leadership in Global Governance", in John Kirton, Joseph Daniels, Andreas Freytag, eds., *Guiding Global Order: G-8 Governance in the Twenty First Century*, Burlington: Ashgate Publishing Company,2001,

Johnson, Dale L., "Economism and Determinism in Dependency Theory", *Latin American Perspectives*, Vol.8(3/4),1981.

John J. Mearsheimer, "Reckless States and Realism", *International Relations*, Vol.23(1),2009.

John J. Mearsheimer, "The False Promise of International Institutions", *International Security*, Vol.19(3),1994/1995.

Jonathan Kirshner."Same as It Ever Was? Continuity and Change in the International Monetary System", *Review of International Political Economy*, Vol.1(21),2014.

Joost H. B. Pauwelyn, "The Limits of Litigation: ´Americanization´ and Negotiation in the Settlement of WTO Disputes", *Ohio State Journal on Dispute Resolution*, Vol.19(1),2003.

J. Magretta. "E - finance: Status, Innovations, Resources and Future Challenges". *Harvard Business Review*, Vol.80(5), 2002.

Kenneth W. Abbott, Duncan Snidal, "Hard and Soft Law in International Governance", *International Organization*, Vol.54(3), 2000.

Konstantinos J. Hazakisz, "The Role of G8 Economic Summitsin Global Monetary Architecture", *Central European Journal of International and Security Studies*, Vol.3(1), 2009.

Kjell Grip, "International Marine Environmental Governance: A Review", *AMBIO: A Journal of the Human Environment*, Vol.46(4), 2017.

Klabbers Jan. "The Undesirability of Soft Law", *Nordic Journal of International Law*, Vol.67(4), 1998.

Klaus Dingwerth, "Philipp Pattberg. Global Governance as a Perspective on World Polities", *Global Governance*, Vol.2(2), 2018.

Markus Burgstaller, "Amenities and Pitfalls of a Reputational Theory of Compliance with International Law", *Nordic Journal of International Law*, Vol.76(1), 2007.

Mary Ellen O´Connell, "Enforcement and the Success of International Environmental Law", *Global Legal Studies Journal*, Vol.3(1), 1995.

Matthias Lehmann, "Legal Fragmentation, Extraterritoriality and Uncertainty in Global Financial Regulation", *Oxford Journal of Legal Studies*, Vol. 37(2), 2017.

Matthias Goldmann, "Soft Law and Other Forms of International Public Authority-The View from Discourse Theory: A Reply to Jaye Ellis", *Leiden Journal of International Law*, Vol.25(2), 2012.

Matthias Goldmann, "We Need to Cut Off the Head of the King: Past, Present, and Future Approaches to International Soft Law", *Leiden Journal of International Law*, Vol.25(2), 2012.

Marcia Don Harpaz, "China's Coherence in International Economic Governance", *Journal of Chinese Political Science*, Vol.21(2), 2016.

Michael S.Pagano, "How have global financial institutions responded to the challenges of the post-crisis era?" *Applied Economics*, Vol.49(14), 2017.

Michael D'Rosario, John Zeleznikow, "Compliance with International Soft Law: Is the Adoption of Soft Law Predictable?" *International Journal of Strategic Decision Sciences(IJSDS)*, Vol.9(3), 2018.

Narendar, "The Theory of Unequal Exchange", *Social Scientist*, Vol. 7 (4), 1978.

Prosper Weil, "Towards Relative Normativity in International Law?" *The American Journal of International Law*, Vol.77(3), 1983.

Peter Newell, "The Political Economy of Global Environmental Governance", *Review of International Studies*, Vol.34(3), 2008.

Randall D., "Global Financial Governance and the Problem of Inclusion", *Global Governance: A Review of Multilateralism and International Organizations*, Vol.7(4), 2001.

Randall Germain, "Historical Origins and Development Of Global Financial Governance", in Manue La Moschella and Catherine Weaver, eds., *Handbook of Global Economic Governance*, Routledge, 2013.

Ranjit, "The Theory of Unequal Exchange, Trade and Imperialism", *Economic and Political Weekly*, Vol.11(10), 1976.

Randall Germain, "Historical Origins and Development Of Global Financial Governance", in Manue La Moschella and Catherine Weaver, eds., *Handbook of Global Economic Governance*, Routledge, 2013.

Salim Lahmiri, "A Study on Chaos in Crude Oil Markets Before and After 2008 International Financial", *Physica A*, Vol.466, 2017.

Sergei Marochkin, Rustam Khalafyan, "The Norms of International Soft Law in the Legal System of the Russian Federation", *Journal of Politics and Law*, Vol.6(2),2013.

Shanuka Senarath, "Securitisation and the global financial crisis: can risk retention prevent another crisis?" *International Journal of Business and Globalisation*, Vol.18(2),2017.

Stefan A. Schirm, "Ideas and interests in global financial governance: comparing German and US preference formation", *Cambridge Review of International Affairs*, Vol.22(3),2009.

Stanley Hoffmann, "Clash of Globalizations", *Foreign Affairs*, Vol. 81 (4),2002.

Stephen Krasner. "Structural Causes and Regime Consequences: Regimes as Intervening Variables", *International Organization*, Vol.36(2),1982.

S. Pandiaraj, "Meeting Challenges of a Globalized World: Extraterritorial Obligations of States in the Area of Socio-Economic Rights", *AALCO: Journal of International Law*, Vol.2(2),2013.

Smith, Tony, "The Logic of Dependency Theory Revisited", *International Organization*, Vol.35(4),1981.

Valerio Novembre, "The bargaining process as a variable to explain implementation choices of international soft-law agreements: The Basel case study", *Journal of Banking Regulation*, Vol.10(2),2009.

Weil Prosper, "Towards Relative Normativity in International Law?" *American Journal of International Law*, Vol.77(3),1983.

Yasukata Fukahori, "Economic Analysis of International Law in Controlling Global Commons", *AALCO: Journal of International Law*, Vol.2(2),2013.

后　记

　　历时五年,书稿终于修改完毕。收笔后整理书房里堆积繁多的文献资料时,一本色泽泛黄的旧书映入眼帘。这是 2010 年 7 月在北京出差时,我在中国书店的书架底层,淘到的一本 1959 年三联书店出版的《五四运动文选》。书的扉页上清晰地记录着当年亲手书写的购书感悟——冰川铁马,我心何缺? 这句寄语真实地映照着年轻时期的我具有强烈的理想主义情怀。10 年过去了,随着岁月的流逝,我也慢慢流淌到了中年,现在看到"冰川铁马,我心何缺"时,仍有热血澎湃之感,年轻时的梦想又一次浮现在眼前。

　　年少时也曾为书痴迷,浸染了几许读书人的轻狂,也曾梦想着仗剑走天涯。南下鹭江,北跨大漠,东至金陵,西闯巴渝。星夜醉卧孔雀河,风雪夜宿终南山;阳春趣赏台城柳,金秋骑游白云山;赤膊攀登东西南北岳,独行漫步大别太行山……

　　年少时期的游历,支撑了青年时期的梦想。但随着阅历渐长,青年时追寻的梦想日渐遥远,很多时候,竟然渐渐忘记了曾经也有过灿烂的梦想。每逢忆起往昔渡江翻山的豪情壮志时,我都会情不自禁地自我反思,现在究竟是一种成熟,还是一种退步?

　　在人短暂的一生中,总会有一些梦想,也总要有一些梦想。有的人很幸运,经过努力实现了梦想;而有些人,终其一生都在寻找梦想。对于个人而言,寻找梦想可能比实现梦想更加困难,因为实现梦想依靠的是耐力和毅力,而寻找梦想可能需要更多的智慧、经验和机遇。

感谢撰写本书时给我提供帮助的众多良师益友。感谢人民出版社法律编辑部主任洪琼博士的热情帮助。当然,感谢青年时期游学南北时偶遇的各位师长。

故贵以身为天下,若可寄天下;爱以身为天下,若可托天下。

王建雄

2021 年 5 月 4 日

责任编辑:洪 琼

图书在版编目(CIP)数据

法治视野下的国际金融治理现代化研究/王建雄 著. —北京:人民出版社,
　2021.12
ISBN 978-7-01-024179-1

Ⅰ.①法… Ⅱ.①王… Ⅲ.①国际金融管理-研究 Ⅳ.①F831.2

中国版本图书馆 CIP 数据核字(2021)第 249513 号

法治视野下的国际金融治理现代化研究
FAZHI SHIYEXIA DE GUOJI JINRONG ZHILI XIANDAIHUA YANJIU

王建雄　著

人民出版社 出版发行
(100706　北京市东城区隆福寺街 99 号)

北京中科印刷有限公司印刷　新华书店经销

2021 年 12 月第 1 版　2021 年 12 月北京第 1 次印刷
开本:710 毫米×1000 毫米 1/16　印张:15.5
字数:250 千字

ISBN 978-7-01-024179-1　定价:69.00 元

邮购地址 100706　北京市东城区隆福寺街 99 号
人民东方图书销售中心　电话 (010)65250042　65289539